N'ATTENDEZ PAS TROP LONGTEMPS POUR AVOIR UN ENFANT

Pr FRANÇOIS OLIVENNES
Avec la collaboration de Laurence Beauvillard

N'ATTENDEZ PAS TROP LONGTEMPS POUR AVOIR UN ENFANT

Odile Jacob

15, rue Soufflot, 75005 Paris

www.odilejacob.fr

ISBN : 978-2-7381-2078-6

« Rends-moi mère, autrement j'en mourrai[1]. »

Rachel,
Bible, Genèse, chapitre 30, ligne 1.

Ce livre est dédié à mes trois enfants :
Hannah, Joseph et George.

1. La Bible, traduite du texte original par les membres du rabbinat français sous la direction de Zadoc Kahn grand rabbin, Paris, Colbo (Paris, Librairie Colbo, 1966), 2004.

Introduction

Dernièrement une maman a demandé à mon fils de 7 ans ce que faisait son père dans la vie : « Mon papa fait des enfants à des femmes qui n'arrivent pas à avoir un bébé », a-t-il répondu. C'est tout à fait juste ! Je suis gynécologue obstétricien, professeur des universités, spécialisé dans l'aide médicale à la procréation. À la suite d'une carrière universitaire et quinze ans passés auprès du professeur René Frydman à l'hôpital Antoine-Béclère de Clamart, puis trois ans en tant que chef d'unité à l'hôpital Cochin, je suis aujourd'hui installé en cabinet privé.

Cela fait donc presque vingt ans que j'aide des couples infertiles. Depuis vingt ans, je les vois espérer ce bébé dont l'absence pèse si lourdement dans leur vie.

J'entends chaque jour l'histoire de femmes aux attentes de maternité toujours déçues, aux stérilités révoltantes, injustes, mais affreusement banales. Il y a aussi les fausses couches à répétition, les grossesses extra-utérines, les amours introuvables, les amants qui ne s'engagent pas, la carrière envahissante, l'épuisement du désir sexuel, toutes ces raisons qui font que l'enfant désiré ne vient pas.

Depuis quelques années, la révolution des traitements permet de résoudre chez de nombreux couples les problèmes de fécondité. Plus de la moitié de ceux qui sont traités ont eu au moins un enfant. Ces couples sont devenus parents, des familles se sont créées et ce qui reste finalement de cette attente c'est le souvenir heureux d'un combat gagné contre la stérilité. Plus de deux millions d'enfants sont nés dans le monde grâce aux techniques d'assistance médicale à la procréation.

Mais lorsque l'enfant n'arrive pas, la frustration est à la hauteur de l'attente et de l'espoir investis. Même si la stérilité est une affaire de couple, c'est la femme qui est tout de même au centre des difficultés que nous rencontrons et c'est elle qui souffre le plus. C'est elle qui porte au premier chef le sentiment douloureux de culpabilité, elle qui subit des traitements pénibles, elle qui attend un signe de son corps qui lui fera espérer une grossesse. C'est elle qui ne devient pas mère !

Cet échec est d'autant plus mal supporté que la médiatisation des « prouesses médicales » laisse entendre qu'une grossesse, toujours plus tardive, toujours plus improbable à l'échelle de la physiologie féminine, est possible. Mais lorsque toutes les pistes ont été explorées, les traitements tentés, il faut parfois se résoudre : la prise en charge médicale doit être arrêtée. La grossesse est impossible ou ses chances de survenue sont si infimes qu'il est plus raisonnable de renoncer. Certaines femmes acceptent cette décision, d'autres refusent d'envisager un avenir sans enfant et n'acceptent pas ce qu'elles vivent comme un pessimisme médical injustifié.

Depuis quelques années, lorsque je dis qu'il faut renoncer, il n'est pas rare que je sois la cible d'une contre-attaque en règle, à coup de références pseudo-médicales glanées par les couples sur Internet ou dans la presse.

« Docteur, je n'arrive pas à être enceinte, je veux une fécondation *in vitro* », « Je connais beaucoup de femmes de 45 ans qui ont des enfants », « Ma mère m'a eue à 42 ans », « Comment cette Espagnole de 67 ans a-t-elle pu avoir un bébé alors que moi qui n'en ai que 36 je n'y arrive pas ? », « Cette vedette de cinéma – Marcia Cross – vient d'accoucher de jumelles à 44 ans et pourquoi pas moi ? », « Docteur, je sais que je peux être enceinte, vous vous trompez », « Même s'il y a une chance sur un million je veux la tenter ».

Les « exploits médicaux » de certains confrères et surtout leurs médiatisations favorisent l'amalgame, et la méprise s'installe. Les lectrices ont parfois une capacité à ne retenir que l'élément choc, « Elle a eu un enfant à 47 ans », et à négliger la lecture des moyens techniques qui ont été nécessaires pour obtenir cette grossesse hors norme. Parfois les auteurs de ces exploits médicaux, peu scrupuleux, arrivent à berner certains journalistes spécialisés dans des articles de presse plus « people » que médicaux. Confusion et messages erronés mal compris ou mal interprétés laissent penser aux lectrices qu'elles peuvent bénéficier des mêmes traitements.

En effet, nous savons stimuler les follicules, créer des embryons, favoriser leur implantation, réparer chirurgicalement des trompes. Les progrès en matière de reproduction ont été fulgurants ces trente dernières années. Ces techniques permettent d'obtenir une grossesse une fois sur deux chez une femme entre 30 et 35 ans, mais au-delà de 40 ans les chances de succès sont plus rares. Nous ne savons toujours pas suspendre le temps !

La méprise majeure vient du sentiment que beaucoup de femmes pensent être plus jeunes à 40 ans que leur mère au même âge. Il est exact que l'espérance de vie a fait un bond en avant ; une femme de 40 ans est aujourd'hui une femme jeune, dont l'espérance de vie est de plus de 83 ans, alors qu'en 1950 celle de sa mère était de 69 ans.

La logique voudrait que l'âge de la fécondité soit repoussé d'autant et qu'une grossesse soit envisageable quand on le veut et ce jusqu'à l'âge de la ménopause.

Si de plus, quelques notions de physiologie plus ou moins exactes et une foi presque naïve en la médecine s'ajoutent à la croyance en une logique erronée, le leurre est total. Certaines femmes imaginent que la médecine peut, en cas de difficulté, résoudre à grands coups de traitements hormonaux et de fécondation *in vitro* ce qui, à leurs yeux, n'est qu'un contretemps. Insidieusement, les grossesses tardives médiatisées ont un effet rassurant.

Il n'en est pas de même dans la « vraie vie ». Si l'espérance de vie augmente, les ovaires, eux, ne rajeunissent pas miraculeusement. Il existe pour la fécondité une grande disparité entre les femmes, mais l'élément le plus important est la santé des ovaires. Ce sont eux, avant tout, qui conditionnent les chances de grossesse.

Le remords est d'autant plus fort pour certaines femmes qu'elles comprennent trop tard qu'ayant cru disposer de temps, ayant tout misé sur le fait que les limites de l'âge paraissent reculer, elles se sont en fait privées définitivement d'une maternité. Elles découvrent alors que bien informées elles auraient su comment agir et à quel moment. Elles auraient eu, en prenant d'autres décisions, de grandes chances d'être mères.

Les consultations sont aussi le lieu où jaillissent les ambivalences du désir d'enfant des femmes et des hommes. En écoutant certains de ces couples, j'ai parfois le sentiment que leur demande correspond davantage au souci de « mise en conformité » avec un modèle social qu'à un réel désir de concevoir à deux un enfant.

En cas d'infertilité, l'absence d'enfant pèse très lourd dans l'équilibre des couples venus chercher une solution à leur problème. C'est en partie pour ces raisons que j'ai eu envie d'écrire, de communiquer, d'expliquer ce qui se cache derrière ces « soi-disant » exploits médicaux. Par ce livre, je m'adresse aux femmes de tous âges, mais je pense particulièrement à toutes les femmes de 42, 43, 44 ans qui viennent me consulter. Elles ont décidé d'avoir un enfant et pensent qu'il n'y aura aucun problème. Pour certaines d'entre elles, le succès sera au rendez-vous et parfois avec des traitements simples. Pour d'autres, la découverte brutale que la maternité rêvée depuis quelques mois ou plusieurs années peut être compromise produit l'effet d'une bombe. Leur regard se fige, rempli d'incrédulité, et parfois s'embrume. Les yeux se remplissent de larmes. J'essaie d'expliquer, mais toutes ces justifications scientifiques sont rarement réconfortantes : l'âge, les anomalies, le vieillissement, les fausses couches, toutes ces raisons n'ont pas de réelle importance face à l'effondrement des projets. Certaines femmes revivent en un instant leurs dix dernières années, les choix, les décisions, leurs hésitations. Il n'est pas exceptionnel qu'une grossesse encore possible quelques mois plus tôt ait été volontairement interrompue sans que le caractère définitif de cette décision soit bien mesuré. Nombreuses sont les femmes qui se plaignent de ne pas avoir été informées et assurent qu'elles auraient agi différemment. D'autres encore assument ce choix.

J'ai voulu, au travers des histoires vécues par des hommes et des femmes en quête d'enfant, évoquer les traitements, donner des clés, expliquer les méthodes utilisées, les erreurs commises. Cependant, je souhaite aussi parler d'amour et de l'enfant désiré.

Loin de vouloir faire une leçon de moralité ou d'imposer des choix de vie à qui que ce soit, il me semble pourtant urgent de corriger les idées fausses pour aider les femmes et les couples à prendre des décisions, en connaissance de cause, avant qu'il ne soit trop tard.

Qui je suis, mon parcours

➤ *Les études de médecine*

En France, travailler dans le secteur de la fertilité humaine n'est pas très fréquent. Pour moi, cela a été une vraie vocation. Comme beaucoup, j'ai cherché ma voie, et pour ceux qui ont pu me croiser dans ma jeunesse, ce n'est peut-être pas la carrière qu'ils auraient prévue pour moi.

Mes deux parents ainsi que mon oncle sont psychiatres, et s'il y avait bien un métier que je n'avais pas envie d'exercer dans la vie c'était bien la psychiatrie.

Quand l'heure du choix d'une profession est arrivée, je n'avais pas vraiment d'idée sur mon futur métier. J'avais raté ma seconde au lycée Louis-le-Grand, totalement allergique à l'esprit de bachotage et de compétition qui y régnait. Un test d'orientation avait décelé mon goût pour le bricolage et m'avait dirigé vers un baccalauréat mathématique et technique (série E) comportant dessin industriel, tournage et fraisage ! Je me destinais donc à être ingénieur.

La première année de faculté a été décisive, j'effectuai un virage à 180 °C et je tentai une carrière artistique. Le jury du concours du conservatoire d'art dramatique de Paris n'a pas vu en moi le nouveau Belmondo !

Si je n'étais pas un artiste, c'est que peut-être j'étais fait pour le commerce ! Je passai le concours de l'Essec, réussis l'écrit mais à l'oral, le jury sentit sûrement que ma quête ne devait pas s'arrêter là... J'arrêtai alors mes études pour vendre des bateaux avec l'un de mes oncles.

Néanmoins ma famille exerçait une forte pression pour me pousser à continuer mes études. Mon père avait d'ailleurs trouvé une ultime motivation, il envoya un huissier pour m'expulser de l'appartement qu'il m'avait prêté et que j'occupais depuis l'âge de 17 ans.

Les termes du contrat étaient simples : pour conserver cet appartement, je devais prouver mon implication dans un projet d'études sérieuses. Quelle bonne idée avait-il eue !

J'obéis aux injonctions de mon père et suivis les conseils de ma grand-mère maternelle : « François, dans notre famille, quand on ne sait pas quoi faire, on fait médecine. »

C'est ainsi que je me suis engagé dans les études de médecine sans réelle motivation. Les premières années très théoriques ne me passionnèrent pas, mais elles m'assuraient le toit paternel. C'est grâce à mon premier stage d'externe dans un service de chirurgie, me mettant enfin au contact des malades, que tout à coup j'ai vu la lumière ! Ma carrière médicale, je la dois aux trois chirurgiens qui travaillaient dans ce service, les professeurs François Gayral, Hubert Larrieu et Bertrand Millat qui m'ont vraiment donné envie d'être médecin à un moment décisif où l'idée d'interrompre mes études médicales me traversait sérieusement l'esprit. C'est quand la médecine est devenue concrète à mes yeux, quand j'ai vécu ce qu'elle « signifiait », c'est-à-dire changer la vie des femmes et des hommes, la sauver même dans certains cas, que cela a pris tout son sens. Et j'en étais heureux.

➤ *Aider les couples à avoir des enfants*

Comme beaucoup d'étudiants, je faisais le tour des différentes spécialités sans y trouver ma vocation. Je venais de réussir l'internat et ne savais pas encore vers quelle spécialité me diriger. La gynécologie obstétrique était la seule que je n'avais pas explorée au cours de mon externat. Je fis un stage de quinze jours dans le service du professeur Émile Papiernik, chef de service de la maternité de l'hôpital Antoine-Béclère de Clamart. Ce fut une vraie révélation. Les joies de la naissance, la prise en charge de patientes jeunes et souvent bien portantes, me mettaient plus à l'abri des drames que j'avais rencontrés au cours de mes années de formation et face auxquels je ne me sentais pas très armé. Le professeur Papiernik était très humain avec une intelligence et une ouverture d'esprit que j'avais rarement rencontrées dans mes différents stages. Il était également doué d'humour et d'une certaine décontraction qui donnaient au service une ambiance de travail agréable. C'est dans ce service-là que j'ai rencontré le professeur René Frydman, responsable du secteur de traitement de l'infertilité. C'était en 1985, trois ans après la naissance d'Amandine, le premier « bébé-éprouvette » français.

Les femmes venaient consulter dans le service « comme on vient à Lourdes ». C'était le lieu de tous les espoirs, mais aussi celui de la dernière chance. Le bonheur des couples qui avaient attendu longtemps un enfant et se voyaient récompensés était incommensurable. J'avais trouvé ma voie.

René Frydman avait un charisme exceptionnel, nous nous entendions très bien et je me mis vite en tête de travailler à ses côtés. Je suivais ses conseils pour parfaire ma formation dans ce domaine pointu qui intéressait finalement peu de mes compagnons d'internat.

Toujours sur ses conseils, je suis parti un an aux États-Unis. C'était dans les années 1990 ; je travaillai dans ce qui était à l'époque le meilleur centre du monde pour l'assistance médicale à la procréation (AMP). Comparé au service de l'hôpital Antoine-Béclère, ce centre américain était un autre monde. Tout était plus grand, plus beau, il y avait des moyens vingt fois supérieurs en matériel, médecins, secrétariats, surfaces de travail... J'étais ébloui.

Aux États-Unis, les couples avaient déjà la possibilité de trouver un classement des centres d'infertilité en fonction de leurs résultats. Ce centre de New York avait le meilleur taux de grossesses des États-Unis, les femmes traversaient le pays pour se faire traiter.

Dans le service, l'esprit de compétitivité et d'excellence était omniprésent, il fallait rester les meilleurs. Contrairement au système français, le traitement de la stérilité aux États-Unis n'est pas remboursé, les femmes payaient à prix d'or la compétence des médecins. Elles arrivaient très renseignées sur ce qu'elles voulaient et savaient assez précisément les sommes qu'elles allaient payer. Certains patients étaient assez riches pour s'offrir ces traitements, d'autres couples contractaient des emprunts à la banque pour financer leurs tentatives. Ce rapport d'argent avec le milieu médical m'était inconnu. Les patientes se montraient très directives envers les médecins, elles les traitaient presque comme des prestataires de services !

L'autre point qui différait de la France était l'âge des femmes. Elles avaient en moyenne 38 ans, soit cinq ans de plus que les patientes françaises, et leurs difficultés à procréer étaient souvent liées à leur âge. Je suis rentré en France des projets plein la tête et gonflé à bloc. Le professeur Frydman, devenu entre-temps chef de tout le service, m'a confié le poste de responsable de l'unité de l'assistance médicale à la procréation. Inspiré par cette collaboration fructueuse, je suis resté quinze ans à ses côtés. Il m'a donné le goût de la recherche, de l'excellence. Il soulignait toujours l'importance de l'humanité indispensable à tout médecin et sans que je m'en aperçoive immédiatement il m'a ouvert un champ nouveau en me transmettant la passion du métier que j'exerce aujourd'hui.

René Frydman, mon patron et mon mentor, était là avec ses conseils et sa pugnacité. Au début de notre collaboration, il m'avait prévenu : « François, pour réussir sa carrière il faut deux conditions : plaire à son patron et plaire à son patron. » J'ai donc dû lui plaire, ce qui fut très facile car il me plaisait aussi ! J'ai couru le monde des congrès scientifiques, poursuivi des études sans fin, DEA, doctorat de médecine mais aussi doctorat de sciences. Je multipliai les publications scientifiques indispensables ; je gravis pas à pas les échelons de la carrière hospitalo-universitaire. Je fus nommé professeur agrégé, ce qui me combla de joie ainsi que ma famille.

On me proposa alors le poste de responsable de l'unité d'aide médicale à la procréation de l'hôpital Cochin. Ce fut un douloureux dilemme : il fallait quitter René Frydman, renoncer à une complicité que je savais ne jamais retrouver, j'avais le sentiment très culpabilisant de le trahir. D'un autre côté, c'était l'unique occasion de mettre en place un service à mon image. Ce fut un tournant décisif dans ma carrière.

À l'hôpital Antoine-Béclère, je me sentais débordé par les charges administratives, les responsabilités m'éloignaient des patients, je faisais de moins en moins de médecine, de plus en plus de réunions. Parallèlement, les conditions du service public se dégradaient. Les moyens étaient rationnés, la prise en charge de la stérilité ne faisait pas vraiment partie des priorités. Les malades n'étaient plus au cœur des préoccupations des décideurs médicaux et administratifs qui ne pensaient qu'à économiser argent et personnels. Il fallait à tout prix faire des économies, même si elles se faisaient au détriment des malades.

Les valeurs de la médecine auxquelles je croyais s'effritaient. Je pensais qu'en ayant la responsabilité de mon unité je pourrais rééquilibrer le rapport soin/recherche et remettre les patients au centre du dispositif. Je voulais améliorer l'accueil et l'accompagnement des patients stériles alors que, dans les hôpitaux universitaires, la recherche est aujourd'hui la principale condition d'attribution de moyens.

Le service de l'hôpital Cochin était pauvre en médecins, mais riche en personnel paramédical (infirmières, sages-femmes, assistantes sociales, etc.). J'y voyais la chance unique de réaliser le projet qui me tenait à cœur. Je fis mon choix et coupai le cordon ombilical ; le 1er septembre 2002 j'acceptais le poste.

J'ai organisé le service tel que je le voulais, aidé en cela par une sage-femme, Valérie Blanchet, qui m'avait suivi de Béclère à Cochin. Nous avions les mêmes convictions. Avec la collaboration de toute l'équipe, et du service de biologie, nous avons réussi à créer un centre où coexistaient l'excellence de la prise en charge et une constante préoccupation de l'accueil et de l'accompagnement des couples stériles.

Malgré tous ces efforts et les promesses de développement que m'avaient faites les directions administratives et médicales de l'établissement, je n'obtenais aucune aide de l'hôpital. Malgré mes demandes répétées, je n'avais jamais les appareillages nécessaires, je devais envoyer vers le privé la moitié des échographies que je prescrivais. Je n'arrivais pas à obtenir la création d'un poste de psychologue, pourtant indispensable à un service d'aide médicale à la procréation. On tenta même à plusieurs reprises de supprimer un poste de secrétaire. Je me heurtais à l'incompréhension des nouveaux mandarins de l'hôpital public, qui passent leur temps dans les réunions et commissions et s'attribuent les uns les autres les maigres moyens disponibles.

À l'hôpital Antoine-Béclère, j'avais été protégé d'une partie des petitesses du fonctionnement du service public et je n'avais pas mesuré le travail qu'assurait René Frydman. Je découvrais aussi les lourdes responsabilités de la gestion du personnel, les demandes de moyens et les bagarres pour conserver ceux déjà existants.

Je n'avais plus l'impression de faire le métier que j'avais choisi : m'occuper de la souffrance des gens.

La goutte d'eau qui fit déborder le vase fut le projet de restructuration du bâtiment de gynécologie et la proposition d'un centre de traitement de la stérilité qui ne répondait pas du tout à la prise en charge moderne de cette pathologie.

Je décidai, après mûre réflexion et la mort dans l'âme, de quitter l'Assistance publique. Cela faisait vingt-cinq ans que j'y travaillais. Je ne voulais plus faire partie de cette machine devenue folle, je me sentais bien loin de ces petits royaumes aux esprits étriqués, de ces lourdeurs administratives paralysantes, mais surtout je ne voulais faire aucune concession au mépris total des patients que le système incarnait.

Je ne pouvais pas renier mon cœur d'activité, ma passion, mon choix : les soins. J'avais l'impression de me battre au quotidien pour exercer mon travail et je n'en pouvais plus.

J'ai terminé ma carrière dans les hôpitaux publics, à 47 ans, en tant que professeur des universités et chef d'unité, pratiquement au sommet de la pyramide. J'ai eu la chance de pouvoir m'installer en privé. Certains ont voulu croire que je faisais cela pour des raisons financières, d'autres plus proches de moi n'ont pas compris l'abandon du service public. Mais le service public n'avait de public que le nom. Le malade n'est plus au cœur des préoccupations des décideurs. J'ai fait ce choix par sincérité, motivé par ma déception de n'avoir pu faire au sein du secteur public le centre de prise en charge de la stérilité dont j'avais rêvé.

J'ai fait ma première consultation dans mon cabinet privé le 2 avril 2006. Je ne regrette ni le temps passé au service de l'hôpital, ni ma décision de le quitter. Je revis, je retrouve avec un plaisir énorme la joie du métier que j'ai choisi : la médecine.

CHAPITRE PREMIER

Un enfant si tard, pourquoi ?

Le choc de l'infertilité

Un désir d'enfant naît entre un homme et une femme, il constitue le premier pas sur le chemin de la parentalité. Mais lorsque l'enfant ne vient pas, les couples se tournent vers la médecine de la reproduction, l'AMP : l'assistance médicale à la procréation. En général, l'éventualité d'une stérilité n'a pas été envisagée ; on ne se prépare pas à l'idée de ne pas avoir d'enfant. Cependant, les études montrent que plus de 15 % des couples consultent pour infertilité. Il faut s'interroger sur les raisons de cette tendance qui caractérise de plus en plus notre société.

La stérilité existe depuis la nuit des temps et a toujours été un drame. Dans la Bible, quatre personnages sont considérés comme morts. Le pauvre, l'aveugle, le lépreux et la femme sans enfant. Les stérilités de Rachel et de Sarah sont attribuées à Dieu et Rachel dit à son mari : « Rends-moi mère, autrement j'en mourrai ! »

La psychiatre Monique Bydlowski rappelle que « toute la douleur du monde se déverse dans les consultations pour infertilité ». Les centres d'AMP sont débordés par la souffrance psychique des patients. Certains couples mènent une quête sans fin, multipliant les avis, les traitements. Les couples traversent des moments douloureux de mise à l'épreuve, de culpabilité et la femme se trouve toujours en première ligne. Les couples découvrent, car ils n'avaient pas réfléchi à ce problème, que la conception se domine et se pilote moins facilement que la contraception. Une femme qui prend la pilule contrôle parfaitement sa fertilité ; lorsqu'elle arrête son traitement contraceptif c'est dans l'objectif de concevoir. La logique à laquelle ont cru de très nombreuses femmes voudrait que contraception et conception se réalisent avec la même facilité. L'avènement des techniques d'AMP a permis à de nombreuses femmes d'espérer un traitement en cas d'infertilité. La médiatisation des premières médicales et l'engouement des médias pour ces techniques ont répandu l'idée que la médecine pouvait régler tous les problèmes de stérilité.

Il n'est pas rare de devoir faire face à des couples en situation de rébellion. Il y a quelques années, les couples stériles consultaient leur médecin généraliste, parfois leur gynécologue, et finissaient par accepter la situation avec résignation. Il y a quelques centaines d'années, ne pas avoir d'enfant relevait d'une malédiction divine, Dieu en avait décidé ainsi. Aujourd'hui, certaines femmes ont, face à leur infertilité, une revendication de suffragettes et réclament un droit à l'enfant. Elles n'envisagent pas l'éventualité d'un échec et, dans leur raisonnement, la médecine doit parer à toute stérilité, quelle que soit la situation.

➤ *Les progrès médicaux face à la stérilité*

La médecine de la reproduction a progressé de manière extraordinaire depuis cent ans. Aujourd'hui, il faut faire une distinction entre l'infertilité et la stérilité. Hier un couple infertile (qui ne peut pas avoir d'enfant) restait stérile (sans enfant). Aujourd'hui traité avec succès un couple reste infertile, mais il n'est plus stérile, il peut avoir un enfant. L'essor des techniques de procréation médicalement assistée doit ses progrès à de multiples développements scientifiques. Les premières expériences nécessitaient l'ouverture du ventre pour accéder aux ovaires. La mise au point de l'échographie et ses améliorations extraordinaires permettent aujourd'hui de voir les ovaires, les follicules, l'utérus et de réaliser le prélèvement des ovocytes de manière simplifiée. La mise au point du dosage des hormones dans le sang a permis de comprendre la complexité du cycle de la femme et de surveiller un ensemble de paramètres essentiels au succès des traitements. Les recherches des biologistes, au premier rang desquels il faut placer le professeur Robert Edwards (à l'origine du premier bébé-éprouvette) ont rendu possible la réalisation *in vitro* des différentes étapes qui permettent à un spermatozoïde et à un ovocyte de former un embryon. Enfin, la mise au point des préparations hormonales injectables permet la stimulation ovarienne et augmente considérablement les chances de grossesse.

Les premiers pas de la production de ces hormones, les gonadotrophines FSH et LH, ont pu voir le jour grâce à une succession de hasards. Dans les années 1960, un jeune médecin d'origine israélienne, le professeur Lunenfeld, effectuait des recherches en Italie sur la manière d'isoler les hormones. Il travaillait sur l'idée de récupérer la LH et la FSH présentes dans les urines des femmes ménopausées. L'idée était lumineuse : au moment de la ménopause, la FSH et la LH sont produites en grande quantité, du fait de l'épuisement des ovaires. Le cerveau (lieu de sécrétion de la FSH et de la LH) cherche en effet à activer les follicules par la production de ces hormones, mais l'ovaire en fin de course ne répond pas à ce stimulus et le cerveau continue à sécréter en masse ces hormones impuissantes à faire croître des follicules qui n'existent plus.

Le problème est qu'il fallait trouver des quantités industrielles d'urines de femmes ménopausées.

Par un concours de circonstances, le professeur Lunenfeld était logé chez une famille proche du Vatican. C'est dans les monastères italiens que le chercheur trouva une multitude de nonnes ménopausées prêtes à aider les femmes à faire des enfants. Un industriel du nom de Bertarelli fonda avec ce commerce l'entreprise Serono. Ce laboratoire collecta pendant des dizaines d'années des centaines d'hectolitres d'urines « sacrées » qu'ils transformèrent en préparations hormonales vendues à prix d'or. Ceci fit la fortune de la famille Bertarelli, dont le fils s'est illustré récemment en gagnant deux fois la coupe de l'America et en vendant son laboratoire familial pour 10 milliards d'euros !

Il est amusant de noter que le Vatican a, d'une part, condamné à plusieurs reprises la FIV – et continue de la condamner –, et que d'autre part, ses nonnes ont contribué pendant des années à produire des hormones servant aux traitements de stimulation des FIV que leur religion récusait.

La production ne suffisait plus aux besoins planétaires. On ne trouvait pas assez d'urine. Une expérience de récolte dans les pays de l'Est avait tourné au fiasco. Les urines collectées dans des familles volontaires regorgeaient d'hormones mâles. Malgré les engagements, les hommes de la famille urinaient dans les récipients pour améliorer les revenus du foyer ! Depuis près de dix ans, Serono ne fabrique plus ces hormones à partir d'urine. Le génie génétique permet aujourd'hui de remplacer les nonnes italiennes par des hamsters chinois dont les cellules reprogrammées synthétisent artificiellement des répliques exactes de ces hormones.

➤ *L'infertilité progresse-t-elle ?*

Tous ces progrès ont permis de mener à bien un nombre important de traitements d'infertilité. La stérilité est mieux connue, mieux traitée, et les femmes entendent plus souvent parler des succès obtenus par les traitements. Un commentaire revient cependant sans cesse à la bouche des patientes : « Docteur, il y a de plus en plus de patientes infertiles… », « Beaucoup de mes connaissances sont aussi en traitement », « L'infertilité ne progresse-t-elle pas ? »

En fait, depuis les trente ou quarante dernières années, le nombre de femmes qui réussissent à faire des enfants a clairement augmenté dans la population générale. La santé des hommes et des femmes s'est améliorée et les progrès médicaux ont fait avancer la prévention et les traitements.

Mais au fil des années, l'âge de la première grossesse recule, lcs femmes font moins d'enfants parce qu'elles commencent plus tardivement. Tous les épidémiologistes observent dans les pays industrialisés un décalage dans le temps de cctte première grossesse. L'âge joue de ce fait un rôle important dans les difficultés des couples à concevoir. L'hypofertilité de ces femmes n'est pas pathologique mais physiologique. Cette tendance expose les femmes à de lourds traitements médicaux au succès incertain alors qu'une grande majorité d'entre elles auraient sans doute conçu sans difficulté si elles avaient été mieux informées des limites naturelles de la fertilité féminine et si elles s'étaient préparées à la grossesse plus tôt. Ce retard entraîne de manière automatique une augmentation de l'infertilité. À partir de 35 ans, la fertilité de la femme baisse inexorablement.

Comment expliquer que les femmes font de moins en moins d'enfants et de plus en plus tard ? Il est important de comprendre cette évolution pour en analyser les conséquences.

Les progrès conjugués du mode de vie et de la médecine ont transformé l'espérance de vie. Une petite fille qui naît aujourd'hui a une espérance de vie de 84 ans, en 1900 elle n'était que de 48 ans. Le doublement de l'espérance de vie a une conséquence tout à fait essentielle à notre propos. En 1900, la plupart des femmes mouraient avant la ménopause, dont la moyenne de survenue n'a pas changé et se situe toujours vers l'âge de 50 ans. Aujourd'hui beaucoup de femmes ne sont pas encore ménopausées à la moitié de leur espérance de vie. Il y a cinquante ans, une femme de 40 ans se sentait trop âgée pour mener une grossesse et élever un enfant. Aujourd'hui, 40 ans est l'âge auquel un certain nombre de femmes veulent faire un premier enfant.

L'évolution sociétale

En soixante ans, la vie des femmes occidentales a été bouleversée. Depuis des milliers d'années, leur fécondité les avait confinées dans la sphère maternelle et domestique. Dans les quarante dernières années, la vie des femmes (des pays développés) a abordé un virage sociétal extraordinaire.

Nos mères ou nos grands-mères ont acquis le droit de vote en 1944, avant cette date leur statut social était le même que celui des mineurs, des fous ou des repris de justice. C'est seulement à partir de 1965 que la femme mariée peut exercer une profession sans l'autorisation de son époux, toucher des allocations ou le chômage. Jusqu'alors, elle était considérée comme « personne à charge » du mari, ce qui lui ôtait le droit à l'indemnisation. Si elle ne se mariait pas, elle était traitée de vieille fille, si elle tombait enceinte sans être mariée, la société jetait l'opprobre sur cette femme perdue et son bâtard. Aujourd'hui un enfant sur deux naît hors mariage.

En trente ans, les femmes ont acquis des droits civiques égaux à ceux des hommes, avec de plus le droit à la contraception et à l'avortement, et plus récemment des protections juridiques contre le harcèlement sexuel.

➤ *Les acquis de la liberté des femmes*

Un des leviers primordiaux de cette liberté est la contraception. Il faut insister sur les grandes avancées de ces lois instituant ce droit. Le 28 décembre 1967 : la loi Neuwirth légalise en France la contraception. Elle autorise l'information, la fabrication, l'importation et la vente des contraceptifs. De fortes résistances ralentiront sa mise en application.

En mars 1972, on autorise la pose du stérilet sous certaines conditions. Le 4 décembre 1974 la contraception devient libre et gratuite et le 17 janvier 1975 la loi Veil sur l'interruption volontaire de grossesse est adoptée. Elle autorise l'avortement jusqu'à la 10e semaine de grossesse lorsque la femme enceinte présente une « situation de détresse ». C'est à partir 1988 que la pilule abortive (RU 486), découverte en 1981, devient disponible en France. Le 1er juin 1999 : la pilule du lendemain (Norlevo) est en vente libre, sans ordonnance, dans les pharmacies. Depuis, l'avortement est devenu légal jusqu'à la 14e semaine de gestation.

Ces acquis donnant aux femmes la liberté de décision et de choix par la contraception légalisent la mise en œuvre d'autres droits en amont ou en aval de celui-ci. La femme

La pilule, une révolution historique

La loi Neuwirth, votée en 1967, autorise l'usage de la pilule. Les femmes peuvent alors choisir entre la maternité et d'autres activités sans renoncer à leur sexualité. Cette émancipation est clairement un des piliers de la libération de la femme, avec l'indépendance financière, l'accès au travail, la prévention des violences sexuelles et la participation des femmes à la vie de la société, puis à la politique.

peut choisir son conjoint, refuser celui qui ne lui convient pas, se marier à un âge convenable, choisir le nombre d'enfants avec le partenaire qu'elle désire, elle peut divorcer et ne pas être l'objet de répudiation, ni être abandonnée sans ressources. D'autres libertés vont en découler, ces libertés « belles et nécessaires » dont parlait la philosophe du XVIIe siècle, Gabrielle Suchon. Elle fut la première à dénoncer l'assujettissement du sexe féminin au sexe masculin, elle osa dès cette époque parler de la privation honteuse de liberté du destin de la femme. Elle avança l'idée que pour s'émanciper il fallait que les femmes aient accès au savoir, clé nécessaire à l'élaboration d'un esprit critique, et aux fonctions d'autorité.

En donnant aux femmes la liberté de concevoir, de décider librement de leur destin, les femmes d'aujourd'hui envisagent et gèrent leur vie différemment.

➤ *La maîtrise de la reproduction*

Le dernier siècle est celui de la maîtrise de la reproduction. De très nombreux travaux se sont intéressés à étudier et à comprendre ces phénomènes. Signalons l'excellent ouvrage d'Arnaud Régnier-Loilier[1] sur le désir d'enfant publié par l'Ined, qui renferme une masse d'informations passionnantes. Le bouleversement majeur est ce que l'on a appelé la révolution contraceptive : sexualité et reproduction s'en sont trouvées dissociées. Les moyens contraceptifs existent depuis la nuit des temps, mais les couples ont clairement cherché à diminuer le nombre de leurs enfants à partir du XVIIIe siècle, lorsque les chiffres de la mortalité infantile deviennent inférieurs à la natalité. C'est le début d'un véritable souhait du contrôle des naissances.

Prévenir les grossesses peut résulter d'une démarche volontaire, mais la société et les modes de vie influencent aussi les décisions des couples. L'allongement de la vie des parents, l'urbanisation et l'industrialisation réduisent les « besoins » de main-d'œuvre au sein de la famille. Les familles fortunées ne veulent pas voir l'héritage divisé entre un trop grand nombre de descendants. Plus les possibilités d'ascension sociale sont élevées, plus le nombre d'enfants diminue. L'enfant, qui était une force de travail, devient une charge pour les parents. C'est à la fin du XIXe siècle que l'on parle ouvertement de contrôle des naissances et une clinique de « contraception » s'ouvre à Amsterdam en 1882. C'est à cette même époque que certaines revues médicales décrivent des techniques contraceptives, la majorité des médecins y sont cependant opposés. Les ancêtres des préservatifs sont en vente seulement dans des boutiques où les gens respectables ne s'aventurent pas ! Les pratiques contraceptives rudimentaires de l'époque sont

1. Arnaud Régnier-Loilier, « Avoir des enfants en France. Désirs et réalités », *Les Cahiers de l'Ined*, 2007, n° 159.

source de frustration. Le contrôle des naissances se fait essentiellement par l'abstinence ou le *coïtus interruptus* (le retrait). La meilleure instruction des femmes joue un rôle déterminant dans le développement des méthodes contraceptives. La contraception se répand et l'épidémiologiste Leridon souligne qu'après 1870 aucune génération de femmes n'a eu en moyenne plus de 2,7 enfants.

Le nombre d'enfants dépend aussi du niveau d'étude et du type d'emploi. En 1959, les familles de fermiers ont deux fois plus d'enfants que les personnes employées dans le commerce. Néanmoins il faut insister sur le fait que les méthodes de contraception anciennes étaient plus qu'imparfaites et sources d'insatisfaction. En dehors du *coïtus interruptus* (méthode la plus pratiquée), toutes sortes de préparations contraceptives aux vertus spermicides furent développées. L'abstinence périodique trouva un essor avec le docteur Ogino. En 1923, il identifie la période de l'ovulation et précise le moment souhaitable pour l'abstinence. Mais c'est l'avènement de la pilule qui constitue clairement la vraie révolution contraceptive. Depuis la nuit des temps, soit 70 millions d'années pour les mammifères et près de 5 millions d'années pour les hommes, la reproduction était l'inévitable conséquence de la sexualité. En moins de dix ans, quelques secondes à l'échelon de l'évolution de l'espèce, les hommes furent capables de dissocier sexualité et reproduction.

➤ *Vouloir un enfant, une décision réfléchie*

La pratique contraceptive s'est donc rapidement répandue en France. En 1968, 6 % des femmes utilisaient la pilule ou le stérilet contre 84 % aujourd'hui. Plus de 95 % des femmes qui sont en âge d'être enceintes ont une contraception. Il existe de plus une incitation transgénérationnelle qui pousse les mères, ayant connu l'époque où les relations sexuelles pouvaient entraîner une grossesse non désirée, à inciter leurs filles à s'affranchir de ce risque par une contraception instituée précocement. Cette contraception qui dissocie sexualité et fécondité aboutit à un immense bouleversement du couple. Aujourd'hui avoir un enfant est le fruit d'une décision qui impose d'abord d'arrêter la contraception. Il s'agit donc d'un choix dépendant de la volonté et des priorités du couple. Alors que pendant des siècles les couples devaient avoir une démarche active pour que les rapports n'entraînent pas de grossesse, aujourd'hui c'est le contraire qui se produit. Le couple décide d'avoir un enfant et la femme, en fonction de ce choix, décide alors d'arrêter sa contraception.

La famille se constitue de manière réfléchie et programmée. Le nombre d'enfants est choisi et même parfois la période de naissance des enfants. Ce point me paraît fondamental, les chercheurs de l'Ined et de l'Insee ont montré une diminution considérable des grossesses non désirées. Leur nombre a été divisé par trois entre 1965 et 1985 (Leridon et Toulemon[1]). L'avortement prévient une grande partie des naissances non désirées, mais les interruptions de grossesse restent quand même fréquentes (200 000 interruptions de grossesse pour près de 800 000 naissances).

➤ *L'évolution de la conception du bonheur*

Dans la seconde moitié de XXe siècle, la réduction de la fécondité s'explique également par d'autres mécanismes. L'enfant n'est plus l'unique centre d'intérêt de la famille.

1. www.ined.fr

Le bonheur relève aussi de satisfactions professionnelles, de la multiplication des loisirs, des relations amicales et d'une soif de prestige social. L'enfant entre en compétition avec les autres activités du couple, ce qui peut conduire ce dernier à différer l'arrivée de ce premier enfant.

Ces activités vont aussi conditionner le nombre d'enfants dans la famille. Il n'est pas rare d'entendre des couples découvrant attendre des jumeaux, considérer comme tout à fait impossible d'avoir deux enfants car un seul avait sa place au regard des autres projets prévus. Les couples d'aujourd'hui ont des aspirations multiples et l'on peut parler d'un individualisme grandissant. Ceci représente à mes yeux un point fondamental. Enfin la perte d'influence du pouvoir de l'Église dans la sphère familiale depuis la fin du XVIIIe siècle s'est accentuée aujourd'hui. Elle n'a plus le pouvoir d'engager les couples à procréer.

Nous avons changé d'époque, l'accès des femmes à la contraception et à l'avortement est le fruit d'un long combat féministe. La liberté en matière de reproduction est essentielle pour le destin des femmes et l'on ne peut que se féliciter de cet acquis. Jusque dans les années 1960-1970, la fécondité était naturelle, les couples subissaient des maternités non désirées. Il n'était pas imaginable de contrôler les naissances, des moyens contraceptifs simples et efficaces n'existant pas. L'avortement illégal, pratiqué dans des conditions d'hygiène déplorables par les « faiseuses d'anges » ou l'abandon du bébé étaient les seules alternatives à la maternité. Certains couvents avaient organisé des sortes de « passe-plats » (les tours d'abandon) dans les murs d'enceinte où les femmes pouvaient déposer les enfants non désirés en les protégeant du froid de la nuit. On estime qu'au XVIIIe siècle un enfant sur cinq était abandonné. La contraception et l'avortement ont induit des stratégies spécifiques dans les comportements reproductifs. Les couples peuvent décider de faire un enfant quand ils le veulent. Et désirer un enfant pour une femme aujourd'hui, c'est souvent arrêter de ne plus en vouloir.

➤ *Des naissances programmées*

Vouloir des enfants plus tard a pour conséquence de repousser l'âge de la première grossesse, de ce fait on note une baisse de la fécondité au sens statistique du terme comme au sens biologique.

Ce choix de vie expose les femmes à avoir moins ou pas du tout d'enfant, en raison de leur âge. L'âge de la première grossesse est passé de 24,2 ans en 1978, à 27,6 ans en 1998. Ce phénomène est plus marqué encore dans les grandes villes. En 2007, les Franciliennes ont en moyenne leur premier bébé à 32 ans.

Grâce à la contraception, les couples vivent ensemble plusieurs années avant d'avoir un enfant. Ce temps est mis à profit pour organiser l'avenir : poursuivre des études, s'assurer que le partenaire est le bon. Pour beaucoup, ce décalage correspond au temps nécessaire pour acquérir une situation professionnelle et des revenus qu'ils jugent nécessaires à l'arrivée de l'enfant. Dans l'hypothèse où le couple cherche à améliorer son statut social, l'apport d'un deuxième salaire engrangé par la femme est un élément important.

Avoir un enfant relève, pour la grande majorité des couples, de la volonté et d'un minimum de stratégie. La programmation de ce premier enfant est souvent réfléchie en fonction de plusieurs critères.

• Le nombre d'enfant(s)

La plupart des couples confirment qu'il est important de programmer le premier enfant en fonction du nombre d'enfants désirés et selon les différents aspects de la vie du couple. Plus les couples veulent d'enfants, plus ils se dépêchent de faire naître le premier. Moins ils en veulent, plus ils acceptent de repousser la première naissance.

Les couples savent cependant qu'il y a un âge pour faire des enfants et qu'il ne faut ni être trop vieux, ni surtout trop vieille, car c'est l'âge de la femme qui est déterminant. Ils connaissent les risques de la grossesse et ceux de malformations ou d'anomalies chromosomiques dues à l'âge de la mère. Mais très peu de couples ont connaissance de certaines études montrant une augmentation des malformations avec l'âge du père ; ce paramètre n'est jamais pris en compte car rarement évoqué. Concernant l'état physique général et son rôle lorsqu'on élève un enfant, seuls 30 % des couples pensent qu'avoir des enfants jeunes permet d'être plus en forme et moins fatigués.

• **Logement, salaire et travail**

Les travaux de Régnier-Loilier, portant sur l'étude des motivations des couples dans le cadre d'un projet parental, montrent que les couples pensent à 76 % qu'il faut avoir terminé ses études avant de faire des enfants, et à 88 % que l'un des partenaires doit avoir un emploi stable. Les conditions matérielles sont clairement prises en compte. Avoir de l'argent semble très important pour 51 % et assez important pour 47 % des couples interrogés. L'argent est aussi un critère essentiel pour près de 98 % des couples ! Et 85 % estiment qu'avoir un logement assez grand est important ou très important.

Les femmes rentabilisent leurs années d'études en s'investissant dans une carrière professionnelle. Plus elles ont fait d'années d'études, plus elles diffèrent leur première grossesse. Cela signifie que les études engagent les jeunes femmes dans des carrières professionnelles qui nécessitent de remettre à plus tard la naissance d'un premier enfant. La possibilité d'une naissance au début d'un parcours professionnel est ressentie comme un frein à une certaine stabilité. Une sorte d'interdit tacite existe : en début de carrière professionnelle, peu de jeunes femmes prennent le risque de mettre en route une grossesse qui pourrait impliquer insécurité professionnelle et manque financier.

Il existe clairement un investissement différent en fonction de l'intérêt de l'activité professionnelle. S'occuper d'un enfant peut être jugé plus gratifiant par des femmes dont la profession est inintéressante et pour laquelle les investissements sont faibles et les gratifications personnelles inexistantes.

Les femmes les plus diplômées renoncent plus souvent à faire des enfants, trouvant dans leur travail une autre valorisation. *A contrario,* les femmes les moins qualifiées quittent plus volontiers leur travail et font plus d'enfants (en moyenne 3,6 enfants pour les femmes ayant arrêté leur travail, contre 2,3 pour celles qui ont travaillé de manière discontinue et 1,9 pour celles ayant travaillé sans interruption).

• Retour sur investissement

La réussite de l'enfant demande un gros investissement des parents à long terme, car il leur faut non seulement l'élever, mais lui donner aussi les moyens de réussir. Cet investissement correspond à une construction (narcissique) qui permettra plus tard aux parents d'être fiers des succès de leur progéniture.

Désirer un enfant c'est envisager également ce qu'il va apporter au couple. Les parents projettent ou spéculent sur la place qu'il occupera au sein de la famille. Jean Kellerhals (docteur en sciences économiques et sociales) classe les fonctions de l'enfant en six catégories : les relations affectives, les ressources qu'il peut apporter, l'identité sociale, la joie des activités avec les enfants (parentalité), la cohésion du couple, la lignée. Désirer un enfant c'est en quelque sorte établir une hiérarchie dans ces fonctions et les classer comme « avantageuses » ou non.

• **Vivre sa vie**

Une fois sur deux la raison invoquée pour retarder une maternité est qu'il faut d'abord profiter de la vie. Toutes ces activités de loisirs qui nous sont proposées, voyages, hobbies, soirées au restaurant, cinéma, télévision, multimédia, etc., sont à l'évidence moins faciles lorsque l'on a un ou plusieurs enfants.

Le travail des femmes et la maternité

L'incidence de l'activité professionnelle sur l'âge de la première maternité a fait l'objet d'études. Béatrice Majnoni d'Intignano[1] observe, en matière d'évolution démographique à long terme, trois phases de comportement repérables dans la plupart des pays :

• une période où la proportion de femmes actives est faible et la fécondité haute, en partie en raison de l'absence de contraception disponible ;

• une phase où la proportion de femmes actives augmente au détriment de la fécondité ;

• la troisième phase dépend des moyens mis en œuvre par le pays pour permettre aux femmes de mener de front maternité et activité professionnelle. La fécondité évolue alors différemment en fonction des pays. Il est donc diffi-

1. Professeur des Universités à Paris-XII, membre du Conseil d'analyse économique auprès du Premier ministre, auteur de *Santé et économie en Europe,* 2001 et 2004.

cile de savoir si les femmes choisissent de privilégier leurs carrières ou de repousser leur grossesse, faute de pouvoir concilier ce désir et la nécessité de conserver leur emploi.

Pour des raisons financières, mais aussi par souci d'épanouissement et d'autonomie, l'augmentation de la proportion de femmes actives est frappante. En 1911 les femmes actives représentent 36 %, 53 % en 1921, et en 1999 c'est 84 % des femmes qui ont travaillé. La population active croît de 4,5 millions de personnes entre 1968 et 1990 et 90 % de ces actifs sont des femmes (A. Norvez et C. Rollet, 1993[1]). Cette augmentation est liée à un besoin économique mais aussi à l'augmentation du niveau d'étude des femmes. Cette indépendance permet à la femme de faire face à un éventuel divorce, à un chômage ou à une disparition du conjoint et elle lui permet d'avoir une place familiale qui ne se cantonne pas à la maternité.

Les femmes ayant plus de diplômes repoussent l'âge de leur première grossesse d'une façon nette par rapport à celles qui n'ont pas de réelle qualification. Il existe également une forte pression des employeurs qui tentent très souvent de contrecarrer les velléités de maternité de leurs employées. C'est une attitude inepte datant d'une autre époque. On peut en effet imaginer que la frustration d'un désir contrarié influence négativement les investissements professionnels.

Une politique gouvernementale est essentielle pour soutenir la fécondité. Les pays ayant une politique permettant aux femmes de conserver leur emploi en assurant la garde des enfants (pays nordiques, France) ont la meilleure

1. A. Norvez et C. Rollet, « Activité professionnelle et stratégie de vie des femmes dans la France des années 1970-2000 », *IRDES*, 1993, vol. 4, p. 105-114.

fécondité. Grâce à cette politique, les femmes qui veulent des enfants peuvent aménager, quitter ou réduire leur travail. Il existe cependant des contre-exemples qui montrent que les liens entre fécondité et travail des femmes ne sont pas si simples. En Suède, il existait un très fort taux de fécondité alors que le nombre de femmes travaillant était important. Le regard de la société sur le statut de mère au foyer est également important. Il est par exemple très mal vu en Allemagne de travailler quand on a de jeunes enfants. L'Allemagne est le pays européen ayant le plus bas taux de fécondité, 30 % des femmes restent sans enfant (10 % en France). L'Allemagne maintient une politique sociale très répressive vis-à-vis des mères de famille qui travaillent ; un emploi maternel est considéré comme nocif pour le développement affectif et psychologique de l'enfant. Les couples germaniques vivent avec l'idée qu'ils ne font pas d'enfant pour eux-mêmes. Avoir un enfant, c'est en quelque sorte « se sacrifier » pour son bien. Par conséquent la fonction parentale effraie, elle est vécue comme un sacerdoce dans lequel bon nombre de couples refusent de s'engager.

Les conséquences de la baisse de la natalité

On observe une baisse de la natalité très préoccupante en Europe. Cette baisse est causée par le choix des couples de faire moins d'enfants ou de ne pas en faire du tout. La part de l'infertilité dans la baisse de la natalité n'a pas été évaluée, de même que le décalage de la première grossesse dans l'incidence des difficultés à procréer.

Les conséquences de cette baisse de la natalité vont très vite se faire sentir. À partir de maintenant, les individus nés du *baby-boom* de l'après-guerre vont commencer à atteindre l'âge de la retraite. Ces personnes « âgées » vont vivre de plus en plus longtemps et générer d'importants besoins pour la société. Ces coûts énormes seront supportés par la génération des années 1970.

Un chercheur hollandais (Jan Barendregt) a fait une simulation assez effrayante. Il a imaginé un mur hermétique érigé autour de la Hollande permettant son isolement et excluant tout mouvement d'immigration et d'émigration. En 2000, la population hollandaise était de 16 millions d'habitants et le taux de natalité l'un des plus bas d'Europe. Il a choisi l'hypothèse selon laquelle la mortalité et la natalité restent dans les années à venir identiques à celles d'aujourd'hui. Les projections calculées sont les suivantes : la population hollandaise sera de 15 millions en 2030, et de 8 millions à la fin du XXIe siècle. La proportion d'individus âgés de plus de 60 ans passera de 18 % en 2000, à 30 % en 2030. En Espagne, la même simulation aboutit à 3,9 millions d'habitants à la fin du XXIe siècle, 10 % de la population actuelle !

Cette crise démographique grave n'a pas comme seule conséquence la diminution du nombre d'enfants dans les bacs à sable, il s'agit d'un réel enjeu dont on parle peu au grand public : la survie de nos sociétés. Tenter de favoriser la natalité à donc un intérêt vital pour le fonctionnement de notre société.

La réduction du nombre d'enfants est donc en partie due aux conditions d'aides déficientes aux femmes qui souhaitent maintenir une activité professionnelle. Il serait politiquement irresponsable de la part des gouvernements européens de ne pas réfléchir à ce problème et de ne pas mettre très vite en place des dispositions pour aider et concilier le travail des femmes et leurs maternités.

Une étude démographique de la France et de l'Europe à l'horizon 2030, présentée à l'Assemblée nationale en janvier 2006[1], s'inquiète de cette chute de la natalité au niveau européen (la France étant l'une des nations les moins touchées). Une analyse économique laisse envisager une pénurie de main-d'œuvre dans l'Europe dès 2010. Le redressement de la fécondité apparaît aux auteurs de cette étude comme une réponse impérative aux enjeux à long terme du vieillissement. Un chiffre de 2,25 enfants par femme entraînerait une nouvelle période de relance de la consommation et le soutien de l'activité économique. La France, en tête de peloton en Europe, a un chiffre de deux enfants par femme ; le chemin est donc énorme. Pour les experts de la question, la solution qui semble incontournable à court terme est soit de favoriser une immigration choisie de population active, soit d'élargir l'Europe aux pays ayant un taux de fécondité important comme la Turquie. La question de l'adhésion de la Turquie à l'Europe a rempli les colonnes de nos journaux, mais les problèmes de natalité semblent être ignorés. Seraient-ils tabous ?

Les raisons de remettre à plus tard une maternité

Les non-dits, les peurs inconscientes, les doutes sur la stabilité du couple ou sur le bon choix du compagnon pour fonder une famille sont autant de bonnes ou de mauvaises raisons pour invoquer et mettre en avant un travail trop prenant, un logement exigu, un partenaire inadéquat…

1. Étude de Gérard-François Dumont et Jean-Marc Zaninetti, *Perspectives démographiques de la France et de l'Europe à l'horizon 2030*, mai 2005.

Je ne conteste pas qu'une carrière professionnelle féminine est plus simple sans enfants. Le Cereq (Centre d'études et de recherche sur les qualifications) vient de présenter en 2007 les résultats d'une étude sur 16 000 personnes sept ans après leur entrée sur le marché du travail. Près de 32 % des femmes déclarent que leur enfant a eu une incidence sur leur travail, 17 % sont passées à temps partiel et 11 % ont changé de poste ou accepté une mutation. Après un deuxième enfant, l'impact est plus fort : 35 % des femmes réduisent leur temps de travail et 16 % prennent un congé parental. Parmi les diplômées à Bac + 3, 49 % des femmes travaillent à temps complet si elles ont des enfants contre 92 % si elles n'en ont pas. Je reconnais sans l'ombre d'un doute que la faible participation générale des hommes aux travaux domestiques entraîne pour les femmes une harassante et injuste double, voir triple tâche : « travail + maison + enfants ». Mais il me semble aussi que le désir d'enfant est capable de tout balayer. Ma profession est au cœur du désir d'enfant, elle l'est aussi en dehors de mon activité professionnelle où l'évocation de mon métier suscite les confidences, les questions et les conseils de la plupart de mes voisines de table, d'avion ou de train. Il est clair que pour beaucoup de couples, faire des enfants est une priorité absolue qui passe au-dessus des contingences matérielles et professionnelles. La puissance de l'amour, la construction de quelque chose à deux qui s'appellerait une famille, le partage d'un sentiment puissant et fort avec l'être choisi et le besoin naturel de se reproduire contribuent à rendre ce projet prioritaire.

Il existe des femmes ayant fait une carrière exemplaire avec des enfants : Simone Veil (femme juriste et politicienne, 3 enfants), Ségolène Royal (énarque, 4 enfants), Kristin Scott Thomas (actrice, 3 enfants), Anne Chopinet (première femme polytechnicienne, 5 enfants), etc. Il existe également un nombre considérable de femmes plus anonymes n'ayant pas forcément les moyens d'avoir des aides ménagères, des nounous, des professeurs particuliers et qui malgré cela ont choisi d'être mères en plus de leur métier. Malgré les difficultés rencontrées pour tout concilier, elles ont su équilibrer leurs activités et mènent une vie de mères et de femmes épanouies professionnellement et socialement.

Au contraire, les couples que je vois assez tardivement dans leur parcours, malgré un passé commun de vie conjugale, n'ont pas considéré l'enfant comme un objectif prioritaire. Des femmes n'ont rencontré que très tard l'homme avec lequel elles veulent enfin avoir un enfant. Il serait intéressant de connaître leurs critères de choix. Certaines attendent probablement longtemps le prince charmant et comprennent à un certain moment qu'il n'existe peut-être pas, elles se « rabattent » sur l'*Homo erectus* qui y ressemble le plus. Il y a également le syndrome du coup de foudre : l'état amoureux dans la rencontre est-il l'apogée de ce qui peut être ressenti ? Cette quête du toujours plus peut entretenir des profils d'amoureux insatiables cherchant l'amour absolu au risque de ne jamais s'arrêter de le chercher.

J'ai également rencontré des femmes qui n'avaient pas rencontré d'homme du tout, et qui cherchaient à faire un enfant toutes seules, grâce à l'insémination par donneur, pratique interdite en France aux femmes seules.

Ma grand-mère qui était très loin d'être elle-même une féministe disait qu'une femme qui n'est pas mariée à 30 ans est soit très bête soit très moche ! Je ne partage pas du tout cette assertion, mais à force de chercher l'homme idéal on risque de passer à côté de la période où faire un enfant est possible.

➤ *L'influence des médias et de l'air du temps*

Les séries télévisées utilisent principalement des traits caricaturaux auxquels les téléspectateurs peuvent facilement s'identifier.

Les séries télévisées dites « féminines » des années 1960 et 1970 vantaient la femme à la maison : « Les Saintes Chéries », « Ma sorcière bien aimée ». Elles étaient diffusées dans l'après-midi à l'heure où la ménagère de moins de 50 ans pouvait les regarder pendant qu'elle s'adonnait aux tâches domestiques. L'image à laquelle la femme pouvait puérilement s'identifier était celle d'une mère aimante, ne travaillant pas, disponible pour son mari et sa famille.

Aujourd'hui les séries de ce type sont diffusées en soirée, le fameux « prime time », elles montrent l'image de l'indépendance féminine. Les héroïnes occupent les fonctions de policier, juge, et lorsqu'elles ont des enfants (les pères des enfants sont très rarement restés à leur côté), les situations sont difficiles à gérer. Ces séries sont souvent de conception européenne, elles scénarisent le rôle tabou et provocateur de la femme dominatrice, portant une arme, occupant un poste dévolu généralement à des hommes, relégués ici à des rôles d'assistants.

Les séries américaines comme *Sex in the City* ou *Ali McBeal* mettent en scène de jolies trentenaires, belles à faire rêver : une énorme liberté, des soirées entre copines, au restaurant, au cinéma, joggings et salle de musculation le week-end, des amants multiples et beaux comme des dieux, dont elles profitent quand elles le veulent… Rien ne manque pour alimenter la machine à rêve.

Ces séries jouent sur le registre de l'identification, c'est principalement au travers du dialogue que le mécanisme va s'enclencher. La téléspectatrice peut se reconnaître dans la sensibilité d'un personnage. Elle peut comprendre et penser comme l'héroïne qu'elle a choisie et lui ressembler dans son imagination. La téléspectatrice peut, en rêve, s'identifier physiquement et vivre la vie qu'elle aimerait avoir.

Mais qui fait les courses, qui garde les enfants et prépare le repas ? La réalité pour une majorité des femmes est loin d'être aussi idyllique. Ce n'est pas parce que les femmes ont accès à l'emploi que les hommes se sont mis aux travaux domestiques. Comme le dit la blague, le masculin de « debout dans la cuisine » est « assis devant la télé ». La femme a gagné un double temps de travail et elle est payée en moyenne 20 % de moins qu'un homme. Malgré les protections sociales, les chefs d'entreprise apprécient rarement les mères de famille. Dans cette société, la femme « couteau suisse » trois en un (job + mari + enfants) est de plus en plus fréquente. Combien de mères courent de leur travail à la crèche ou à l'école chercher leurs enfants ? De retour à la maison, il leur faut surveiller le travail scolaire, préparer le sauté de veau, sans compter les courses, le ménage, tout en gardant le plus longtemps possible un corps de rêve si elles ne veulent pas que leurs maris cherchent plus jeune et plus disponible ailleurs. Une étude récente de l'Insee montre que 80 % des femmes assurent seules les tâches domestiques et assument 60 % de l'activité parentale pendant que la part des hommes a progressé de dix minutes en dix ans ! Les magazines féminins aiment faire leur couverture sur les nouveaux hommes qui font tout à la maison. Les journalistes de ces magazines en rêvent, mais peu de femmes les ont rencontrés.

Évidemment toutes les femmes ne supportent pas autant de charges. Plus les revenus du ménage sont importants, plus les tâches ménagères s'allègent...

Les *goldenwomen* existent aussi, j'en croise toutes les semaines, elles cherchent à obtenir l'enfant qu'elles ont choisi d'avoir, après leur promotion professionnelle et sociale. Elles ont souvent intégré tous les paramètres vantés par les magazines féminins : « Plus belles plus longtemps », « Restez jeunes », « Un enfant quand je veux », « Le sexe en toute liberté »... et elles y ont cru. Séminaires et heures supplémentaires sans compter, gymnase-club et *salad'bar*, botox et prothèses mammaires, préservatif goût gingembre et *sex toys* ! Il suffit de sortir un peu des grandes villes pour comprendre que ce n'est pas toujours la réalité de nos campagnes !

Soulignons une confusion que font souvent les couples et que relaient les magazines féminins. On confond le déroulement de la grossesse après 40 ans, le fait d'être parent après 40 ans et les chances d'avoir une grossesse après 40 ans. La multiplication des articles sur les femmes connues ayant des enfants tard, sur les questions que se posent les parents âgés, sur les complications des grossesses tardives entretient l'idée que l'on peut être enceinte facilement à 40 ans. Les maternités tardives (après 40 ans) bénéficient de l'image positive d'une femme qui se serait accomplie personnellement avant de faire des enfants. *A contrario,* les maternités précoces sont jugées irresponsables. La tendance se situe à l'exact opposé des données physiologiques et incontournables qui favorisent la reproduction. Les éditoriaux de journalistes optimistes, voire militantes, ou de médecins ayant des lacunes dans le domaine, n'y pourront rien. Il n'est pas vrai que parce que les femmes vivent plus longtemps, elles peuvent faire des enfants plus tard. Il existe clairement une norme, alimentée par la société et les médias, à partir de laquelle se positionnent les couples, qui s'ajoute à leurs propres désirs de loisirs, de travail et d'épanouissement personnel. L'égalité des sexes a certes fait un grand pas en avant, mais le chemin reste encore long.

Un enfant maintenant ou plus tard ?

Si les modèles diffusés par les médias jouent un rôle, qu'est-ce qui explique que le désir d'enfant soit fondamental chez les unes et secondaire chez les autres ? C'est probablement la question la plus intéressante. Une rencontre qui ne s'est pas faite, une quête de l'impossible ? Une confiance exagérée en l'avenir, une cécité par rapport au temps qui passe ? Est-ce la peur peut-être inconsciente de cette maternité qui transforme et responsabilise qui conduit certaines femmes à ne jamais trouver adéquats leurs compagnons successifs ? Il faut se poser la question de l'évolution du désir d'enfant dans le monde moderne. Les individus sont aujourd'hui beaucoup plus attachés à l'épanouissement et au bonheur personnel. L'enfant n'est pas le passage obligé du bonheur. Ce facteur est peut-être l'un des éléments qui explique le taux élevé de divorce. Autrefois, il est probable que les couples restaient davantage ensemble à cause des enfants nés dans les toutes premières années de l'union. Les rencontres semblent également plus difficiles comme l'atteste le succès tout à fait incroyable des sites Internet de rencontres virtuelles, les *speed dating* et autres modes de communication imaginées pour les faciliter.

N'oublions pas non plus le rôle prépondérant que peut jouer la mère de la femme. Il n'est pas rare d'entendre des femmes parler du rôle qu'a joué leur mère dans le report du projet d'enfant. « Pense à ta carrière », « Ne fais pas comme moi en sacrifiant ta vie professionnelle ». « Réussis d'abord, tu feras tes enfants après. » Ces mères ont peut-être eu à assumer une importante frustration personnelle dont elles voudraient préserver leur fille. De façon moins consciente, elles peuvent vivre à travers leur fille cette carrière professionnelle dont elles auraient rêvé. La méconnaissance des limites physiologiques de la fertilité aboutit parfois à des échecs que mères et filles regrettent. Le ressentiment de la fille est parfois exprimé clairement.

L'idée qu'il faut « vivre sa vie » avant d'avoir des enfants est contestable, il me semble. Cela revient à penser que lorsqu'on a des enfants, la vie sera « moins quelque chose » : moins conviviale, moins festive, moins tournée vers l'extérieur, peut-être même moins enrichissante, et moins aimante. Un « moins » qui serait un poids sans réelle compensation, un remède contre l'amour au sens propre comme au sens figuré. C'est oublier le plaisir d'avoir des enfants, c'est oublier que l'on peut passer de merveilleux moments avec un bébé, un enfant et même un adolescent. Il n'est pas question ici de prôner une politique nataliste ou pétainiste dont travail, famille et patrie seraient les leitmotive de l'existence. Je m'interroge seulement sur le sens de « profiter de la vie » et sur la conception que chacun se forge de la vie. Je souhaite seulement livrer le fruit de mon expérience, parler des regrets que j'ai entendus mille fois formulés par des couples qui avaient repoussé à toujours plus tard l'enfant qu'ils n'auront peut-être plus la chance de concevoir.

Quels sont donc les critères importants qui mènent à s'engager dans une vie avec un enfant ? Le partenaire, futur père, le nombre d'enfants désirés, l'âge que nous aimerions avoir au moment où ils naîtront, mais aussi l'âge que nous aimerions avoir quand ils auront 20 ou 30 ans.

Les enfants coûtent du temps et de l'argent ! Ce sont des responsabilités parfois difficiles à assumer. Et ça dure ! « Petits enfants petits problèmes, grands enfants grands problèmes », dit le proverbe bien connu. Il y a une part d'inconnue énorme dans l'éducation d'un enfant. À partir de l'adolescence, il peut devenir un électron pseudo-libre qu'il est difficile voire impossible de gérer. La vie est loin d'être un long fleuve tranquille ; avoir des enfants c'est faire un chèque en blanc sur l'avenir.

Alors pourquoi continuons-nous en majorité à en faire ? Pour beaucoup d'hommes et de femmes, il y a forcément une contrepartie appréciable.

L'arrivée d'un enfant bouleverse la vie et transforme les libertés, les nuits sont plus courtes, les responsabilités plus importantes, les angoisses plus nombreuses, les voyages moins faciles. L'intimité du couple est perturbée, la complicité amoureuse plus rare, les gestes de tendresse sont plus furtifs. Il faut se cacher pour se retrouver à deux et s'aimer au creux des draps, dans une chambre dont on aura bien fermé la porte.

La venue au monde d'un bébé modifie également la valeur que l'on donne à sa propre vie et nous met face à des responsabilités devenues incontournables. Lorsque j'ai eu mon premier enfant, il m'est devenu impossible au bout d'une semaine de faire de la moto. J'étais motard depuis mes 14 ans. Je ne pouvais plus passer un carrefour sans craindre pour ma vie et me voir en fauteuil roulant. J'ai dû vendre cette moto et je n'en ai jamais refait depuis. La vie change avec un enfant, mais les joies qu'il apporte sont incommensurables. Mes enfants (j'en ai trois) ont toujours été et continuent à être ma priorité. Ils sont toujours passés avant mon travail, ce qui ne m'a pas empêché de m'impliquer et de m'épanouir dans ma profession et de « faire carrière », comme cela se dit. La joie que m'ont apportée tous les moments passés avec eux n'a jamais été égalée. Sans parler de l'immense plaisir de faire des enfants avec la femme que l'on a choisie pour créer une famille.

➤ *Un irrépressible désir d'enfant*

L'avènement de la contraception a bouleversé le désir d'enfant. Comme nous l'avons déjà souligné, désirer un enfant pour une femme aujourd'hui c'est souvent arrêter de ne plus en vouloir. Il est, selon les psychanalystes, la traduction pulsionnelle du désir sexuel dans la fonction et le besoin d'assurer la reproduction de l'espèce. Ce besoin est, dès le plus jeune âge, partagé par les deux sexes bien que l'homme soit statistiquement moins pressé de se reproduire que la femme. Pour d'autres, l'enfant est devenu une valeur importante dans une construction narcissique de l'image de soi. Ce désir narcissique est un paradoxe. La psychanalyste Monique Bydlowski parle même de dette de vie. C'est un concept de dette maternelle, une hypothèque correspondant à la nécessité du devoir de passage de vie : la vie de la mère et aussi la vie de la fille.

D'après la pédopsychiatre et psychanalyste Maria Landau, le désir d'enfant est, selon les théories freudiennes, constitutif du devenir femme d'un petit enfant de sexe féminin. Il faut pour qu'un humain devienne homme ou femme une construction psychique imaginaire et symbolique qui s'accomplit dans les premières années de la vie, sur la base du désir.

Le désir est une opération psychique éminemment humaine, résultant de la transformation de l'instinct en désir.

Le désir amoureux existe chez l'enfant dès les premières années de la vie. La petite fille a d'abord des sentiments amoureux très forts pour sa mère, elle veut l'imiter, lui ressembler et elle l'adore. Elle s'aperçoit ensuite que sa mère lui préfère l'homme avec lequel elle vit qui est son père. Prise d'une rage et d'un dépit terrible, elle voit que cet « objet phallique » est ce que désire la mère, et que la mère, elle, ne l'a pas. Son petit frère (lorsqu'il existe) possède ce sexe que sa mère ne le lui a pas donné : elle prend conscience de la « castration féminine ». Elle va alors changer d'objet d'amour et va vouloir le père pour elle seule. Elle devient concurrente et rivale de sa mère et c'est à son père qu'elle adresse son désir et son amour. Vers 3 ou 4 ans, tout son élan psychique va la conduire à vouloir être sûre qu'à son tour, le père lui donnera un enfant, c'est-à-dire ce qui lui manque : le phallus.

Cette fantastique histoire psychique va peu à peu rentrer dans l'ordre. La petite fille grandit, oublie ses premiers élans et désirs, elle devient une petite écolière, une préadolescente, puis une jeune fille. Elle délaisse son amour brûlant pour le père qui ne lui donne d'ailleurs aucune chance d'espérer. Et se tourne vers les garçons de son âge et vers des rêves et des désirs plus réalistes, quoique imprégnés d'une intense rêverie imaginative.

La petite fille a accepté tous les attributs du devenir femme, et l'enfant ou plutôt le désir d'enfant, avoir un jour ce qui lui manque devient un rêve lointain, remis à plus tard, mais qui ne disparaîtra jamais.

Dans le projet futur de leur existence, la plupart des femmes acceptent l'idée qu'elles auront, quand l'heure sera venue, cet enfant tant désiré.

Mais certaines femmes trouvent avant l'heure le substitut à cet objet manquant. Elles deviennent masculines, indépendantes, mettent à cette place toutes sortes d'éléments valorisants faisant d'elles les égales des hommes, la carrière étant le premier des choix.

Il ne faudrait pas ici faire porter sur la femme l'intégralité du désir d'enfant. Les hommes ont leur rôle à jouer, leur désir peut être déterminant pour engager le couple vers la naissance. Les études montrent que, dans la majorité des cas, les hommes veulent des enfants plus tard que les femmes et qu'ils sont plus attachés à des conditions matérielles satisfaisantes.

Il existe aussi des désirs d'enfants « asynchrones » dans les couples. Quand l'homme veut un enfant, la femme n'est pas prête, puis inversement. Combien de femmes se présentent en consultation à un âge tardif en expliquant que leur précédente relation s'était terminée car leur partenaire ne voulait finalement pas procréer. Il « n'était pas prêt » ! Cette attitude est terriblement dure car lorsque l'homme est enfin prêt le moment pour la femme est passé. Le plus souvent le couple attend, sans avoir connaissance du déclin naturel lié à l'âge de la fertilité féminine. N'oublions pas non plus les couples recomposés où l'un des conjoints peut avoir déjà des enfants. Les motivations peuvent être déséquilibrées.

Désirs asynchrones

Mme M. a vécu sept ans avec un homme ne désirant pas d'enfant. À la suite de cette longue histoire, elle a rencontré son nouveau compagnon, de cinq ans son aîné, et père de deux grands enfants. Au bout de deux ans de vie commune, elle le décide à faire un enfant. Mais après un an de rapports infructueux, ce couple vient me consulter. Mme M. avait alors 39 ans et aucun examen n'avait pu mettre en évidence les raisons de son infertilité. Ce sont ce que nous appelons des stérilités « inexpliquées ». Seul son âge pouvait expliquer les difficultés du couple. Son mari présent lors la deuxième consultation m'avait paru peu intéressé, voire réticent. Mme M.

vint seule aux autres rendez-vous. Après quelques cycles de stimulation et d'insémination sans succès, il fallait ne plus perdre de temps et passer à la FIV avant qu'il ne soit trop tard.

J'expliquais alors à Mme M. le déroulement et insistais sur l'urgence, à l'âge de 39 ans, de commencer le traitement. Je la sentis perplexe, elle doutait que son mari acceptât. Il s'était déjà engagé avec beaucoup de réticences dans les inséminations. L'une des inséminations s'étant déroulée un jour de réunion de travail importante pour lui, elle avait gardé en mémoire sa réflexion agacée : « Pourquoi veux-tu que j'aille me masturber au laboratoire alors que j'ai déjà des enfants ? » J'ai senti le désarroi de cette femme, au bord des larmes. Elle me confia les difficultés rencontrées depuis que le début des traitements, son compagnon semblait tout faire à contrecœur. Elle me parla de ce premier homme avec lequel elle avait vécu et qu'elle avait quitté en partie parce qu'il ne voulait pas d'enfant, et de ce nouveau conjoint qui n'en voulait plus vraiment. Son dilemme était insupportable : pouvait-elle pour la seconde fois quitter l'homme qu'elle aimait pour des « histoires de bébé ».

Je ne l'ai jamais revue, ni avec son conjoint ni avec un autre.

Les stratégies de report du projet d'enfant ont de multiples explications, au regard des éléments mentionnés. Il est cependant important à mes yeux de poser la question de la validité des « alibis » invoqués par certains couples consultant trop tard pour être aidés. La carrière a bon dos et il serait de la première importance de comprendre ce qui pousse des couples de niveaux socio-éducatifs comparables à choisir des chemins différents. Pour les uns, les enfants sont essentiels à leur équilibre, le couple se retrouve précocement sur ce désir d'enfant mis en route parallèlement aux orientations professionnelles. *A contrario,* d'autres choisissent de remettre à plus tard la création de leur famille. Les modèles familiaux éducatifs, les ambivalences du désir d'enfant, et parfois l'individualisme influencent les aspirations éventuellement dissonantes des partenaires.

Les femmes qui ne veulent pas d'enfant

Le fruit de mon expérience me conduit à penser qu'un certain nombre de femmes mettent sur le compte de la carrière des choix qui relevaient aussi d'une ambivalence du désir d'enfant.

Confrontées à l'âge qui avance, il n'est pas exclu qu'elles subissent la pression d'un modèle social qui aujourd'hui considère comme anormal le fait de ne pas avoir d'enfant.

Ceci est en partie vrai pour certaines d'entre elles qui mettent de longs mois à faire le bilan alors que le temps presse. Il faut noter que ces femmes connaissent une réussite professionnelle indéniable.

En 1937, Freud écrit un article intitulé « Analyse finie, analyse infinie ». Dans ce texte, il évoque l'envie de pénis qu'il observe chez certaines femmes. Il pourrait entrer en jeu dans leur réussite professionnelle forcenée et entraîner un refus de maternité.

➤ *Craintes, inquiétudes et non-dits*

Les femmes ne désirant pas de maternité d'une façon résolue et volontaire, sans qu'aucune raison médicale ni sociale soit impliquée sont peu nombreuses. Certains psychologues pensent qu'il s'agit d'un comportement pathologique. La société porte un jugement et un regard très durs sur celles qui ne désirent pas d'enfant, les accusant d'égoïsme, d'immaturité. Ces jugements sont bien sûr contestables. Ils ignorent les raisons traumatiques transgénérationnelles de ces stérilités choisies. Une femme peut ne pas souhaiter répéter l'histoire dramatique de sa famille. Parfois les guerres, les morts d'enfants ou de parents ont laissé des deuils impossibles à surmonter qui empêchent tout désir de reproduction.

Face au processus physiologique de la grossesse et de l'accouchement il peut exister également toutes sortes d'inquiétudes et de craintes tant redoutées. Au fur et à mesure de l'évolution de la société, l'accouchement est devenu un acte médical finissant à l'hôpital. Dans notre société, les diktats sur le corps parfait règlent les comportements de nombreuses femmes. La grossesse est vue comme une source de modifications peu avantageuses pour la silhouette. Pour peu que les mères racontent toutes sortes de choses effrayantes sur leurs propres grossesses ou leurs accouchements, la transmission générationnelle s'opère mal. L'étape « naturelle » de la vie d'une femme, à propos de laquelle auparavant on ne se posait pas trop de questions, devient une épreuve bousculant le confort, un passage obligé qu'il faut caser dans une carrière.

Fort heureusement, pour la plupart des femmes, le désir d'enfant refoulé surgit à nouveau et la grossesse voulue ou « accidentelle » est accueillie avec soulagement. Chez les jeunes femmes, il faut souligner l'ambivalence du « Je veux » ou du « Je ne veux pas d'enfant » qui empêche de discerner ce qu'elles désirent réellement. Le conscient « Je ne veux pas » peut-être contrecarré par l'inconscient du « Je veux ». Les oublis de pilule sont-ils véritablement accidentels ?

Parfois, certaines mettent tout en œuvre pour différer, retarder, étouffer ce désir qui vient de si loin et ferait d'elles des femmes imaginairement complètes. Elles préfèrent garder ce désir inassouvi. Dans cette situation, le refus d'enfant est construit sur une rationalisation très forte qui emprunte ses arguments à toutes sortes de clés sociales, politiques, historiques et économiques. Ce sont des masques cachant un refus plus profond, conscient ou inconscient. La femme peut aussi vouloir mettre fin à une lignée familiale : elle se sent malgré elle la missionnaire ou la gardienne d'un temple dont elle ne veut pas.

Cependant, il est temps de déculpabiliser les couples ou les femmes dont le choix est de vivre sans enfant. Pourquoi jugerait-on anormal qu'une femme décide de ne pas procréer ? La conjonction de sa propre enfance, ses expériences avec les enfants, les priorités qu'elle a choisies, ses engagements citoyens peuvent être autant de motivations pour décider de ne pas suivre le chemin de la maternité. Il suffit par ailleurs de regarder le journal télévisé pour considérer que tout n'est pas rose pour l'avenir de la planète. Théoriquement cependant, la pulsion du désir d'enfant devrait l'emporter sur toutes ces raisons plus ou moins intellectuelles. Le refus d'enfant serait alors chez certaines un acte névrotique et chez d'autres un acte militant.

➤ *L'attente du prince charmant*

Il faut aussi souligner que certaines femmes se retrouvent sans enfant en dépit de leur désir d'en avoir. Le partenaire « idéal » n'étant jamais arrivé, elles n'ont pas souhaité faire un enfant toutes seules, attachées à la notion de structure familiale classique avec un père et une mère pour élever un enfant.

Quelles que soient les raisons qui les ont amenées à cet état de fait, le regard des autres sur ces femmes sans enfant est souvent injuste. Certaines personnes semblent penser que notre société est construite, à l'image d'une fourmilière, sur les bases d'un partage au sein duquel chacun doit apporter son obole. Dans cette structure sociale parfaite, les handicapés, les individus stériles ou assimilés ont la place que les dignes membres de référence veulent bien leur octroyer. Ces censeurs se sentent investis d'un pouvoir, ils sont juges et parties. L'ingérence déplacée dans la vie d'autrui, plus que l'intérêt réel pour le bonheur de son prochain, n'est-elle pas source de prises de position dont la violence est souvent inappropriée ?

Les femmes qui n'ont pas ou ne veulent pas d'enfant

Au Japon, 60 % des femmes de 30 ans n'ont pas d'enfant contre 24 % en 1985. En Allemagne, une femme sur trois ayant fait des études supérieures renonce à la maternité. Aux États-Unis, les femmes sans enfant se regroupent en associations pour se retrouver lors de réunions et de loisirs réservés aux « sans enfant ». Il existe des résidences où les personnes qui achètent une maison s'engagent à vivre sans enfant. Après déclaration préalable, les enfants de leur famille peuvent seulement leur rendre visite un nombre de jours limités dans l'année. Certaines femmes ont décidé volontairement de ne pas avoir d'enfant, au risque d'être considérées comme anormales, égoïstes, immatures ou comme des adolescentes attardées. Certaines veulent échapper à, disent-elles, « l'enfer de la maternité », d'autres prennent trop au sérieux l'éducation, l'avenir des enfants à naître et se sentent incapables de les rendre heureux. Jusqu'à ces derniers mois, peu de femmes osaient exprimer leur désir de non-maternité, le sujet était tabou. Deux livres traitant ce sujet sont parus : *Être femme sans être mère*, d'Émilie Devienne[1] et *No kid* de Corinne Maier[2]. Selon Sophie Marinopoulos, psychologue et psychanalyste, « ces femmes n'ont pas le désir de s'inscrire dans leur histoire familiale », en jouant leur rôle social de « passeuses de vie ». Elles trouvent un engagement autre et appartiennent souvent aux milieux culturels, associatifs, artistiques ou humanitaires. Les religieuses ne renoncent-elles pas également à ce rôle de passation familiale au profit d'un engagement spirituel ? Qui peut se permettre de juger les femmes qui ont fait un choix réfléchi de ne pas faire d'enfant pour des raisons qui, seules, les regardent ?

Féminisme, antiféminisme et maternité

Le féminisme existe probablement depuis la nuit des temps. Au XXe siècle, naît l'idée que les différences entre hommes et femmes viennent de l'éducation. Selon certains anthropologues et sociologues, l'explication de la domination masculine serait due à la possibilité de reproduction de la femme. La femme a la capacité de donner naissance à un autre individu, de son propre sexe mais aussi de sexe masculin. En devenant porteuse de l'héritage, sa valeur s'accroît. Mais cette naissance n'est possible que s'il y a intervention de l'homme. Dans cette logique, la femme est déterminée comme passive, reléguée à un rôle de récepta-

1. Émilie Devienne, *Être femme sans être mère. Le choix de ne pas avoir d'enfants*, Paris, Robert Laffont, 2007.
2. Corinne Maier, *No kid*, Paris, Michalon, 2007.

cle, tandis que l'homme est actif et décisivement majoritaire dans la réussite de la procréation. C'est la théorie de la graine et du terreau d'Aristote : le mâle fournit le principe actif, la graine, alors que la femelle est passive et fournit le terreau permettant à la graine de se développer. S'ensuit un délice de détails et d'observations prouvant qu'Aristote devait avoir une grande imagination. Ainsi les testicules sont réduits à un rôle de contrepoids servant à maintenir droits les conduits excréteurs !

Des femmes se sont de tout temps révoltées contre cette domination, et contre l'arbitraire de certaines affirmations, confirmées par de pseudo-études. Nous n'allons pas faire ici un récapitulatif des actions féministes des siècles passés. Dans les années 1920, des féministes françaises proposent la « grève des ventres ». La journaliste féministe Nelly Roussel déclare le 6 mai 1920, à propos de la Journée des mères de familles nombreuses : « Faisons donc la grève, camarades ! la grève des ventres. [...] Plus d'enfants pour le capitalisme, qui en fait de la chair à travail que l'on exploite, ou de la chair à plaisir que l'on souille ! » L'ambiance festive et conviviale de certaines familles françaises le 6 mai 1920 au soir a dû être très compromise !

Plus tard, des groupes féministes se sont prononcés contre l'AMP, en contestant son intérêt pour les femmes. Elles soupçonnaient fortement les hommes et les médecins, et particulièrement les hommes médecins, d'utiliser des techniques qui allaient à nouveau réduire les femmes à un rôle de reproductrices. Ces diables de médecins ne se préoccupaient pas de la lourdeur de traitements exclusivement féminins, leur seul objectif étant de servir les intérêts masculins. Je me souviens du premier congrès de FIV auquel j'ai assisté à Paris à la fin des années 1980. Les organisateurs avaient invité une des pourfendeuses de l'AMP. Ses propos virulents m'ont marqué : « Méfiez-vous de ces gynécologues. Ils vous reçoivent dans des bureaux feutrés. Le sol est couvert de moquette épaisse et les tables de sculptures de femmes enceintes ou portant des bébés dans les bras. Quelques minutes plus tard vous vous retrouvez au bloc opératoire, avec toutes sortes d'instruments dans le vagin, couvertes de sang. Ces mêmes gynécologues conduisent des expériences sur vous car les femmes sont plus dociles que les guenons et coûtent beaucoup moins cher. » Le palais des Congrès retentit de sifflets et d'insultes, mais le propos avait le mérite de la clarté. Depuis, je n'ai jamais mis dans mon bureau ni moquette épaisse ni sculptures de femmes enceintes !

Dans les années 1990, lorsque j'étudiais aux États-Unis, un mouvement important nommé « Backlash » (que l'on pourrait traduire par retour dc fusil) a tenté de remettre en cause les acquis des femmes. Ce mouvement, soutenu par la droite conservatrice américaine, par des groupes politiques et religieux et par les mouvements antiavortement, réussit à s'implanter dans les institutions.

C'est un phénomène récurrent dans l'histoire du féminisme américain. Utilisant les ressorts primaires de l'antiféminisme, leurs attaques se faisaient sur deux fronts principaux. Premièrement, le mouvement préconisait le retour de la femme dans la sphère domestique, prétextant avec force articles de presse falsifiés, de témoignages manipulés, d'un désir massif de retour volontaire des femmes à la maison pour le bienfait et l'équilibre de la famille. Le deuxième argument reposait sur l'idée que depuis qu'elle gérait sa sexualité, qu'elle avait accès au droit à l'avortement, la femme vivait une crise d'identité, source d'insatisfaction, de misère morale, de divorce et d'infertilité !

Le livre de la journaliste Susan Faludi, *Backlash, the Undeclared War Against Women*, décryptait tous les stratagèmes utilisés par ce mouvement qui se développa sous les régimes de Reagan et de Bush père. Leur dialectique était édifiante : les groupes antiavortement devenaient « *pro-life* » (pour la vie), les termes libération, égalité de la femme se transformaient en « *equal opportunity* » (égale opportunité). Heureusement, l'Europe n'a pas sombré dans cette caricature de la famille idéale prônée par certains Américains.

Jamais dans l'histoire de l'humanité, les hommes n'ont vécu un changement si extraordinaire. L'allongement de l'espérance de vie nous permettra de connaître nos arrière-petits-enfants. Nous resterons actifs plus longtemps, nous pouvons déjà envisager une longue vieillesse dont nous profiterons en devenant de beaux vieux qui mourront en pleine santé. La femme, et donc la « Mère », pierre angulaire de la famille, a acquis des droits que ses ancêtres ne pouvaient espérer. Elle a le droit à l'égalité de parole et d'action, mais surtout, elle a gagné l'inestimable pouvoir de contrôler sa procréation par la contraception. La famille en est bouleversée dans sa structure. On observe de manière indiscutable une diminution de la natalité et une augmentation de l'âge de la première grossesse. Le nombre des enfants est choisi et non plus subi comme il l'était depuis la nuit des temps.

Cette révolution s'est produite en quelques dizaines d'années, un fragment de seconde sur l'échelle de notre évolution. Nous ne connaissons certainement pas tous les paramètres de ce bouleversement et nous ne mesurons pas encore les retentissements de cette transformation sociale. Comme cela a été tout au long de l'évolution du genre humain, il faut s'attendre à devoir nous adapter à des situations encore non envisagées.

CHAPITRE 2

Faire un enfant : une histoire de probabilité

En général, les couples essaient de faire un enfant à un moment qu'ils ont programmé. En cas d'échec, ils consultent les magazines, Internet et parfois leur entourage pour tenter de comprendre le problème et obtenir la grossesse tant désirée.

Si cette grossesse tarde trop, ils se tournent alors vers le milieu médical.

Une histoire simple mais compliquée

Les femmes et les hommes qui viennent consulter ont souvent de multiples questions à me poser sur notre physiologie. Les « comment » et les « pourquoi » sont légion. Je constate que le niveau des connaissances physiologiques des couples que je reçois est très variable. Certains semblent s'être procuré les cours de mes étudiants en médecine, ils ont leur petit cahier ou maintenant leur agenda électronique, sur lequel les questions à poser et les précisions à demander sont soigneusement répertoriées.

Pour d'autres, lorsque je parle de spermatozoïdes ou d'ovocytes, je découvre que le meilleur cours sur la fécondation qui a été retenu, c'est celui de Woody Allen dans son film *Tout ce que vous avez toujours voulu savoir sur le sexe sans jamais avoir osé le demander*.

➤ *Le manque d'information*

Il y a encore peu de temps, il existait des émissions médicales télévisées diffusées sur le service public, dont l'excellente émission « Savoir plus santé », ou sur la radio comme celle de Jean-François Lemoine. Ces émissions traitaient d'un dossier sur un thème médical précis et permettaient d'aborder les éléments importants de la physiologie, de comprendre la pathologie et la démarche entreprise par les médecins pour soigner. Ces émissions, préparées par des journalistes médicaux en collaboration avec des médecins, donnaient en général une bonne approche du sujet. Aujourd'hui les émissions médicales se sont faites très rares et sont construites sur l'exemple du journal télévisé. Elles traitent – souvent fort bien – un peu du diabète, un peu de la schizophrénie et un peu de la stérilité. Il devient impossible d'utiliser ces émissions comme support pédagogique de référence. Ce qu'il reste c'est le Net. Internet est le nouveau moyen de s'informer pour combler certaines lacunes ou acquérir quelques notions avant la consultation. La Toile est à la fois un plus et un moins ; il existe des sites très spécialisés non accessibles au grand public, des sites grand public sérieux mais aussi des sites beaucoup moins sérieux contribuant à la diffusion d'idées fausses. À noter que la Haute Autorité de santé vient d'accréditer certains sites web médicaux. Les sites portant le logo HON (*Health on the Net*) devraient avoir une plus grande fiabilité concernant les informations qui circulent sur la Toile. Il faut se méfier des blogs, des sites pseudo-médicaux, des expériences et des conseils de chacun. Il est bon de rappeler que le contenu des sources Internet est invérifiable, en dehors bien entendu des sites professionnels d'informations médicales.

Sans une bonne connaissance des moteurs de recherche, sans stratégie d'acquisition des connaissances, l'abondance d'informations nuit. La jungle de données parfois contradictoires finit par noyer les couples.

➤ *Se méfier des « bons conseils »*

Les forums de discussion sont aussi à prendre avec précaution, ils ont une véritable utilité, mais ils représentent une vision forcément biaisée de la prise en charge médicale. En effet, les patientes mécontentes sont par définition les plus nombreuses sur ce type de sites, qui ont tout de même un mérite, celui de permettre aux médecins de savoir ce que les patientes pensent d'eux ! On peut y trouver également des conseillers à la fois médicaux et conjugaux aux compétences douteuses… Parfois il y a aussi des rusés, des filous qui ont bien compris comment fonctionnent la hiérarchie et les rouages des services hospitaliers ou d'un cabinet médical. Je me souviens d'un message vraiment génial : la patiente déconseillait à une internaute de prendre rendez-vous avec le chef de service. Les rendez-vous étaient à « perpète », le chef de service était systématiquement en retard de une à deux heures et pas forcément très impliqué dans la prise en charge de la patiente. La stratégie proposée tenait du billard à trois bandes : « Prends un rendez-vous avec la chef de clinique, tu auras un rendez-vous beaucoup plus rapidement et comme elle débute, elle demandera tout au patron. C'est sa chef de clinique qui lui demande, alors il se sentira obligé de briller et ils vont s'occuper beaucoup mieux de toi... » C'était bien vu !

Je me méfie aussi des bonnes copines, de certains magazines féminins de vulgarisation et des recettes de grand-mère. J'ai vu tellement de situations extraordinaires, de « potions » dignes de la fée Carabosse, qui bien sûr ne se sont montrées d'aucune efficacité. J'ai reçu un couple, dont la femme avait pendant six mois mis systématiquement et consciencieusement les pieds en l'air durant une heure trente après chaque rapport sexuel. C'était un manipulateur d'un cabinet de radiologie qui avait expliqué cette technique au couple « pour aider », pendant qu'il faisait une radiographie des trompes à la femme.

Un autre couple faisait consciencieusement l'amour pendant les règles car « on » leur avait dit que c'était soi-disant la période la plus propice.

➤ *Des théories farfelues*

Les conseils de tous ordres ne datent pas d'hier : en 98 ap. J.-C., Soranus à Rome écrit un ouvrage intitulé *Gynecologia*. Les conseils de cet ouvrage sont audacieux et mériteraient d'être parfois médités : « Une femme ne peut espérer concevoir que si l'urgence et l'appétit pour l'acte sexuel sont présents. Tout comme un repas pris sans appétit ne peut être assimilé et digéré. "Sabina, ton échec à concevoir peut être dû au moment du rapport sexuel. Tout comme chaque saison n'est pas favorable aux semences, toutes les périodes ne sont pas bonnes pour réaliser le rapport. Le meilleur moment pour le coït se situe juste à la fin des règles." »

Les résultats des conseils de Soranus ne devaient pas être bien profitables, la période qui suit les règles n'est absolument pas la période fertile ! De multiples textes nous montrent que la compréhension des mécanismes aboutissant à la grossesse est finalement relativement récente.

Aristote (300 av. J.-C.) propose une théorie qui persistera jusqu'au XVIIe siècle attestant que le fœtus provient de l'union de la femme et de l'homme. Jusqu'alors, d'après des connaissances pour le moins éloignées de la réalité, le fœtus existait à l'état miniature dans les ovaires de la femme. Pour certains, les garçons provenaient de l'ovaire droit et les filles du gauche. D'autres pensaient que le testicule portait le fœtus, le côté droit étant toujours assigné aux garçons. Le mythe persista longtemps et il existe de nos jours une tribu indienne où la femme comprime le testicule gauche au moment de l'éjaculation pour favoriser la naissance d'un garçon. Il est heureux que la physiologie ait fait quelques progrès et nous épargne cette pratique pour le moins inquiétante !

Faire un enfant, comment s'y prendre ?

Lors de la première consultation d'un couple qui tente de faire un enfant depuis quelques mois ou plusieurs années, je commence par vérifier avec lui, dans le détail, ce que signifie faire un enfant. Je dois l'avouer, j'ai eu souvent des surprises. Sans aborder le *Larousse médical* ni le *Kama Sutra* dans leur ensemble, il est bon, lors du premier contact, de rappeler les éléments importants pour le but qui nous occupe.

C'est parfois à l'occasion de cette première consultation que des couples découvrent comment on fait des bébés. Pas tous, mais beaucoup !

Une fois cette étape expliquée, je rappelle, et cela provoque souvent une grande surprise, que la femme est féconde 12 heures par mois. C'est la fécondation *in vitro* qui a montré que l'ovocyte, au-delà de 12 heures environ, est souvent fécondé anormalement ou pas du tout. Les spermatozoïdes ont une durée de vie d'environ 24 ou 48 heures dans les voies génitales féminines. C'est donc un *timing* très précis qui est nécessaire. Les spermatozoïdes doivent parvenir dans les trompes au bon moment, juste avant ou après que l'ovocyte arrive… Tout cela ne peut se faire que si tout le monde est au rendez-vous à l'heure donnée.

Si la femme est bien réglée sur l'année, sa période de fécondité est de 2 ou 3 jours par mois, douze fois par an, ce n'est pas beaucoup !

➤ *Comment ça marche : les hormones et le cycle*

Les hormones féminines

Le cycle féminin dure environ 28 jours. Il est composé de deux périodes : avant et après l'ovulation. Ce sont des hormones qui vont régler le mécanisme et les déclenchements des différentes étapes de ce cycle.

Il existe cinq hormones et trois lieux de production de ces hormones. Les deux premiers lieux de sécrétion se trouvent dans le cerveau.

• **L'hypothalamus**

L'hypothalamus sécrète la GnRH (Gonadotropin Releasing Hormone) toutes les 60 à 90 minutes, qui va stimuler l'activité hormonale de l'hypophyse. La fréquence de ses sécrétions doit être précise en amplitude et en durée. Ce rythme se met en place au moment de la puberté et détermine le début des cycles chez la femme.

• **L'hypophyse**

L'hypophyse fabrique les deux hormones les plus importantes du cycle, les gonadotrophines :

– la FSH (Follicule Stimulating Hormone) stimule la croissance des follicules et contrôle la sécrétion des œstrogènes ;
– la LH (Luteinizing Hormone) est l'hormone responsable du déclenchement de l'ovulation.

• **Les ovaires**

Ils sont les organes cibles des gonadotrophines, et sécrètent l'œstradiol (ou estradiol) et la progestérone.

L'œstradiol est sécrété par les follicules en croissance et agit sur l'utérus en le préparant à la nidation. Il agit aussi sur le col de l'utérus en le rendant perméable aux spermatozoïdes. La progestérone n'est sécrétée qu'après l'ovulation et va finir la préparation de l'utérus.

Le cycle

Le stock de follicules de la femme est constitué *in utero* lorsque le fœtus féminin est âgé de quelques semaines. Il existe un stock de plusieurs millions (2 à 4) de follicules par ovaire qui se dégradent déjà pendant la vie fœtale. La petite fille naît avec un stock de follicules de 500 000 à 2 millions par ovaire. De la naissance à la puberté il y a pratiquement un arrêt de toute dégradation. Au moment de la puberté, les cycles se mettent en route et la dégradation reprend jusqu'à la ménopause.

Au sein de cette énorme quantité de follicules, chaque mois, un groupe d'une vingtaine de follicules appelé « cohorte », va se dégager et « mûrir ». Cette cohorte est préparée 2 à 3 mois à l'avance par des mécanismes aujourd'hui mal connus.

LA PREMIÈRE PHASE DU CYCLE : LA PHASE FOLLICULAIRE DU 1er AU 14e JOUR

Durant les 14 premiers jours (phase préovulatoire ou phase folliculaire), la « cohorte » de follicules va se développer sous l'effet de la FSH. Dans la plupart des cas, un seul follicule va devenir mature vers le quatorzième jour, et atteindre environ 2 centimètres de diamètre, les autres follicules vont dégénérer. Dans 10 à 15 % des cas il y a deux follicules matures, ils peuvent être à l'origine de la survenue des « faux » jumeaux (deux bébés nés de deux ovocytes et de deux spermatozoïdes différents). Les « vrais » jumeaux (monozygotes) sont issus d'un même embryon se divisant en deux. Ces grossesses gémellaires représentent 2,5 % des naissances. De façon encore plus exceptionnelle, il peut y avoir trois follicules pouvant donner naissance à des « faux » triplés. Les « vrais » triplés sont rarissimes.

Les follicules en croissance vont sécréter les œstrogènes. Cette hormone est très importante. Elle est chargée de rendre le col perméable aux spermatozoïdes, en fluidifiant le mucus sécrété par le col de l'utérus. C'est à proximité de l'ovulation que le taux d'œstrogènes est le plus élevé, le mucus devient alors perméable aux spermatozoïdes, comme par hasard au moment de l'ovulation. Quel formidable réglage physiologique ! Ce mucus fluide est responsable des pertes blanches du milieu du cycle qui annoncent l'ovulation. Le mucus est comme un bouchon intelligent, en dehors de cette période d'ovulation, il empêche les spermatozoïdes de pénétrer dans l'utérus. Les œstrogènes font aussi pousser l'endomètre. Ce tissu tapisse l'intérieur de l'utérus et atteint son épaisseur maximale au moment de l'ovulation. C'est là que l'embryon va s'implanter.

L'OVULATION

Au moment où ce follicule atteint sa maturité, il se rompt et libère l'ovocyte. C'est l'ovulation. Elle est déclenchée par la décharge hormonale de LH et se déroule 36 à 42 heures après celle-ci.

L'ovocyte libéré, va être capté par la trompe grâce à des mécanismes mal connus mais indiscutables. En effet, une femme ayant une trompe à droite et un ovaire à gauche peut être enceinte naturellement. Ce sont les miracles de l'anatomie. On pense qu'il s'agit de chimiotactisme : ce mécanisme implique des molécules inconnues permettant à la trompe d'attirer l'ovocyte et à l'ovocyte de reconnaître la trompe.

LA DEUXIÈME PHASE DU CYCLE : LA PHASE LUTÉALE DU 15e AU 28e JOUR

Une fois que le follicule a ovulé et qu'il a libéré l'ovocyte, le reste du follicule va se transformer en corps jaune. Ce corps jaune (il est véritablement de cette couleur) est chargé de sécréter la progestérone. La progestérone finit la préparation de la muqueuse utérine en la rendant apte à recevoir l'embryon. En dehors de cette combinaison d'œstrogènes et de progestérone, il n'y a pas d'implantation embryonnaire possible. C'est également la progestérone qui augmente la température corporelle lors de cette deuxième partie du cycle. Pour se maintenir, la grossesse a besoin de la progestérone.

S'il n'y a pas d'implantation, le corps jaune dégénère. De ce fait le taux de progestérone chute et les règles apparaissent. Pendant les règles, l'endomètre se délite et part avec le sang des règles. Si l'embryon s'implante, il sécrète une hormone appelée hCG, dont le rôle est d'empêcher la dégénérescence du corps jaune.

Ce sont là, d'une façon simplifiée, les grandes lignes du cycle féminin. Cette magnifique mécanique allie délicatesse et précision de haut niveau.

Les femmes conservent des cycles ovulatoires jusqu'à la ménopause. Plus on avance en âge, plus le stock total de follicules réduit et plus la cohorte préparée chaque mois va diminuer. Vers la fin de la vie reproductive, aux alentours de 40-45 ans, la cohorte mensuelle de follicules stimulables s'est réduite de 20 à 1,2 ou 3 follicules chaque mois. Au moment de la ménopause, on estime qu'il persiste environ 1 000 follicules par ovaire mais il faut un nombre plus important pour assurer le fonctionnement du cycle. Le fonctionnement cyclique s'arrête et les règles ne surviennent plus.

➤ *Comment ça marche : la fécondation*

Au moment du rapport sexuel les spermatozoïdes vont franchir le col de l'utérus, remonter l'utérus et parcourir les trompes. La fécondation va se faire dans la région située tout à fait au bout de la trompe : l'ampoule.

Cette trompe a capté l'ovocyte par des mécanismes tout à fait incroyables et encore incomplètement connus. Comme nous l'avons vu, une femme ayant un seul ovaire, par exemple à droite, et une seule trompe à gauche, peut être enceinte. Des milliers de spermatozoïdes vont tourner autour de l'ovocyte puis s'y accrocher. Les flagelles battent tous dans le même sens. Si l'on observe un ovocyte entouré de ces centaines des spermatozoïdes, il tourne sur lui-même dans le sens des aiguilles d'une montre. Il est entouré d'une enveloppe protectrice que l'on appelle la zone pellucide qui possède les molécules assurant la fixation des spermatozoïdes, mais elle empêche aussi la fécondation par plusieurs d'entre eux. Le premier spermatozoïde qui passe cette zone pellucide entraîne sa transformation qui empêchera tous les autres de rentrer. Si l'embryon était fécondé par plusieurs spermatozoïdes, il contiendrait un nombre anormal de chromosomes et ne serait pas viable. Ceci arrive parfois en fécondation *in vitro* et ces embryons ne peuvent être utilisés car ils ne donnent pas de grossesse. Cette zone pellucide assure aussi la barrière d'espèce et empêche l'ovocyte d'être fécondé par des spermatozoïdes d'espèces différentes. Cette enveloppe protège également l'embryon dans son trajet vers l'utérus.

Une fois formé, l'embryon est transporté dans la trompe, mais cette fois-ci dans le sens inverse du trajet des spermatozoïdes, vers l'utérus. Ce trajet dure environ 4 jours et l'embryon atteint la cavité utérine au 5e jour. Si l'endomètre le permet, et si tout un ensemble de réactions s'établit entre l'embryon et l'endomètre, l'embryon sort de la zone pellucide (c'est l'éclosion) pour s'implanter : la grossesse commence.

Mettre toutes les chances de son côté

Pour avoir les chances maximales de concevoir, il faudrait presque connaître l'heure de l'ovulation. La plupart des femmes ne ressentent pas de signes précis leur indiquant l'ovulation, ceci est sans conséquence lorsqu'elles n'ont pas de problème de fécondité et ne sont pas à la recherche de stratégies précises de conception. Mais 10 % des femmes environ sont capables de repérer leur ovulation. Elles ressentent une petite douleur d'un côté ou de l'autre de l'abdomen au milieu du cycle. Il existe cependant un signe indirect pouvant renseigner sur la proximité de la période ovulatoire. Les pertes transparentes du milieu du cycle deviennent abondantes à proximité de l'ovulation. Il s'agit en fait du mucus cervical, sécrété par les glandes du col de l'utérus, qui devient plus fluide à l'approche de l'ovulation. Néanmoins cette observation manque de précision : ces pertes durent plusieurs jours autour de l'ovulation et l'ovocyte n'attend pas plus d'une demi-journée !

Dans l'immense majorité des cas, il est très difficile pour une femme de savoir quand elle ovule, elle ne sait pas déterminer avec précision ce fameux moment propice. Connaître le jour de l'ovulation est quasiment impossible sans l'aide de tests urinaires de pharmacie ou de prises de sang pour dosages hormonaux.

Une histoire d'amour et de probabilité

On peut dire pour simplifier qu'un couple a 2 ou 3 jours de fécondité par mois. Si le couple n'a pas eu de rapports lors de cette période, alors la grossesse ne peut se produire.

Il est donc très important de préciser la fréquence des rapports sexuels lorsqu'un couple consulte pour infertilité. Il est impossible de faire l'impasse sur ces informations, même si elles touchent à une partie intime de la vie. Si le couple a des rapports une fois par mois, les chances de grossesse seront beaucoup moins grandes que si la fréquence des rapports est d'une fois par jour. Cette expérience a été conduite, pour une étude, par une équipe américaine qui a choisi une centaine de couples ne connaissant pas de problèmes de fécondité. La moitié de ces couples avait eu des rapports une fois par semaine, l'autre une fois par jour. Au bout de 8 mois, il y avait 17 % de grossesses dans le premier groupe (qui avait des rapports une fois par semaine) et 82 % dans le groupe qui avait fait l'amour une fois par jour.

Ce principe est comparable au loto : chaque fois que l'on joue, on a la même chance de gagner, mais plus on joue plus on a de chances. Deux remarques : cette étude concernait des couples jeunes et féconds et le traitement de l'infécondité n'est pas de demander aux couples de faire l'amour une fois par jour. Cependant les résultats de l'étude américaine montrent que la fréquence des rapports sexuels est importante. La grossesse est une probabilité.

Cette probabilité des chances de grossesse dépend de la fertilité du couple, donc de la fertilité de l'homme et de celle de la femme. Chez un couple jeune, sans anomalie, la probabilité de grossesse est de 15 à 20 % par cycle en moyenne. Un couple fertile ayant un rapport à la bonne période du cycle a donc quinze à vingt chances sur cent d'obtenir une grossesse. Si l'un des membres du couple a une cause sévère d'infertilité (absence de trompes ou de spermatozoïdes, par exemple) les chances de grossesse sont nulles et la probabilité de grossesse est de 0 %. Le plus souvent, il existe une hypofertilité masculine ou féminine, ce qui rend le couple moins fécond. La probabilité se situe alors entre 0 et 20 % selon les cas. Il m'arrive de voir ces couples se séparer, reformer des couples différents avec un nouveau conjoint, et obtenir une meilleure (ou moins bonne) probabilité de fertilité avec le nouveau partenaire.

Ceci explique aussi que certains d'entre eux ont eu des enfants antérieurement sans parvenir à concevoir dans leur nouvelle union.

L'âge des partenaires doit être pris en compte. La fertilité de l'un ou de l'autre peut avoir été prouvée par une première naissance lors d'une union précédente et a peut-être décliné avec l'âge. Les chances de fécondité du couple dépendent des deux partenaires. Si la probabilité baisse, le temps pour concevoir s'allonge ; le couple a moins de chances d'obtenir une grossesse à chaque rapport.

Pour clarifier le propos : imaginons un sac A dans lequel on place cent boules, quatre-vingts boules noires représentent l'échec (pas de grossesse) et vingt boules blanches symbolisent la grossesse. Mettre sa main dans le sac pour sortir au hasard une boule, c'est avoir vingt chances sur cent de tirer la boule blanche. Si vous avez un sac B dans lequel il n'y a que cinq boules blanches et quatre-vingt-quinze boules noires vous n'aurez que cinq chances sur cent. Vous avez bien sûr beaucoup plus de chances de tirer une boule blanche dans le sac A et il vous faudra en théorie plonger de nombreuses fois la main dans le sac B pour sortir une boule blanche. Néanmoins, si vous êtes chanceux vous pouvez tomber du premier coup sur la boule blanche dans le sac B. Et rater trente fois la boule blanche dans le sac A... La grossesse est une question de probabilité à la fois simple et compliquée.

Il faut vérifier les antécédents

Les causes d'infertilité sont un élément déterminant qui limite les chances de grossesse avec ou sans traitement. La probabilité de grossesse peut passer de 20 % à 10 %, 5 % ou 2 % en fonction des causes d'infertilité. Il est primordial, avant tout traitement, de ne pas travailler à l'aveuglette et d'avoir tout vérifié. J'ai vu des couples venir consulter pour des échecs de stimulation hormonale à répétition. Le bilan de base qui n'avait pas été fait lors du premier traitement mettait au jour une insuffisance spermatique du mari. Il est évident qu'en premier lieu, il faut savoir dépister tous les facteurs sévères de stérilité empêchant d'obtenir une grossesse naturellement ou avec des traitements simples. Dans tous les autres cas (qui sont de loin les plus fréquents), une grossesse peut survenir à tout moment si la « chance » est au rendez-vous. Une chance faible allonge le délai de conception et justifie le recours à un traitement pour le raccourcir, lorsque ce délai est pathologique, soit au-delà d'un an. Mais à tout moment, une grossesse naturelle peut survenir.

Ceci explique les grossesses surprises qui se déclenchent chez les couples en cours de traitement ou à la suite de longs traitements d'infertilité. De même les grossesses survenant après une adoption ne sont pas toujours à mettre sur le compte d'une stérilité psychologique guérie par l'arrivée d'un enfant, mais peuvent être le résultat d'une simple coïncidence chez un couple qui avait une fécondité faible certes, mais pas nulle.

Pour reprendre l'exemple du loto, beaucoup de joueurs ne gagnent jamais en jouant chaque semaine. Et puis il y a les chanceux comme ce militaire qui ayant raté son train, joue au loto pour la première fois de sa vie et gagne le gros lot. Rassurez-vous quand même, il y a beaucoup plus de chances d'obtenir une grossesse que de gagner au loto !

La sexualité du couple

Il est donc essentiel de voir avec le couple quand et à quelle fréquence les rapports sexuels ont lieu. Il faut vérifier si le couple a bien été « exposé au risque de grossesse ». C'est la phrase médicale consacrée. Elle n'est pas très romantique mais explique qu'il faut, pour que toutes les chances de grossesse soient réunies, que le couple fasse l'amour régulièrement et fréquemment. En résumé, on ne peut gagner au loto que si on achète un billet !

Par expérience, la réponse à la question « Quelle est la fréquence des rapports sexuels ? » est généralement : « Deux fois par semaine, Docteur. » Parce que tous les magazines féminins disent que l'on fait tous l'amour en moyenne deux fois par semaine. Je reste très dubitatif face à ces réponses. J'applique la méthode que m'a enseignée un urologue belge : je demande au couple combien de fois ils font l'amour par semaine en regardant l'homme, et au moment ou l'homme répond, je regarde la femme. Si elle hausse les sourcils, je divise par deux. Je pense qu'il y a parfois chez les couples infertiles, l'un ou l'autre des conjoints qui n'est pas satisfait. La femme semble se plaindre que l'homme ne fasse pas assez l'amour à son goût, en tout cas pour un projet de grossesse ! L'homme semble rechigner à cette sexualité exclusivement dédiée à la procréation. Ceci tourne parfois à l'obsession chez certains couples dont la vie est organisée autour de la sacro-sainte période propice. Il est certain que l'infertilité affecte la sexualité des couples. Les rapports sur commande sont fréquents et lassent l'un des partenaires quand ce n'est pas les deux. J'entends souvent des couples me dire que leur sexualité se limite à la période fertile (période parfois mal choisie, qui plus est !) et qu'en dehors de cette période, monsieur se repose et madame reprend des forces. Parfois c'est aussi l'homme qui après quelques minutes de consultation avoue que sa femme n'a pas très souvent envie de faire l'amour et que la fréquence des rapports est à son avis insuffisante pour obtenir la grossesse désirée.

Il y a aussi des couples dont chacun des partenaires a une libido faible ou une vie professionnelle qui les éloigne fréquemment l'un de l'autre. Ce qui est curieux, c'est que tous ces couples arrivent en disant : « On n'arrive pas à faire un enfant », mais pas : « J'habite à Marseille, mon mari travaille à Lille… On voudrait savoir si vous pouvez nous aider à faire un enfant », ou : « Docteur, nous faisons l'amour deux fois par mois, pensez-vous que cela suffise pour avoir un bébé ? » Non. J'entends dire : « On est ensemble depuis quatre ans et on n'arrive pas à faire un enfant. » C'est seulement quand je pose quelques questions sur leur vie sexuelle qu'ils admettent : « Vous savez, Docteur, ce n'est pas très facile, mon mari habite à Lille… et moi à Marseille », ou bien : « On travaille beaucoup et nous faisons beaucoup moins l'amour que lorsque nous nous sommes rencontrés. » Ce qui est efficace dans ces situations, c'est de consulter les agendas et de voir combien de fois dans l'année, les conjoints ont été ensemble à la bonne période du cycle. Il m'est arrivé de constater que ce n'était arrivé qu'une ou deux fois par an. Dans ce cas, il ne s'agit pas d'une infertilité mais d'un problème de mode de vie.

Les obstacles au désir

Il y a aussi la force de l'habitude, l'usure du désir, et les couples qui me disent ne pas faire l'amour fréquemment.

« C'était quand la dernière fois ? »

Je me souviens d'un couple assez représentatif ; ils vivaient ensemble depuis dix ans et « avouaient » qu'ils n'étaient plus aussi fougueux qu'au début de leur relation. Leurs métiers étaient épuisants. Ils avaient fréquemment changé d'emploi et n'avaient pas pris beaucoup de vacances. C'est une situation assez classique. Au début je les laisse généralement tourner autour du pot et puis, quand ils sont à bout d'arguments, je repose la question : « Combien de fois par semaine ? » Généralement, ils se lancent des regards interrogateurs, ils sont déstabilisés, la vérité n'est pas toujours facile à dire. Chacun espère que ce sera l'autre qui prendra la parole. C'est le moment que j'attends pour lancer l'estocade : « C'était quand la dernière fois ? » C'est le moment des trous de mémoire. Un jour, un de mes patients a même sorti son agenda...

Il n'est pas exceptionnel de rencontrer des couples cherchant à faire un enfant et ne faisant l'amour qu'une à deux fois par mois.

Dans ces cas-là, j'explique la physiologie et l'importance d'avoir des rapports réguliers et fréquents. L'usure du désir et le manque de temps sont un des facteurs de risque d'infertilité des couples. Je précise souvent que « la faim justifie les moyens ». Faire l'amour fréquemment aux bonnes périodes de fécondité est le moyen le plus sûr d'obtenir une grossesse. L'assistance médicale à la procréation n'a pas pour vocation de se substituer à la sexualité. Il arrive que ce discours soit mal perçu, le couple n'acceptant pas facilement de remettre en question un mode de vie accepté par ses deux membres. Une prise en charge sans discussion ni questions sur le mode de vie ou l'intimité serait plus commode. Mon attitude n'est pas dogmatique, mais quand il n'existe aucune cause de stérilité, donner un traitement de stimulation hormonale n'est pas sans conséquences. Les complications liées aux traitements hormonaux sont alors plus fréquentes ; il existe en particulier une augmentation du nombre de grossesses multiples. Quelques rapports ciblés permettent souvent de régler le problème en évitant un inutile acharnement pharmaceutique.

Les erreurs techniques

Définir la période de fécondité est souvent source d'erreurs, la femme essaie de repérer son ovulation. La courbe de température est la méthode la plus utilisée. En deuxième partie de cycle, avec l'ovulation, la température de la femme monte d'un degré (c'est la sécrétion de la progestérone qui est responsable de cette élévation). Cette augmentation a donc lieu après l'ovulation, et en suivant sa température tous les jours la femme peut ainsi repérer les deux parties du cycle.

Viser la période d'ovulation ?

C'était à ma consultation de l'hôpital Cochin que M. et Mme D. sont venus se présenter pour une infertilité de un an et demi. En fait, lors de l'interrogatoire, j'apprends que ce projet de grossesse était en place depuis plusieurs années.

Au début, ce couple n'a pas accordé d'importance à ses échecs, et puis Mme D. était passée à une vitesse supérieure, elle s'était fait conseiller : le staff était composé de trois de ses amies. Sur des bases scientifiques recueillies dans divers magazines féminins, agrémentées de leurs expériences personnelles, elles avaient croisé les informations et établi une stratégie qui devait fournir à leur amie le premier-né d'une série de têtes blondes…

Le couple était passé ensuite à la pratique. Durant un an, ils s'étaient appliqués à avoir des rapports ciblés. Éprouvés par cet amour sur commande, infructueux, ils sont venus consulter.

Lors de la première consultation, je leur demande ce qu'ils entendaient par « rapports ciblés ». Ils m'expliquent qu'ils « visaient » la période de l'ovulation. Je leur demande comment ils dépistaient cette ovulation. Madame sort alors un dossier et ils me présentent des courbes de température établies sur une année entière : 365 prises de température ! Je leur demande de m'indiquer sur les courbes la « période » qu'ils jugeaient propice. Ils m'expliquent alors leur stratégie. Ils attendaient sagement la montée de température pour débuter les rapports ; avant, dans la première partie du cycle, ils ne faisaient que très peu l'amour, car ils « couchaient utile » pour se donner le maximum de chances pour cette grossesse. Le mari m'explique que cette longue période d'abstinence devait en plus accumuler des millions de spermatozoïdes. En fait leur vie sexuelle s'était appauvrie et les câlins se déroulaient seulement une fois la montée de température observée. La température monte sous l'effet de la progestérone sécrétée après l'ovulation. Lorsque la température monte, cette ovulation a eu lieu 24 à 48 heures avant. Rappelons que la durée de vie d'un ovocyte est de 12 heures environ. L'obtention d'une grossesse était quasiment impossible avec la méthode qu'ils utilisaient ! Ce couple appliquait en fait une méthode naturelle de contraception.

Je leur rends leurs courbes de température corrigées, avec un cours sur l'ovulation, polycopié en trois fois pour chacune des amies de madame.

Quitte à « coucher utile » je leur précise que les rapports devaient débuter au 9e ou 10e jour du cycle, tous les deux jours au minimum et jusqu'à la montée de température. Une fois que celle-ci est montée, les rapports n'ont comme seule utilité que le plaisir, ce qui est néanmoins important. Deux mois plus tard, Mme D. était enceinte…

La technique que ce couple avait employée durant des mois était la base de la méthode contraceptive Ogino, médecin japonais qui permit à des millions de femmes de contrôler leur reproduction avant l'arrivée de la pilule.

Ma position est la suivante : en l'absence de pathologie, il n'y a pas lieu de médicaliser la conception, il faut d'abord envisager la solution la plus simple, la plus évidente, la plus naturelle.

Faire l'amour souvent

Quand on veut faire un enfant, il faut faire l'amour avec son conjoint et souvent. Dans le film d'Anthony Minghella *Retour à Cold Mountain*, Nicole Kidman et Jude Law s'aiment en secret au moment de la guerre de Sécession. Ils se déclarent leur flamme et n'ont qu'une et une seule nuit à passer ensemble avant que le jeune capitaine ne parte au combat. Cette unique nuit d'amour aboutit à une grossesse... Quelle chance ! Mais ce n'est qu'au cinéma que les femmes sont enceintes en faisant l'amour une seule fois... Dans l'espèce humaine, la reproduction marche mal, 15 à 20 % de chances de grossesse, par cycle, c'est très faible si l'on compare aux 60 %, 80 % ou 100 % de réussite de certaines espèces animales comme les lapins, les vaches ou les brebis. Chez la femme, l'établissement d'une grossesse est très compliqué. Elle n'ovule qu'un seul ovocyte (sauf exception) par cycle, contrairement à certaines espèces qui peuvent donner quinze à vingt ovocytes fécondables à chaque cycle. De plus, il existe chez certains animaux des mécanismes favorisant la grossesse. On parle par exemple de l'« effet mâle » observé chez certaines brebis. L'arrivée d'un bouc au sein d'un troupeau aboutit à la synchronisation immédiate des cycles de la plupart des brebis du troupeau, permettant au bouc de gagner du temps pour satisfaire le besoin de maternité de ses congénères ! Dans d'autres espèces, l'ovulation est déclenchée par le rapport sexuel, assurant ainsi une parfaite synchronisation de la rencontre des gamètes. Si l'« effet mâle » existe aussi dans l'espèce humaine (bien que l'« effet femme » soit encore plus marqué !), il n'a aucun effet sur le cycle. Les rapports sexuels n'ont aucun effet sur l'ovulation, certaines femmes ont des cycles désespérément dépourvus d'ovulation malgré une vie sexuelle active ! Il a cependant été montré que lorsque plusieurs femmes vivent ensemble pendant une période prolongée, les cycles menstruels ont tendance à se synchroniser.

N'oublions pas que la physiologie répond à des mécanismes de régulation de l'espèce et n'est jamais le fruit du hasard. Les animaux sont plus fragiles. Les petits sont la proie de nombreux risques et de prédateurs, il faut de grandes portées pour assurer la survie de l'espèce. Dans l'espèce humaine au contraire, la femme assure la protection de l'enfant. Parmi les raisons (même si ce n'est pas la seule) qui expliquent la forte réduction du nombre d'enfants par famille, on sait que la diminution de la mortalité infantile a joué un rôle important. Il y a 300 ans, il fallait faire plus d'enfants pour que quelques-uns d'entre eux survivent aux maladies.

Idées reçues et fausses idées

Certaines idées fausses continuent de se répéter de génération en génération. Dans le domaine de la reproduction, il faut se méfier de ces idées véhiculées, elles sont parfois un moyen déguisé d'appliquer une censure morale sur la vie sexuelle. Notre civilisation judéo-chrétienne a particulièrement culpabilisé la femme en stigmatisant le plaisir féminin. La responsabilité d'une stérilité lui est rapidement imputée, laissant planer le poids de la faute payée pour quelque péché charnel.

➤ *« Prendre la pilule rend stérile »*

Les couples viennent consulter très tôt, persuadés que la pilule même arrêtée depuis plusieurs mois peut contrarier une grossesse. On rencontre tous les cas de figure : certaines femmes vont être enceintes, dès le premier cycle après l'arrêt de la pilule, et d'autres vont avoir du mal à reprendre leur cycle. Ce que beaucoup de femmes ignorent c'est que la pilule provoque des règles artificielles. La pilule est une combinaison hormonale. L'arrêt de la prise des comprimés déclenche une hémorragie. Cette hémorragie, totalement artificielle, est produite par l'arrêt des hormones ; la femme pense souvent que ce sont des règles normales.

Chez certaines femmes ayant une pathologie de l'ovulation, la prise de la pilule compense ces troubles en donnant des cycles réguliers mais artificiels. Lorsqu'elles arrêtent de prendre la pilule, les irrégularités de cycle qui n'avaient pas été créées mais masquées par la pilule réapparaissent. Là aussi il faut rétablir la vérité. Ce sont des hormones sécrétées par le cerveau (GnRH, LH et FSH) qui sont responsables du cycle. En cas de retard ou de paresse prolongée, il est possible que l'hypothalamus ait du mal à reprendre son activité pulsatile. On peut, si besoin, administrer des préparations hormonales remplaçant les sécrétions de l'hypothalamus.

Il faut aussi se débarrasser de l'idée qu'il est souhaitable de faire des pauses en arrêtant la pilule pour prévenir une hypothétique stérilité. Ces arrêts ne servent à rien, en dehors du risque d'une grossesse non désirée et d'une IVG qui, elle, augmente réellement les risques de stérilité.

➤ *« Il ne faut pas faire l'amour tous les jours, une abstinence de 5 ou 10 jours donne un sperme plus vigoureux »*

Non, c'est le contraire qui est juste. Plus l'abstinence est longue moins les spermatozoïdes sont bons. Les hommes qui ne font pas l'amour pendant un an n'ont pas des testicules gorgés de spermatozoïdes ! L'homme produit continuellement des spermatozoïdes. Ceux-ci ont une durée de vie limitée car des mécanismes de régulation vont les détruire au fur et à mesure, permettant ainsi leur renouvellement. L'abstinence de 3 à 5 jours, demandée aux hommes à qui est prescrit un spermogramme, renforce cette idée fausse. Si l'on demande aux hommes qui vont faire un spermogramme une période de 2 ou 5 jours sans éjaculation, l'objectif n'est pas d'obtenir une meilleure qualité de sperme, mais d'avoir pour tous les hommes une période d'abstinence égale qui permet de standardiser l'examen.

Dans certains cas d'atteinte spermatique, il a même été démontré qu'il fallait avoir des éjaculations répétées pour stimuler davantage la production de spermatozoïdes.

➤ *« Il faut lever les jambes après avoir fait l'amour »*

Il est très fréquent que les femmes adoptent cette position après avoir fait l'amour. Elles appliquent la logique de la lutte contre la loi de la gravité. Les spermatozoïdes devant remonter pour traverser le vagin puis les trompes, il suffit donc, pour les aider, d'éviter qu'ils « tombent » trop vite… La femme met alors les pieds en l'air pendant 20 ou

30 minutes, voire 1 h 30. C'est complètement faux. À la différence de la pomme de Newton, les spermatozoïdes sont des cellules autonomes se déplaçant toutes seules. En quelques minutes, la majorité des spermatozoïdes a atteint les trompes, sans avoir à mettre les pieds en l'air.

Par contre une pratique est particulièrement néfaste et risque de contrarier la grossesse : certaines femmes font une toilette intime sur le bidet dès qu'elles ont des rapports. Rappelons que le bidet a été inventé pour faciliter la toilette intime, dont le but premier était « contraceptif ». À l'époque où la contraception par pilule n'existait pas, le bidet était une solution pour tenter d'éviter les grossesses. « *Is it to wash baby in ?* », demanda une Anglaise pensant à une baignoire miniature en voyant un bidet pour la première fois. « *No, it's to wash baby out* », lui expliqua le propriétaire des lieux. Rappelons aussi que certains gels lubrifiants sont spermicides et peuvent empêcher la grossesse.

➤ *« Une femme peut avoir des enfants jusqu'à la ménopause »*

C'est l'idée fausse la plus répandue, même chez des femmes bien informées. Si l'on faisait un sondage auprès de la population, hommes et femmes répondraient à 80 % ou 90 % que tant que les femmes ont leurs règles, elles peuvent avoir des enfants. Ce qui est totalement faux. La première étude l'ayant démontré a été faite dans les années 1960 aux États-Unis. On y trouve une communauté très particulière, les Huttérites, adeptes du pasteur Jacob Hutter. Ces protestants d'origine allemande parlent un dialecte proche du tyrolien. Venues s'installer aux États-Unis et au Canada vers 1870, ces populations vivent très refermées sur elles-mêmes et refusent la contraception. Les hommes et les femmes se marient jeunes et font le plus d'enfants possible. Leur taux de naissance est le plus haut repéré dans l'espèce humaine. Le nombre d'Huttérites américains est passé de 443 à leur installation en 1880 à 8 500 en 1950.

Grâce à leur mode de vie particulier, les scientifiques ont pu étudier leur fécondité naturelle : une femme féconde peut faire jusqu'à dix-sept enfants dans sa vie ! Dans cette même population, une étude sur l'infertilité a permis de savoir qu'en moyenne, une femme sur dix est stérile à l'âge de 35 ans, une sur trois à l'âge de 40 ans et sept femmes sur huit à l'âge de 45 ans. Les taux de grossesse et les taux d'ovulation ont pu être également mesurés, permettant de connaître le nombre de cycles ovulatoires. Il est apparu que les femmes avaient une majorité de cycles ovulatoires jusqu'à la ménopause, c'est-à-dire en moyenne jusqu'à 50 ans. Par contre, il a été observé que la fécondité baissait d'une façon progressive entre 35 et 40 ans. À partir de 40 ans, elle diminuait d'une façon très abrupte.

Il y a donc toute une partie de la vie durant laquelle la femme a ses règles régulièrement, mais sans pouvoir avoir d'enfant ou avec des chances très faibles. On peut très bien avoir des règles régulières, mais la qualité ou le stock d'ovocytes est altéré. Il y a bien sûr des femmes qui ont des enfants au-delà de 40 ans. Seulement, si on regarde les chiffres, elles ne sont pas si nombreuses : 95 % des 800 000 naissances annuelles se font chez des femmes de 20 à 40 ans, les 5 % restants sont répartis entre le groupe de femmes âgées entre 15 et 20 ans (2 %) et celles de plus de 40 ans (3 %). Un autre calcul a permis d'évaluer parmi les naissances à 0,6 % la proportion de femmes de 43 ans et à 0,1 % celles de 46 ans. Des grossesses tardives sont en théorie possibles, mais elles restent exceptionnelles.

Préménopause ou ménopause

Souvent, en consultation, les femmes qui ne peuvent pas avoir d'enfant du fait d'un défaut de production d'ovocyte parlent de « préménopause ». La préménopause, ou plus exactement la périménopause, correspond à une période plus ou moins longue (parfois plusieurs années) qui précède la ménopause. Elle est marquée par des perturbations des règles qui s'espacent. Les chances de grossesse sont alors infimes. Mais il existe une période précédant la périménopause avec des cycles réguliers et des chances de grossesse très faibles ou nulles. Ce sont des étapes différentes à ne pas confondre.

➤ *« Avoir un utérus mal positionné empêche d'avoir un bébé »*

Certaines femmes viennent en consultation pour stérilité et annoncent, comme une cause probable de leur stérilité, avoir un utérus anté- ou rétroversé. J'ai eu également une femme qui avait l'utérus « controversé »... Formidable lapsus !

En fait, l'utérus peut avoir de façon naturelle une position différente. Il peut être soit placé dans l'axe du col, dans ce cas l'utérus et le col sont alignés ; ou bien il peut exister un angle entre l'axe du col et celui de la cavité utérine. Si cet angle est orienté vers l'avant, on dit que l'utérus est antéversé et s'il est orienté vers l'arrière, il est rétroversé.

C'est une variation anatomique qui n'a aucune incidence sur les chances de grossesse. Beaucoup d'ostéopathes s'intéressent à la fertilité et je travaille avec quelques-uns d'entre eux. Je crois à cette discipline, mais je ne crois pas du tout à ceux qui soi-disant « redressent » un utérus anté- ou rétroversé. Cette flexion ne peut absolument pas être modifiée, de plus elle n'a aucun effet sur la fertilité.

➤ « *Les femmes ont souvent peur de perdre l'embryon* »

Certaines femmes s'imaginent que l'embryon risque de tomber de l'utérus, de se « décrocher », disent-elles. Cette idée est complètement fausse. Elle s'appuie sur les représentations de l'utérus. Sur les dessins ou les planches anatomiques simplifiées, l'utérus semble comporter une cavité. En fait cette cavité est virtuelle. L'utérus a deux parois, une paroi antérieure (en avant) et une paroi postérieure (située en arrière), plaquées l'une contre l'autre. Il existe une cavité, mais les deux faces sont collées l'une à l'autre, un peu comme un doigt de gant quand il n'y a pas de doigt. L'embryon ne risque donc pas de tomber, il est « coincé » entre les deux parois.

➤ « *Les oreillons rendent les hommes stériles* »

Les hommes ont souvent entendu parler du rôle néfaste qu'auraient les oreillons sur la fertilité. En fait, pour que les oreillons affectent la fertilité, la maladie doit survenir à l'adolescence et le virus doit atteindre les testicules. On parle alors d'orchite. Ce trouble ne passe pas inaperçu, les douleurs sont très importantes. Mais même dans ces cas d'orchite, la stérilité est rare. On estime que moins de 1 % des cas d'oreillons entraînent une infertilité masculine.

Les causes réelles de stérilité

La stérilité est une affaire de couple, c'est la fertilité des deux partenaires qui définit la fertilité du couple. Les causes de stérilité peuvent être féminines, si seul un facteur féminin est en cause, c'est ce qui arrive dans 40 % des cas. Elle est masculine dans 20 % des cas et mixte (facteurs féminin et masculin associés) dans 40 % des cas.

➤ *Les causes de stérilité chez la femme*

Schématiquement, les principales causes d'infertilité affectent l'ovulation ou bien empêchent mécaniquement la fécondation ou l'implantation.

Les troubles de l'ovulation

C'est la cause la plus fréquente de stérilité chez la femme. Beaucoup de personnes pensent que ce sont les maladics sexuellement transmissibles qui sont en première ligne car elles altèrent les trompes. En fait, c'est l'ovulation qui très souvent ne se fait pas ou se fait mal. Comme nous l'avons vu, les ovaires sont sous le contrôle du cerveau par le biais de deux glandes essentielles, l'hypophyse qui sécrète la FSH et la LH et l'hypothalamus qui sécrète la GnRH. Schématiquement, les troubles de l'ovulation sont dus soit à un dysfonctionnement des ovaires, du cerveau, soit aux relations entre les ovaires et le cerveau (voir « Comment ça marche : les hormones et le cycle », page 68).

Les anomalies de l'ovulation sont dues aux pathologies qui en perturbent les différentes étapes : sélection d'une cohorte de follicules stimulables, croissance de cette cohorte, sélection et dominance du follicule préovulatoire, ovulation.

• Il peut s'agir d'un manque de follicules au niveau des ovaires. Parfois les follicules existent, parfois même en trop grand nombre, mais aucun ne se développe.

• Il peut s'agir du phénomène de l'ovulation qui ne se produit pas, la femme n'ovule pas du tout. Dans ce cas, elle n'a pas de règles : on parle d'*aménorrhée*. Si l'ovulation n'a jamais lieu, il s'agit d'une *anovulation*.

• Dans d'autres cas, il peut y avoir *dysovulation* : l'ovulation se fait, mais elle est de mauvaise qualité ou irrégulière. Au cours de certains cycles, un follicule parvient parfois à l'ovulation. Les règles sont très espacées (tous les 3 ou 4 mois) : on parle de *spanioménorrhée*.

• Le phénomène peut être un problème ovarien ou bien avoir comme origine l'hypophyse. Celle-ci peut ne pas (ou trop peu) sécréter d'hormones hypophysaires (FSH et LH), essentielles au déroulement du cycle. Les troubles peuvent porter sur la FSH en charge de stimuler les follicules ou la LH qui entraîne l'ovulation. On peut aussi trouver des désordres au niveau de l'hypothalamus qui sécrète la GnRH. Ces anomalies de l'hypothalamus sont retrouvées principalement chez les anorexiques, les toxicomanes, les grandes sportives ou dans les suites de l'arrêt de pilule. Il existe aussi de rares formes génétiques.

Les anomalies des trompes

Si les trompes sont abîmées ou bouchées, la fécondation ne peut pas se faire, soit parce que l'ovocyte ne peut pas être en contact avec les spermatozoïdes, soit parce que le passage de l'embryon vers l'utérus est empêché.

Les trompes sont tapissées de petits cils vibratoires qui aident les spermatozoïdes à remonter vers le bout de la trompe ou l'embryon à descendre vers l'utérus. Les principales causes d'atteintes tubaires (des trompes) sont les maladies sexuellement transmissibles et principalement la bactérie chlamydia. La muqueuse des trompes est très fragile et certaines infections peuvent se dérouler sans aucun signe. Dans d'autres cas, l'infection est sévère, on parle alors de salpingite. Un traitement immédiat et drastique doit être engagé au plus vite pour tenter de limiter les dégâts. Les trompes peuvent aussi être atteintes par une infection de voisinage, comme une péritonite.

Les atteintes des trompes peuvent être aussi responsables de grossesses extra-utérines. Au cours de son trajet dans la trompe, l'embryon se bloque et s'implante sur la muqueuse tubaire. Le risque principal est la rupture de la trompe qui peut entraîner une hémorragie interne très importante. La grossesse extra-utérine constitue une cause importante de mortalité de la femme jeune. Il faut parfois procéder à l'ablation de la trompe ou l'ouvrir pour retirer l'embryon anormalement implanté qui en grossissant peut faire éclater la trompe. Dans certains cas, un traitement médical peut être proposé. Il est absolument impossible de transférer une grossesse tubaire dans l'utérus comme cela nous est souvent demandé, en particulier par les femmes infertiles pour lesquelles la grossesse extra-utérine est la première grossesse. Une tentative de transfert avait fait la une des journaux il y a une quinzaine d'années, mais le médecin anglais ayant annoncé cette première était un escroc qui avait entièrement fabriqué cette prouesse. Depuis, il a été radié de la profession ainsi que les coauteurs de cette supercherie.

Les anomalies de l'utérus

Parfois, à la suite d'infections de l'utérus, des adhérences (synéchies) peuvent se créer et coller les deux parois l'une à l'autre. Dans les cas sévères, cette anomalie de l'utérus peut empêcher l'embryon de s'implanter.

La cavité de l'utérus est un organe stérile (sans germe), contrairement au vagin qui renferme de nombreux germes vivant en bon équilibre et constituant une flore normale et équilibrée. Toutes les interventions intra-utérines peuvent inoculer un germe dans l'utérus et provoquer une infection (endométrite) parfois grave. Ces infections étaient fréquentes au temps des avortements clandestins et des « faiseuses d'anges » car les conditions d'asepsie étaient très insuffisantes. Elles constituaient l'une des causes importantes de décès ou de stérilité des femmes.

Aujourd'hui une IVG peut encore mal se passer, mais c'est heureusement beaucoup plus rare. S'il existe une fièvre dans les suites d'une IVG, il faut rapidement instituer un traitement pour prévenir le risque d'adhérence intra-utérine.

Les anomalies au niveau du col

Le mucus du col peut être anormal et imperméable aux spermatozoïdes. Une infection chronique ou les conséquences d'une chirurgie du col peuvent en être la cause. Dans certaines lésions précancéreuses, le chirurgien est amené à enlever un bout du col pour prévenir le développement d'un cancer (conisation du col). En fonction de la taille de cette conisation, des anomalies de passage des spermatozoïdes seront observées.

Dans les années 1960 à 1970 on a prescrit une molécule pour prévenir les fausses couches, le Distilbène®. Cette molécule s'est avérée être source de malformation chez les enfants des femmes traitées. On peut observer parfois chez les jeunes femmes dont la mère a pris du Distilbène® durant sa grossesse des anomalies au niveau du col de l'utérus. Ces infertilités cervicales empêchent le passage des spermatozoïdes dans l'utérus. L'insémination intra-utérine qui, comme son nom l'indique, consiste à déposer le sperme dans l'utérus, donc après le col, permet souvent de régler le problème lorsqu'il n'est que cervical.

L'endométriose

Il existe des contractions utérines même en dehors de la grossesse. Ces contractions, cinq à sept par minute, sont normalement indolores et imperceptibles. Dans certains cas, ces contractions sont très intenses et elles sont responsables des douleurs de règles. Ce phénomène peu connu a pour fonction d'évacuer le sang des règles vers le vagin. Parfois les contractions chassent du sang, chargé de petits morceaux de l'endomètre (muqueuse utérine) vers les trompes. Ce sang passe alors dans le ventre et peut être responsable d'une pathologie très fréquente : l'endométriose. Le tissu de l'endomètre, emporté par le sang, s'accroche sur les ovaires, sur les ligaments qui soutiennent l'utérus et quelquefois, sur les autres organes du petit bassin, comme la vessie, l'intestin voire en dehors de l'abdomen, comme sur le poumon ! Ces petits fragments vont se développer au rythme du cycle menstruel ; ils sont sources d'adhérences et de douleurs parfois très importantes, débutant juste avant les règles.

Plusieurs stades d'endométriose existent, des formes minimes aux formes sévères. Si les formes sévères sont souvent à l'origine d'adhérences importantes responsables de manière indiscutable d'infertilité, le retentissement des formes mineures est plus difficile à établir. On observe d'ailleurs des cas d'endométrioses mineures chez des femmes ayant eu des enfants.

Les endométrioses sont présentes dans 20 à 30 % des cas de stérilité chez la femme.

Les signes qui doivent alerter

Il me paraît important de mentionner ici quelques signes d'alerte qui doivent amener les femmes à consulter un spécialiste de la reproduction lorsqu'elles souhaitent avoir un enfant :

— *les cycles très longs* de plus 35 jours, très irréguliers (60 à 90 jours) ou au contraire trop courts de 24 à 26 jours ;

— *une pilosité excessive, de l'acné*, ces signes évoquent des troubles de l'ovulation ;

— *des antécédents de salpingite* (infection des trompes) ;

— *les infections génitales graves* de la femme sont aussi source d'infertilité ;

— *les chirurgies du ventre*, comme une appendicite très grave ayant nécessité une ouverture de l'abdomen par une cicatrice importante. Ces complications d'appendicite sont sources d'adhérences pouvant atteindre les trompes, elles sont de moins en moins fréquentes mais elles peuvent encore se produire ;

— *tous les traitements du cancer,* y compris ceux suivis durant l'enfance, peuvent être à l'origine de l'infertilité. Aujourd'hui on survit de mieux en mieux au cancer, malheureusement certains traitements suivis par la fillette peuvent endommager les ovaires. Ces femmes devenues adultes peuvent être stériles bien qu'ayant des cycles plus ou moins réguliers.

Dans tous ces cas, une consultation chez le médecin s'impose d'emblée ou après quelques mois d'essais infructueux.

Les troubles sexuels

Les troubles sexuels à l'origine de stérilité chez la femme sont rares. Le vaginisme, bien qu'exceptionnel, est la forme la plus fréquente. Il s'agit d'une contracture réflexe du vagin qui ne permet pas la pénétration. Il faut bien préciser qu'il ne s'agit pas de femmes qui ne veulent pas, mais qui ne peuvent pas avoir de rapports sexuels.

Cette contracture du vagin est incontrôlable, seule une insémination sous anesthésie générale est possible, mais celle-ci ne doit être proposée qu'après l'échec des traitements de ce trouble. Ceux-ci consistent en une prise en charge psychologique essentielle, ainsi que des séances de rééducation comportementale. Ces méthodes donnent de bons résultats.

Les causes psychologiques

Dans certains cas de stérilité, aucune cause n'est retrouvée et l'on pense à une cause psychologique. Il est certain que les aspects psychologiques influent sur le cycle féminin, mais le sujet reste difficile. Il faut être extrêmement prudent avant de qualifier une stérilité de psychologique.

Cependant, l'idée que certaines femmes ne seraient pas enceintes parce que inconsciemment elles ne veulent pas être enceintes est intéressante. Les mécanismes en jeu ne sont pas aisés à décrire, ils sont d'ailleurs très mal connus. Quelques exemples caricaturaux de cas troublants comme des chocs psychologiques importants sont souvent évoqués. Des grossesses peuvent être difficiles voire impossibles à mener à terme après des interruptions thérapeutiques de grossesse dues à des malformations. Je me souviens d'une de mes patientes infertiles dont l'enfant était mort accidentellement sous ses yeux. Souvent, j'ai pu constater que ces femmes n'avaient pas eu (ou très peu) de suivi psychologique. Il est admis dans ces cas que si le deuil n'a pas été fait la nouvelle grossesse restera difficile. Face à ces situations, il faut en premier lieu aider la femme par un suivi psychologique qui lui permettra de traverser cette épreuve difficile.

D'autres causes plus subtiles ont été évoquées par certains psychanalystes. La grossesse constituerait la rupture ultime avec la mère, la fille devenant mère à son tour. Chez certaines femmes très proches de leur mère, cette « rupture » finale est difficile voire impossible. Je vois des femmes qui viennent consulter pour infertilité avec leur mère en lieu et place du mari. J'essaie avec humour de pointer le caractère inhabituel des membres constituant le couple consultant et je préviens toujours que cette consultation abordera des aspects intimes de la vie du couple : « Combien de fois faites-vous l'amour ? », « Avez-vous des orgasmes ? », « Est-ce que votre mari éjacule ? » Devant la maman, c'est un peu spécial… Il ne s'agit pas d'un jugement de valeur mais cela dénote un fonctionnement toxique : soit la mère s'impose, soit la fille tient absolument à ce que sa mère assiste à ces consultations d'infertilité. J'essaie alors d'orienter la femme vers un psychanalyste.

Je mets à part les cas de jeunes femmes atteintes d'une stérilité liée à un traitement chez la mère par Distilbène®, par exemple. La mère porte le poids d'une telle culpabilité que sa présence à la consultation est importante. Si une solution peut être proposée à la fille, le soulagement est grand. Il en va de même des consultations pour des mères dont la fille, adolescente ou femme jeune, doit subir un traitement potentiellement stérilisant (chimiothérapie par exemple). Les enjeux de filiation sont grands et ces consultations informatives sont nécessaires.

Les bébés « surprises »

On parle souvent des femmes ayant eu des enfants naturellement après avoir adopté, ou parfois après de nombreux échecs de procréation médicalement assistée. On trouve la preuve que la stérilité était psychologique. Certains opposants aux techniques d'AMP se servent de ces cas pour critiquer les équipes médicales qui traiteraient des femmes qui n'en ont pas besoin.

Il est probable que pour certaines femmes, l'adoption est l'expérience positive de maternité, « libératrice » d'un blocage. Une grossesse spontanée vécue comme miraculeuse survient alors quelques mois plus tard.

Il y a aussi la coïncidence. Ce jour-là, toutes les conditions étaient réunies. C'est la fameuse probabilité de grossesse. Nous traitons en effet de nombreuses femmes hypofertiles chez qui une grossesse spontanée est possible mais très peu probable. Parfois la nature aime rappeler aux médecins qu'ils doivent rester humbles.

Ce sont là brièvement présentées les causes principales d'infertilité féminine. Bien sûr, je me suis attaché à simplifier ces pathologies. Tous ces mécanismes qui mènent à la grossesse sont extraordinairement complexes. Si une seule des étapes vient à défaillir, c'est la grossesse qui s'en trouve empêchée. Ces étapes se déroulent essentiellement chez la femme : follicules, cycle menstruel, ovulation, fécondation, implantation, etc. Les pathologies sont nombreuses et complexes. L'ovaire est également sensible aux agents extérieurs : toxiques, médicaments, perturbateurs hormonaux. Le fonctionnement du cycle menstruel est aussi influencé par les bouleversements de rythme de vie (par exemple, les cycles menstruels des hôtesses de l'air peuvent être perturbés), et par les fortes émotions.

De nombreuses connaissances restent encore à découvrir dans le champ de la fertilité féminine.

➤ *Comment ça marche chez l'homme*

Chez l'homme, les testicules sont comparables à deux usines qui vont fabriquer sans arrêt, de la puberté à la mort, des spermatozoïdes. Théoriquement l'homme peut faire des enfants tout au long de sa vie, contrairement à la femme dont le stock d'ovocytes est limité. Les testicules sont reliés à la verge par un ensemble de canaux (les voies excrétrices). Les spermatozoïdes sont émis dans le premier de ces canaux : l'épididyme. Ce dernier se poursuit par le canal déférent, remontant jusqu'à l'aine pour redescendre et rejoindre le carrefour de la prostate. Là se rejoignent le canal qui vient de la vessie jusqu'à la verge et les deux canaux éjaculateurs droit et gauche faisant suite aux deux canaux déférents. Au moment de l'éjaculation, différentes glandes sécrètent du liquide (le liquide séminal). Son rôle consiste en particulier à entraîner les spermatozoïdes vers l'extérieur au moment de l'orgasme. Lors de l'éjaculation, les contractions des différentes glandes aboutissent à l'extériorisation du sperme, mélange de liquide séminal et de spermatozoïdes. Un savant système de sphincters permet, sauf anomalie, au sperme de se diriger vers la verge et non vers la vessie. De même l'urine se dirige toujours vers la verge et jamais vers les canaux éjaculateurs.

Les causes de stérilité chez l'homme

Les causes de stérilité de l'homme sont plus simples que chez la femme. La stérilité est le plus souvent le résultat d'une atteinte des paramètres spermatiques. Soit les testicules fabriquent trop peu (ou pas du tout) de spermatozoïdes, soit les testicules fonctionnent normalement mais ce sont les voies excrétrices qui sont atteintes. Dans de très rares cas, les sphincters ne fonctionnent pas bien et le sperme remonte vers la vessie au moment de l'éjaculation ; on parle dans ce cas d'éjaculation rétrograde. On peut alors recueillir les spermatozoïdes dans l'urine, les isoler et les utiliser pour pratiquer une insémination.

Le fonctionnement des testicules est sous la commande des mêmes glandes du cerveau que chez la femme, l'hypophyse et l'hypothalamus. Il peut exister, en cas d'anomalie de sécrétion des hormones, des atteintes de la fabrication des spermatozoïdes. Le testicule n'est pas stimulé et ne les fabrique pas.

Dans d'autres cas, c'est le tissu testiculaire lui-même qui est atteint. Il peut s'agir d'une infection aiguë (orchite) ou d'une infection chronique.

Parfois, les testicules fabriquent normalement des spermatozoïdes qui ne se retrouvent pas dans le sperme. La pathologie peut être due aux canaux abîmés par une infection ou un traumatisme. Parfois il existe une absence de voies excrétrices. Cette dernière cause, bien que rare, doit être bien connue car elle est parfois associée au gène de la mucoviscidose. Cette atteinte doit être systématiquement dépistée car un traitement de la stérilité sans précaution expose le couple au risque d'avoir un enfant atteint de mucoviscidose. Parfois, il s'agit d'anomalies génétiques concernant les chromosomes ou les gènes impliqués dans la fabrication des spermatozoïdes.

Enfin il peut y avoir des atteintes traumatiques, des accidents.

Les nouvelles techniques font renaître l'espoir

Ce couple d'Algériens m'a marqué. Lui, âgé d'une quarantaine d'années, avait été victime d'un accident du travail (une chute d'échafaudage) qui l'avait rendu paraplégique et le condamnait à se déplacer en fauteuil roulant. Elle, plus jeune, la trentaine, ne parlait pas beaucoup. Ils avaient une fille, mais il rêvait d'un garçon. Cette grossesse était impossible ; cette lésion neurologique empêchait toute érection et toute éjaculation. Ils avaient renoncé à ce projet d'enfant jusqu'au jour où un couple d'amis leur parla d'un reportage vu à la télévision qui décrivait la possibilité de prélèvements testiculaires de spermatozoïdes.

Les premiers bilans furent très satisfaisants, lui avait une fonction spermatique probablement normale (ils avaient eu un premier enfant sans difficulté), le problème était donc d'ordre « mécanique ». Elle était jeune et avait de bonnes chances d'obtenir une grossesse. Ils acceptèrent de faire tous les examens. Je faisais le prélèvement de sperme au niveau des testicules et l'on réalisa une ICSI qui, dès la première tentative, aboutit à une grossesse. Lors de la consultation qui suivit, je leur appris que le résultat était positif, la grossesse débutait. Après un moment d'incertitude, je vis des larmes couler lentement des yeux de cet homme cloué dans son fauteuil roulant : sa joie était immense.

Ils me demandèrent si c'était un garçon. Je marquais une petite pause et leur répondis avec un petit sourire : « Inch Allah. »

Des interventions chirurgicales sur les organes génitaux peuvent avoir été motivées par une absence de descente des testicules dans les bourses ou par une torsion des testicules. Dans de rares cas, l'intervention a lésé les canaux de transport des spermatozoïdes.

Les antécédents d'infections génitales sévères (maladies sexuellement transmissibles), ou à répétition, peuvent atteindre soit le tissu testiculaire soit les voies excrétrices.

Enfin les anomalies dans le déroulement de la puberté sont aussi à prendre en compte et peuvent motiver une consultation.

Les causes environnementales et la pollution

Dans de nombreux cas, aucune cause n'est clairement identifiée. Néanmoins, il semble que, ces dernières décennies, la production de spermatozoïdes a baissé. Parmi les causes évoquées pour expliquer cette baisse de production spermatique, l'existence de substances toxiques est évoquée. Des agents polluants, présents dans notre environnement, dans notre nourriture, pourraient être responsables de certaines stérilités masculines.

Des cas indiscutables ont été scientifiquement prouvés. Par exemple, les hommes travaillant dans les bananeraies d'Amérique du Sud étaient très fréquemment stériles et avaient des anomalies des spermatozoïdes. Le DDT utilisé comme pesticide a été soupçonné. Plus récemment, une étude américaine a pu montrer que des hommes ayant mangé fréquemment du bœuf aux hormones pendant plusieurs années avaient moins de spermatozoïdes que les hommes non exposés.

Les troubles sexuels et psychologiques

L'impuissance est la cause la plus fréquente des stérilités masculines liées à des troubles sexuels. Elle est plus répandue chez les hommes âgés, mais ceux-ci consultent rarement pour stérilité, excepté en cas de remariage.

Les impuissances sont le plus souvent d'origine psychogène et peuvent bénéficier d'une prise en charge psychologique ou sexologique. L'arrivée de médicaments, spécifiquement actifs sur cette pathologie, permet de régler bien des problèmes. Les impuissances sont plus rarement organiques. Par exemple, certaines lésions neurologiques des accidentés (para- ou tétraplégiques), en fonction de la hauteur de la section vertébrale, peuvent être à l'origine d'une impuissance.

Il existe aussi de rares cas où l'homme ne parvient pas à éjaculer, on parle d'anéjaculation. Ces cas sont rares. L'absence d'éjaculation peut être d'origine psychologique ou d'origine neurologique. Cependant, dans ces cas, il est possible de recueillir du sperme pour réaliser une assistance médicale à la procréation.

Quand faut-il s'inquiéter ?

Si un couple pense fortement à son projet d'enfant, tout antécédent durant l'enfance d'anomalies de descente des testicules, d'infections génitales sévères ou bien des anomalies de la puberté doivent amener à consulter. Pour l'homme, les explorations sont simples et rapides : un simple spermogramme permet de vérifier la qualité du sperme. Seul cet examen peut donner une évaluation fiable de la situation car il est impossible de suspecter une stérilité sur l'aspect du sperme qui peut paraître d'aspect et de quantité tout à fait normaux.

Il peut arriver aussi que, lors d'un protocole d'assistance médicale à la procréation, l'homme n'arrive pas à éjaculer en raison du manque de spontanéité des rapports non désirés, programmés sur la période fertile de la femme.

Au cours de consultation, il m'est arrivé de repérer des hommes dont le désir d'enfant était très ambivalent. L'éventualité d'une paternité ne déclenchait chez eux aucun enthousiasme, mais il leur était si difficile d'avouer ce faible désir d'enfant à leur compagne qu'ils n'osaient pas en parler. Malgré un blocage psychologique pourtant évocateur ces hommes n'ont pas véritablement conscience de cette ambivalence.

L'âge charnière : 36-38 ans

Lorsque les idées fausses ont été rétablies, les causes possibles de stérilité envisagées, il existe un facteur dont il faut également prendre conscience, c'est l'âge féminin. Celui-ci peut être à lui seul une cause de stérilité du couple. Il est impossible de définir un âge limite valable pour chaque femme, mais on peut cependant dire que pour la plupart d'entre elles, l'âge de 38 ans est un âge charnière. C'est à partir de cet âge que les chances de fécondité chutent fortement. Autour de 36 et 38 ans, il existe en matière de reproduction, une grande inégalité entre les femmes. Certaines ont conservé leur pouvoir de fécondité alors que d'autres ne sont pratiquement plus fécondes. À 38 ans, certaines femmes ont encore des chances d'avoir une grossesse et d'autres presque pas. Beaucoup de femmes parlent de leurs amies spontanément enceintes à 40 ans alors qu'elles, à 38 ans, n'y arrivent pas. Nous ne sommes pas tous égaux quant à notre potentiel de reproduction, et nous n'avons pas d'examen nous permettant de prédire cette fécondité dans le temps. Des tests permettent de dresser un état des lieux du présent et de pouvoir dire s'il existe, pas ou très peu de chances de grossesse, mais nous ne disposons d'aucun test qui permet de dire : « Attention, madame, vos tests montrent que vous avez intérêt à ne pas trop attendre. » Il y a donc, pour une femme, autour de 38 ans, des choix de vie à faire très importants en matière de fertilité.

Le nombre d'enfants désirés par les couples français est de deux pour 40 % de la population et de trois pour 30 %, si possible de sexe différent. Retarder une première grossesse a également des répercussions sur la possibilité d'un deuxième enfant et encore plus sur un troisième. Plus la femme fait son premier enfant tard, moins elle aura, statistiquement, de chances de mener une deuxième grossesse car l'horloge biologique aura tourné. Beaucoup de femmes méconnaissent totalement ces notions de baisse précoce de la fertilité et repoussent le projet d'enfant, sans anticiper les problèmes auxquels elles seront confrontées. Aujourd'hui dans un centre de fertilité, 25 à 30 % des femmes ont plus de 38 ans et notre devoir de médecin est d'y faire face. Il est bien entendu que chacun mène sa vie comme il l'entend, mais je trouve dommage et triste de croiser dans mon cabinet des femmes dont le désir de maternité ou d'enfant supplémentaire échoue, uniquement par méconnaissance des notions sur la période de fécondité. Aussi, une large campagne d'information me paraît indispensable et urgente.

CHAPITRE 3

Docteur, faites-moi un enfant !

Qui sont les couples qui consultent ?

Les profils de couples qui viennent me consulter pour infertilité sont multiples, ils ont chacun leur histoire, leur parcours, mais si nous devions schématiser, nous pourrions distinguer quatre grandes catégories de situations.

• **Les jeunes couples qui n'ont jamais été traités.** Après de multiples tentatives au fil des mois et parfois des années, après avoir utilisé les méthodes disponibles pour cibler les rapports (courbes de température, tests de pharmacie), les échecs successifs les décident à consulter. Le profil des couples qui veulent se dépêcher se prête bien aux examens. Leur cheminement dans le traitement est généralement rapide. Dans d'autres cas, la consultation est essentiellement informative ; le couple souhaite savoir à partir de quel moment il lui faudra s'inquiéter. Parfois, le couple sait déjà que l'un des partenaires a un facteur de stérilité. Depuis 1994, la législation impose de vérifier que le couple est marié ou qu'il peut apporter la preuve de deux ans de vie commune. Je me suis toujours refusé à demander au couple le livret de famille ou quelque papier justifiant leur union. J'estime que ce n'est pas le rôle du médecin de demander à ses patients leurs papiers ! De plus, je conteste le bien-fondé de cette disposition, le mariage n'est plus un gage de longévité du couple depuis bien longtemps. Si un couple vient de se rencontrer et que la femme a 38 ou 40 ans, il serait stupide de demander d'attendre un laps de temps de deux ans avant d'envisager un traitement et ainsi risquer de réduire à néant les chances de parentalité. Lorsque les couples arrivent dans mon cabinet, ils ont déjà essayé de faire un enfant sans aide et des mois se sont écoulés. Le délai de deux ans de vie commune est très arbitraire, n'est-il pas plutôt un moyen de se donner bonne conscience ? Pourquoi ne pas choisir une durée de sept ans puisque c'est, paraît-il, la période critique d'un couple ? Ou bien trois ans puisque nombre de magazines féminins donnent ce chiffre comme étant le temps moyen de passion amoureuse dont serait capable le commun des mortels ? Les couples qui viennent me voir, sauf exception, doivent être considérés par le corps médical comme responsables et ne pas être infantilisés par une procédure dont il serait bon de connaître les bases de réflexion.

Depuis mars 2006 la Sécurité sociale a limité à 42 ans pour la femme (l'âge du père n'est pas pris en compte !) le remboursement des traitements d'AMP, mais le caractère financier est bien loin des préoccupations des couples. Leur motivation est parfois telle qu'ils sont prêts à débourser beaucoup d'argent pour être traités. Aux États-Unis, le traitement de la stérilité n'est pas remboursé et les couples contractent très souvent des emprunts pour financer leur traitement. En France, une FIV coûte environ 3 000 euros ; tout le monde ne peut pas se permettre de supporter un tel coût.

• **Les couples vivant ensemble depuis plusieurs années, jamais traités.** Pourquoi ces couples se présentent-ils si tard au regard de leur vie commune ? Mon expérience m'a montré que pour ces couples anciens, le désir d'enfant n'était pas si évident. Ils rentrent très lentement dans le processus de traitement, ils viennent d'abord à une première consultation puis mettent parfois un an à faire les examens. C'est le signe que le couple, ou l'un de ses membres, n'est pas forcément très clair vis-à-vis de son désir.

• **Les couples recomposés.** Le mari ou la femme et parfois les deux ont construit une première famille. L'un ou l'autre des conjoints a parfois des enfants de sa précédente union. Ils sont souvent très amoureux et veulent un enfant tous les deux. Je suis obligé de poser quelques questions sur leur fécondité antérieure, ce qui est un peu délicat, mais c'est un élément important pour le traitement.

Parfois, la femme a déjà des enfants et l'homme n'en a pas. Souvent, dans cette situation, la femme a l'impression que la longévité du couple dépend de cet enfant. Il n'est d'ailleurs pas exclu que la femme suive la démarche d'assistance médicale à la procréation pour satisfaire son compagnon.

Le bébé, gage de solidité du couple

La première fois que Sylvie est venue consulter, elle avait 42 ans et était venue seule. Elle avait un poste important de chercheuse universitaire et vivait avec un homme de 35 ans. Lors de cette première consultation, elle m'expliqua qu'ils essayaient d'avoir un bébé depuis un an. À son âge, les chances de grossesse s'amenuisent rapidement. Je lui prescrivis une échographie, une prise de sang et un spermogramme pour son mari. Lorsqu'elle est revenue me voir avec ses examens, j'ai repris son dossier et je m'aperçus que huit mois s'étaient écoulés... Je lui fis part de mon étonnement concernant ce délai très long malgré notre discussion et sur l'importance de commencer rapidement un traitement. Elle me balbutia quelques excuses invoquant le travail, les vacances, et finit par avouer que c'était son compagnon qui la poussait à faire cette démarche, mais qu'elle n'était pas très motivée. Elle ne désirait pas vraiment d'enfant, mais sentait que son compagnon allait la quitter si elle n'en avait pas.

Dans d'autres cas, c'est le contraire qui se produit. L'homme a des enfants de sa première union et il n'est pas rare que sa motivation paraisse moins assurée que celle de sa nouvelle compagne. Ces femmes accomplissent souvent seules la plupart des étapes de la prise en charge.

• **Les couples ayant déjà un parcours médical.** Certains ont été suivis pendant quelques mois et souhaitent prendre un deuxième avis ou bien veulent changer de médecin. Ils peuvent avoir l'impression justifiée ou non de ne pas être bien suivis. La principale caractéristique du couple infertile est d'être impatient. Changer de médecin pour avoir un regard neuf sur un dossier me paraît normal, voire souhaitable au bout d'un certain temps. Il me paraît *a contrario* contre-productif de changer de médecin au moindre échec. Ces changements à répétition sont préjudiciables à un bon suivi. Le traitement de l'infertilité demande une certaine constance pour établir une prise en charge progressive tenant compte du résultat des traitements antérieurs.

D'autres couples ont un parcours prolongé, ils ont déjà suivi sans succès de nombreux traitements. Ils cherchent une autre approche de leur dossier. Parfois un couple ayant été traité avec succès leur recommande le médecin vers lequel ils souhaitent se tourner. Malheureusement, nous ne disposons pas toujours d'armes supplémentaires.

Dans certains cas, des erreurs ou des oublis ont pu être commis et une meilleure approche permet d'obtenir la grossesse.

Le rôle du médecin

➤ *Le désir d'enfant s'évalue-t-il ?*

Il est très difficile d'évaluer le désir d'enfant et le projet parental d'un couple. Les médecins sont très peu formés, au cours des études médicales, aux aspects psychologiques qui sont si importants dans la prise en charge de l'infertilité. La loi de bioéthique a d'ailleurs imposé la collaboration d'un psychologue dans les centres d'aide médicale à la procréation. Mais ces psychologues ont-ils vraiment la possibilité de juger de la stabilité du couple et de la pertinence du désir d'enfant ? Certains centres d'AMP imposent aux patients des rendez-vous avec des psychologues, mais beaucoup d'entre eux pensent qu'il est préférable que les couples viennent les voir sur la base du volontariat.

Il avait été évoqué, dans les discussions sur la première version de la loi de bioéthique (1994), la mise en place d'un agrément comparable à celui demandé dans le cadre d'un projet d'adoption. Mais avec une telle procédure, on risquerait de mettre le doigt dans un engrenage où se mêlent l'affect et des paramètres socio-éducatifs propres à chacun. Il n'y a rien de plus difficile que de juger par avance de la compétence parentale et du bonheur du futur enfant.

Comment, par exemple, un couple est-il en mesure d'élever un enfant malgré de faibles revenus ? Je me souviens de patients qui avaient eu des triplés à la suite d'un traitement en AMP. Une assistante sociale m'avait fait remarquer plus tard que ce couple habitait dans une chambre de bonne. Sarcastique, elle m'avait lancé : « Bravo, pour ce que vous avez fait à ce couple sans moyens, sans ressources. » Je me souviens en avoir conçu une forte culpabilité, mais en même temps est-il éthique de prendre en compte des critères de ressources pour accepter ou refuser un enfant à un couple ?

Dans l'unité que je dirigeais à l'hôpital Cochin, j'avais dans mon équipe une remarquable assistante sociale, ce qui représentait un avantage indéniable dans le suivi des patients. En cas de problème, les couples devaient la rencontrer et elle nous alertait si les conditions sociales étaient vraiment défavorables. La présence d'une assistante sociale n'est malheureusement pas obligatoire au sein des services de traitement de l'infertilité, alors que les centres d'AMP et les futurs parents gagneraient à pouvoir bénéficier de cette aide.

Aux États-Unis, le recours aux centres d'AMP est à la charge des couples et les mentalités ne sont pas les mêmes. Lors de mon stage à New York, j'avais été invité à un dîner rassemblant l'équipe du service dans lequel j'étudiais. J'étais assis à côté de la femme d'un chef de service de l'hôpital. Elle me dit très ironiquement : « Ah, vous êtes français, c'est bien la médecine socialiste… » Je lui ai répondu : « Oui, c'est pas mal. Par exemple en France les traitements de la stérilité sont remboursés, même les gens qui n'ont pas d'argent peuvent avoir un traitement. Chez vous, tout le monde paie et les pauvres ne peuvent pas avoir d'enfant s'ils ont besoin d'une AMP. » Elle m'a répondu sérieusement : « Mais c'est très bien, quand on n'a pas d'argent, il ne faut pas faire d'enfant. » Je tombai du ciel, mais pour cette Américaine c'était l'évidence même.

➤ *Les chances de réussite et la question de l'âge*

Quand un couple vient en consultation, je ne peux m'empêcher, dès que je prends contact avec le couple en salle d'attente, d'essayer de cerner le type de problème. Mon premier réflexe est d'évaluer l'âge physique et l'âge réel de la femme.

Une femme de 40 ans à qui l'on donne 30 ans est normalement flattée. Pour les spécialistes de médecine de la reproduction, c'est l'inverse. Une femme qui a l'air jeune alors que son dossier atteste 40 ans nous préoccupe. Nous savons par expérience que, *a priori*, ce ne sera pas facile. « Ah, vous avez 40 ans ! » Il m'arrive probablement de mal dissimuler cette déception que la femme risque de percevoir. Pour les médecins de la reproduction une femme jeune est une femme de moins de 38 ans. L'âge de la femme est bien le facteur qui détermine les résultats des traitements, quel que soit le type d'infertilité.

« Est-ce que vous pensez que l'on a des chances, Docteur ? » Il est très difficile de savoir si le traitement réussira et c'est pourtant la première question des couples. L'âge chronologique est un facteur déterminant, mais les examens destinés à évaluer le stock et la qualité des ovocytes sont tout aussi importants.

Une femme de plus de 38 ans aura des chances plus faibles de grossesse même si les résultats de ses examens sont bons. Une femme de 28 ans peut, malgré son jeune âge, avoir des chances réduites si les examens montrent une atteinte de la qualité des ovocytes. Le stock d'ovocytes et leur qualité sont les éléments primordiaux à étudier lors des premiers bilans. Ces examens vont nous aider à établir un pronostic. S'ils sont très anormaux, les chances de grossesse seront très faibles voire nulles. Même s'ils sont mauvais, il est très important de savoir modérer leur appréciation. Il est difficile de décider de l'avenir d'un couple sur une prise de sang et une échographie, et de dire à une femme en regardant deux feuilles de papier : « Vous ne serez jamais enceinte. »

Lorsque le bilan est péjoratif, les consultations sont plus longues et plus délicates. Si la consultation est motivée par de nombreux traitements sans grossesse, il est plus facile de pointer les échecs répétés et d'expliquer l'inutilité de la poursuite des traitements. Il est beaucoup plus délicat de s'occuper d'une nouvelle patiente n'ayant jamais été traitée et dont les anomalies du bilan sont telles que la prise en charge sera *a priori* inutile. Il est difficile pour une femme de renoncer sans avoir fait le moindre traitement. Il est probable qu'après un avis négatif beaucoup de ces femmes s'adressent à d'autres médecins jusqu'au moment où elles trouveront un collègue complaisant qui acceptera d'essayer. Il me semble important de passer le temps nécessaire à expliquer pourquoi les traitements ne servent à rien. Aucun traitement d'AMP n'améliore la qualité des ovocytes. S'ils sont altérés, les grossesses sont très rares, les fausses couches très fréquentes et les taux d'accouchement sont nuls ou quasi nuls. J'ai trop vu de femmes « cassées » psychologiquement par les échecs à répétition et les faux espoirs entretenus durant des mois. Il me semble plus honnête de dire la vérité dès le départ. Parfois, il est cependant indispensable à la femme d'avoir tenté un traitement et de constater par elle-même que la réponse ovarienne est très faible. Il me paraît alors utile de débuter un traitement pour aider la femme à tourner la page. En matière de prise en charge de l'infertilité, il n'y a aucune règle absolue. Il faut savoir s'adapter à chaque patiente et tenter de l'aider au mieux.

L'âge des ovaires

Si les bilans sont intermédiaires, ni très mauvais ni très bons, tant que je n'ai pas la réponse des ovaires au traitement, je ne fais aucun pronostic. C'est un facteur important donnant une idée des résultats possibles, surtout dans le cas des femmes âgées de plus de 38 ans. Les résultats de l'essai de stimulation ovarienne sont donc tout à fait déterminants.

Quels que soient la cause de la stérilité, l'âge de la femme et le fonctionnement de ses ovaires sont les éléments les plus importants, et ceci même dans le cas d'une stérilité masculine. Si les ovaires ne fonctionnent pas correctement, il n'y aura pas de solution. C'est l'une des limites majeures des traitements de la stérilité.

Ceci explique qu'en cas d'échec, la femme se retrouve toujours en première ligne.

Grâce aux techniques modernes, il est possible d'obtenir des embryons dans presque tous les cas, mais ce n'est pas pour cette raison que la grossesse se produira. Le défaut d'implantation des embryons constitue la cause majeure des échecs. Beaucoup de femmes pensent qu'il s'agit d'un problème d'utérus et il n'est pas rare qu'elles songent avoir recours à une « mère porteuse ». Ce n'est pas forcément la solution. La plupart des échecs d'implantation sont liés à la qualité des embryons, non pas la qualité visible, mais l'aptitude de cet embryon à se nicher au sein de l'endomètre. Sa capacité d'implantation dépend fondamentalement de l'ovocyte. Après des échecs successifs, les femmes se sentent, comme elles le déclarent, incapables de

« garder l'embryon » et mon rôle est d'essayer de les déculpabiliser.

Une affaire de couple

Même si la femme est en première ligne, la stérilité est un problème de couple. Il a été découvert depuis peu, que la qualité du spermatozoïde avait un rôle dans l'implantation de l'embryon. L'embryon est totalement dépendant de l'ovocyte dans les trois premiers jours de développement. Par la suite, la qualité du spermatozoïde est importante. On ne sait malheureusement pas encore aujourd'hui mettre en évidence les facteurs spermatiques incompatibles avec l'implantation des embryons. L'ovocyte reste la clef principale du succès. Non seulement le temps qui passe l'altère (il est présent dès la naissance), mais il peut avoir été abîmé par des traitements (chimiothérapie, par exemple) ou par des causes inconnues à ce jour.

Lorsque c'est peut-être possible

Pour la majorité des couples autour de 40 ans, rien n'est rédhibitoire mais rien non plus n'est merveilleux. C'est seulement l'engagement dans le traitement qui aidera à se forger une idée sur les chances probables de réussite. C'est injuste, mais c'est encore sur la femme que tout repose. En fécondation *in vitro*, si la femme réagit bien au traitement et si la qualité et le nombre des embryons sont satisfaisants, tous les espoirs sont permis. Mais restons réalistes : les chiffres sont éloquents, il n'y a que 10 à 15 % de chances de grossesses autour de 40 ans.

De nombreuses études ont montré qu'en cas de mauvaise réponse ovarienne après 38 ans, les chances de grossesse étaient proches de zéro. Si les résultats sont très mauvais, il est donc malheureusement raisonnable de ne pas faire de nouvelle tentative.

Ensuite, il y a tous les cas intermédiaires ni bons ni mauvais, et là la décision éthique est difficile à prendre.

Savoir renoncer

M. et Mme P., la quarantaine passée, venaient consulter, recommandés par un couple d'amis que j'avais traité avec succès. Déjà suivis par trois spécialistes, ils avaient à leur actif six ans de traitements avec stimulations simples, inséminations et cinq tentatives de fécondation *in vitro*. Ils m'expliquèrent longuement leur parcours, les multiples tentatives, les vacances sans cesse repoussées. Mme P. avait même quitté son emploi il y a huit mois pour effectuer les deux derniers essais avec plus de sérénité.

C'était essentiellement l'homme qui parlait. Je sentais chez cette femme le poids des échecs à répétition. Elle sortit son dossier énorme et me le confia avec cette terrible phrase : « Voilà ce que j'ai subi depuis six ans, Docteur. »

Ils venaient donc prendre un second avis, « le plus honnête possible », ajouta-t-elle. Je parcourais consciencieusement le dossier. La femme avait 42 ans, les examens appréciant la fonction ovarienne étaient moyens, pas très péjoratifs mais pas vraiment normaux non plus, les résultats des FIV étaient également moyens avec un nombre d'ovocytes relativement faible et une qualité embryonnaire systématiquement imparfaite. Aucune grossesse n'avait jamais été obtenue. L'analyse de leur dossier révélait plusieurs facteurs péjoratifs : l'âge de la femme, les cinq essais déjà effectués, les tests hormonaux intermédiaires, la mauvaise qualité embryonnaire. Les chances de succès de ce couple pouvaient être estimées à 5 % au maximum. À l'annonce de ce chiffre, ils tombèrent des nues. Ils savaient leurs chances diminuées, mais ils pensaient qu'elles se situaient autour de 30 %. Ils restèrent un moment sans voix puis la femme se tourna vers son mari et lui dit : « Je n'ai pas le courage d'endurer ces traitements encore et encore pour 5 % de chances de grossesse. » Je sentis chez le conjoint une grande déception mais l'homme acquiesça : « Je suis d'accord avec toi, ça ne vaut pas le coup. » Personne ne leur avait donné les « vrais chiffres ». On leur avait souvent parlé de « chances limitées », de « chances faibles mais réelles », de « résultats moyens ». Je les raccompagnais à la porte du cabinet et en partant le mari me serra la main et me dit : « Merci de votre franchise, Docteur. »

Quand il n'y a que 5 % ou 10 % de chances de réussite, faut-il quand même tenter ? C'est tout l'intérêt de cette médecine : réfléchir, conseiller, évaluer les risques et les bénéfices et prendre une décision à trois. Le rôle de cette relation médecin-malade est primordial, il n'est pas question de l'ablation d'une verrue, d'un cor au pied ou d'une vésicule biliaire ; cette décision bouleversera à jamais la vie du couple.

Le bilan d'infertilité

La première étape des traitements en AMP consiste à établir un bilan d'infertilité. Cet ensemble d'examens permet d'avoir un cliché instantané de la fertilité du couple. Ce bilan est chargé d'évaluer l'ovulation, les voies génitales féminines et le sperme. Au terme de ce bilan, on distinguera quatre situations.

➤ *Le bilan est entièrement négatif*

On parle de stérilité inexpliquée ou idiopathique, terme savant et compliqué que les patientes ne comprennent pas et qui permet de dissimuler le fait que c'est le médecin qui ne comprend rien ! Ces stérilités représentent 10 à 15 % des cas. Le choix du traitement dépendra de l'âge de la femme, de la vie sexuelle du couple et de la durée de la recherche de grossesse. Un traitement associant stimulation de l'ovulation et insémination semble être la meilleure association en cas de véritable stérilité inexpliquée.

Le premier point à vérifier est que des relations sexuelles peu fréquentes ou mal programmées ne sont pas à l'origine du problème. Les professions du couple les amènent parfois à des séparations fréquentes qui diminuent les chances de se retrouver ensemble au bon moment. Pour ces couples, le traitement n'est pas nécessaire, mais il faut optimiser leurs chances de concevoir. Les petits tests d'ovulation vendus en pharmacie les aideront à déterminer la « fenêtre propice » et augmenteront les chances de grossesse.

➤ *Une cause identifiée explique l'infertilité*

Parfois, un traitement spécifique peut être proposé pour restaurer les possibilités de grossesse naturelle. C'est le cas lorsque les trompes sont obturées, dans ce cas une réparation chirurgicale peut être envisagée (plastie tubaire). Dans certaines stérilités masculines, on observe un défaut de sécrétion de FSH et de LH. L'administration d'une préparation hormonale permettra de stimuler la production de spermatozoïdes. En quelques mois la fertilité de l'homme peut être restaurée, mais cette situation reste malheureusement rare. Les techniques d'AMP n'interviendront que secondairement si le traitement de la cause ne permet pas d'obtenir la grossesse désirée.

➤ *La cause n'est accessible à aucun traitement*

Cela concerne les atteintes ovariennes sévères dans les ménopauses précoces ou dans l'insuffisance ovarienne liée à l'âge. Les résultats des examens, particulièrement les dosages hormonaux, indiquent que les ovocytes sont altérés : les traitements sont voués à l'échec, les chances de grossesse sont nulles ou infimes.

Ce peut être aussi le cas des hommes n'ayant pas de spermatozoïdes dans l'éjaculat. On pratique alors une biopsie testiculaire pour vérifier s'il n'est pas possible de retrouver quelques spermatozoïdes utilisables en ICSI (Intra Cytoplasmic Sperm Injection). Si aucun spermatozoïde n'est retrouvé, il n'est pas possible de proposer un traitement.

La seule alternative possible reste le don de gamètes : don d'ovocytes ou don de sperme.

➤ *La stérilité relève d'emblée d'un traitement d'AMP*

Dans d'autres cas, il n'existe pas de traitement permettant de restituer les chances de grossesse naturelle, une AMP est alors proposée. Stimulation ovarienne, insémination ou fécondation *in vitro* seront choisies en fonction de la cause dépistée.

Certaines pathologies ne permettent pas au cycle de se dérouler normalement, les ovulations sont rares ou absentes. Les cycles spontanés ne pouvant être restaurés, une stimulation de l'ovulation est indispensable. On peut aussi citer les cas où la femme a des trompes altérées et chirurgicalement irréparables. Seule la fécondation *in vitro* permettra la grossesse. De même, certaines atteintes du sperme ne sont pas améliorables par un traitement. Si les anomalies sont modérées on pourra proposer une insémination, dans les cas plus sévères l'ICSI sera indispensable.

Les différents traitements en AMP

On distingue trois types de traitements en AMP : la stimulation ovarienne, l'insémination artificielle et la fécondation *in vitro* (ce terme regroupe les différentes techniques pour lesquelles la fécondation a lieu hors du corps féminin).

➤ *La stimulation ovarienne*

Dans le cycle physiologique normal, une vingtaine de petits follicules (la cohorte folliculaire) s'engage chaque mois, au 1er jour des règles, dans un cycle de croissance sous l'effet d'une hormone de l'hypophyse, la FSH. Au bout de 14 jours environ (la phase folliculaire), la nature a sélectionné un ou deux follicules destinés à ovuler. Cette ovulation se produit sous l'effet d'une autre hormone hypophysaire, la LH, qui est sécrétée de façon brutale ; on parle de pic ovulatoire (voir « Faire un enfant : une histoire de probabilité », page 63).

Il est aujourd'hui possible, grâce à des médicaments, de recréer le cycle artificiellement. La stimulation ovarienne convient à deux catégories de patientes :

- celles qui n'ovulent pas et pour qui il est nécessaire de restituer leur cycle physiologique ;
- celles qui ovulent, mais dont il faut augmenter le nombre de follicules prêts à ovuler pour multiplier les chances de grossesse. Plus il y a de follicules plus les chances de grossesses augmentent. Mais il faut rester prudent car le risque de grossesses multiples croît également.

La stimulation ovarienne s'adresse donc à la cohorte mensuelle sélectionnée et non au stock total de follicules de l'ovaire. Des mécanismes complexes sélectionnent chaque mois une vingtaine de follicules qui entrent dans le processus de croissance. Si l'ovaire est déficient, la cohorte de follicules stimulable est faible ou nulle. La stimulation ne produit alors aucun effet quelle que soit la dose, car elle ne permet pas d'ajouter de nouveaux follicules à la cohorte. On parle de « mauvaise réponse » et même de « mauvaises répondeuses » ; expression peu heureuse comme me l'a expliqué involontairement une patiente d'origine étrangère qui m'a dit un jour : « Mais Docteur, je ne vous ai jamais mal parlé. »

Cette réponse de l'ovaire à la stimulation est un des éléments majeurs du pronostic, en particulier chez les femmes de plus de 38 ans. On connaît très mal le mécanisme de sélection de la cohorte de follicules et nous n'avons, à ce jour, pas de moyens de l'améliorer.

Dans d'autres cas, le contraire se produit : la cohorte est importante et le risque est une réponse excessive à la stimulation. On parle du syndrome des ovaires dit micropolykystiques. Ce terme est mal choisi car il ne s'agit pas de kystes mais bien de dizaines de petits follicules visibles à l'échographie. Pour des raisons qui sont encore mal connues, ces follicules ne s'engagent pas dans la croissance folliculaire. Cette pathologie relativement fréquente touche en particulier les femmes en surpoids et est plus fréquente chez les femmes d'origine méditerranéenne. L'ovulation ne se produit pas ou très irrégulièrement. La stimulation ovarienne est le traitement approprié, mais elle est difficile à mettre en œuvre du fait des risques de réponse excessive.

La stimulation ovarienne est réalisée avec deux types de produits disponibles : le citrate de clomiphène et les gonadotrophines.

Le citrate de clomiphène

Le citrate de clomiphène, commercialisé sous le nom de Clomid® ou de Pergotime®, entraîne une augmentation de la production de FSH. Cette FSH endogène stimule la croissance folliculaire. Le médicament se prend sous forme de comprimés au début du cycle. Une surveillance stricte est souhaitable. Comme il s'agit de comprimés, ce médicament est utilisé à tort et à travers dans des indications discutables pour « accélérer » la survenue d'une grossesse. Ce médicament très souvent prescrit doit faire l'objet d'une prise en charge médicale sérieuse. Celle-ci comprend une surveillance (appelée monitorage) permettant de vérifier l'efficacité du traitement, de bien synchroniser l'ovulation et les rapports sexuels (ou l'insémination), et de prévenir les risques de complications comme les grossesses multiples ou l'hyperstimulation ovarienne. Ces complications sont certes rares mais restent possibles. Si l'on prescrit plusieurs cycles de traitements sans surveillance et que la grossesse n'intervient pas, il sera impossible rétrospectivement de savoir si l'échec est dû à l'absence de réponse des ovaires, à l'absence d'ovulation, à un mauvais timing des rapports ou à un échec du traitement alors que toutes les conditions étaient réunies.

Neuf mois de traitement perdus

M. et Mme G. consultent après deux années de traitements infructueux. Ils sont suivis de façon régulière depuis plus d'un an. Le bilan réalisé n'a retrouvé qu'une légère perturbation du cycle. Le médecin a donc prescrit du citrate de clomiphène. Dans ce cas de figure, je demande toujours le détail du traitement. Le couple me présente ses ordonnances Le traitement par citrate de clomiphène a été prescrit pendant 6 mois sans qu'aucun contrôle n'ait été réalisé, que ce soit par échographie ou par prise de sang. Au bout de

6 mois, une nouvelle ordonnance avait été délivrée pour 3 mois supplémentaires, recommandant au couple patience et persévérance. Lorsqu'à l'issue de ces traitements infructueux, le couple est venu me voir, les traitements n'avaient jamais été surveillés, il m'était totalement impossible de connaître les raisons de l'échec. On ne sait pas si les follicules se sont bien développés, si l'ovulation avait eu lieu. Il ne restait qu'à tout recommencer.

Cet exemple est représentatif d'un traitement mal conduit : une prise de citrate de clomiphène au-delà de six cycles (bien conduits) n'a pas d'intérêt, car les grossesses sont obtenues lors des premiers cycles. Par ailleurs, il est primordial pour la suite du traitement d'apporter la preuve d'une bonne croissance folliculaire et d'une ovulation effective. Pour cela, le suivi par un monitorage échographique et/ou hormonal est recommandé. Il permet de mieux comprendre les causes de l'échec et de faciliter le succès.

Notons que les effets secondaires du citrate de clomiphène sont rares. Exceptionnellement, il existe des troubles oculaires (toujours réversibles) qui imposent l'arrêt définitif du traitement par ce produit. Parfois, les ovaires ne répondent pas au traitement malgré l'augmentation des doses – on parle de résistance –, il convient alors de passer aux traitements par gonadotrophines.

Les gonadotrophines

Les gonadotrophines sont des préparations injectables d'hormones hypophysaires (FSH et LH). Il existe plusieurs types de gonadotrophines en fonction du mode de préparation et du contenu des ampoules. On dispose de produits obtenus à partir de la purification d'urines de femmes ménopausées (Ménopur®, Fostimon®, Bravelle®). Certains contiennent un mélange de FSH et de LH (Ménopur®), d'autres contiennent de la FSH seulement (Fostimon®, Bravelle®). D'autres gonadotrophines sont obtenues par génie génétique (on parle d'hormones recombinantes) à partir de cellules animales modifiées. On trouve des préparations recombinantes pures de FSH (GonalF®, Puregon®) ou de LH (Luveris®). Les gonadotrophines sont utilisées soit après échec du citrate de clomiphène, soit d'emblée dans certaines indications et en cas de fécondation *in vitro*. Ces traitements produisent en général un peu plus d'effets secondaires que le citrate de clomiphène et doivent impérativement être surveillés car la réponse ovarienne peut être forte et le risque de grossesses multiples plus important.

Le monitorage

Les traitements de stimulation ovarienne sont surveillés par ce que l'on appelle le monitorage. Ce monitorage associe des échographies et des dosages hormonaux. L'échographie mesure le nombre et la taille des follicules ainsi que l'aspect de la muqueuse de l'utérus : l'endomètre. Les dosages mesurent le taux d'œstradiol sécrété par le follicule, ce dosage aide à déterminer la maturité folliculaire. On évalue aussi la LH qui déclenche l'ovulation et que l'on doit surveiller, de même que la progestérone qui s'élève après l'ovulation et qui, si elle est augmentée, signale que l'on arrive trop tard.

Le déclenchement de l'ovulation

Si le cycle est naturel, le follicule atteignant sa maturité entraîne un pic hormonal produisant l'ovulation. Ce pic entraîne une succession de trois phénomènes importants : la maturation de l'ovocyte, la libération de cet ovocyte dans le liquide folliculaire (il est attaché au mur folliculaire pendant toute la croissance du follicule) et la rupture du follicule. L'ovule ainsi libéré peut atteindre la trompe. En cas de stimulation ovarienne, le mécanisme de l'ovulation spontanée est parfois inadéquat, comme l'ont montré plusieurs études. Il est donc fréquent de provoquer l'ovulation par l'administration d'une hormone.

Les protocoles de stimulation

Le type de stimulation ovarienne dépend du but recherché. S'il s'agit de restaurer une ovulation absente, on essaie d'obtenir un seul follicule pour limiter le risque de grossesses multiples. S'il s'agit d'augmenter les chances de grossesse d'une femme ayant un cycle fonctionnel, on visera plutôt deux ou trois follicules. En cas de fécondation *in vitro*, le but est d'obtenir plusieurs follicules. L'utilisation du citrate de clomiphène se fait en général selon un schéma fixe (du 2e au 7e jour du cycle) et l'on ne peut jouer que sur la dose. Pour les gonadotrophines, l'administration peut être entièrement personnalisée. Schématiquement, plus le traitement débute tôt dans le cycle et plus la dose est forte, plus la réponse ovarienne sera importante et donc le nombre de follicules. On joue donc sur la dose de départ et sur le jour du démarrage du traitement pour moduler la réponse ovarienne.

➤ *L'insémination artificielle*

L'insémination artificielle consiste à déposer une préparation de spermatozoïdes au niveau des voies génitales féminines. L'utilisation de sperme non préparé est pratiquement abandonnée au profit d'une préparation spermatique destinée à obtenir une insémination aussi riche que possible en spermatozoïdes mobiles et normaux. Le sperme non préparé reste utilisé pour ce que l'on appelle les auto-inséminations.

L'auto-insémination

Elle permet aux couples de faire « à la maison » cette insémination sans aide médicale. Cette méthode non médicalisée est utilisée dans différentes situations, comme par exemple les difficultés sexuelles empêchant les rapports. Dans le cas des couples sérodifférents (homme négatif et femme positive) pour le virus HIV, les conjoints doivent avoir des rapports protégés pour éviter la contamination. Ces couples ne sont pas infertiles, les auto-inséminations permettent la grossesse sans risque de contamination. Des couples d'homosexuelles ayant un homme acceptant de « jouer le donneur » de sperme peuvent également y avoir recours.

Dans la plupart des cas, l'insémination est intra-utérine (IIU). La préparation spermatique est déposée directement dans l'utérus, derrière le mucus cervical. Les spermatozoïdes auront à gagner les trompes pour rencontrer l'ovule. Certains médecins pratiquent encore l'insémination intracervicale (IIC). Le sperme est déposé au niveau du col. Cette technique ne nécessite pas forcément de préparation en laboratoire et serait plus physiologique. La plupart des études montrent cependant une supériorité de l'insémination intra-utérine. Faire quelques cycles d'IIC n'est pas une faute médicale, car en début de prise en charge, les résultats sont satisfaisants. Néanmoins, le passage aux IIU est indispensable au bout de trois ou quatre échecs.

L'insémination est principalement indiquée en cas d'anomalies modérées du spermogramme, en cas d'anomalie de passage des spermatozoïdes dans le mucus cervical (test de Hünher négatif), en cas de troubles sexuels masculins, en cas de stérilité inexpliquée où l'association stimulation ovarienne avec IIU semble supérieure à la stimulation seule. L'insémination est aussi pratiquée en cas de recours à un donneur de sperme (IAD : insémination avec donneur). Elle peut enfin être proposée en dehors de ces indications, avant le passage en FIV. Elle peut donc être réalisée avec un sperme normal. La procédure est simple et indolore, elle est comparable au frottis : en position gynécologique, après pose du spéculum, on introduit un fin cathéter dans le col et l'on dépose le sperme préparé dans l'utérus. Les tentatives peuvent être répétées. En ce qui concerne l'insémination avec sperme du conjoint, on se limite à quatre ou six essais avec stimulation ovarienne. Au-delà, les résultats avec obtention de grossesse sont faibles. En cas d'utilisation de sperme de donneur, on peut aller jusqu'à huit cycles avec stimulation ovarienne.

Ne pas brûler les étapes

Mme H. consulte pour fécondation *in vitro*. La stérilité est liée à une légère diminution de la mobilité spermatique. La préparation du sperme en vue d'insémination améliore nettement les choses. L'échec de la première insémination proposée par le médecin amène le couple à changer d'équipe. Ils veulent une FIV car ils ont vu sur Internet qu'il y avait deux fois plus de grossesse avec FIV qu'en insémination, ils ne comprennent donc pas pourquoi leur médecin perd son temps (et le leur) avec ces inséminations inutiles ! Il me faudra une bonne demi-heure pour défendre le choix de mon collègue.

La prise en charge de l'infertilité doit être adaptée à sa cause et les traitements les plus simples doivent être proposés en priorité. À quoi bon s'exposer à un traitement lourd si c'est inutile. On ne fait pas une greffe cardiaque à la moindre palpitation du cœur ! Certes les chances d'une insémination avec stimulation ovarienne sont de 10 à 15 % par cycle, mais le traitement est beaucoup moins lourd et les cycles peuvent être répétés, voire même enchaînés les uns à la suite des autres. On peut faire deux à trois cycles de fécondation *in vitro* au maximum en un an et trois inséminations en trois ou quatre mois. Les taux de grossesse après trois IIU sont alors identiques à une FIV, quand l'indication est bien posée. La durée du traitement, la dose d'hormones, les contraintes de bilan et du suivi, les effets secondaires et les complications sont très supérieurs en FIV. Les couples sont toujours trop pressés et prêts à prendre des risques inutiles pour un bénéfice qui est loin d'être démontré. Les meilleures chances de succès sont obtenues avec le traitement le plus adapté au cas.

➤ *La fécondation* in vitro *(FIV)*

La fécondation *in vitro* comprend quatre étapes successives : la stimulation ovarienne, la ponction folliculaire ou prélèvement ovocytaire, la fécondation *in vitro* proprement dite (qui se passe au laboratoire) et le transfert embryonnaire.

1. LA STIMULATION OVARIENNE EN VUE D'UNE FÉCONDATION *IN VITRO*

C'est une stimulation le plus souvent forte, destinée à obtenir un nombre important d'ovocytes (huit à douze en moyenne). Elle s'effectue en général en deux phases.

Une première phase dite de blocage est obtenue avec des agonistes de la GnRH (Decapeptyl®, Enanthone®) dont le rôle sera de bloquer le cycle. Ce « blocage » est destiné à empêcher les ovulations intempestives pouvant conduire à l'annulation du cycle, il va également permettre de programmer le traitement. Une prise de sang et une échographie permettront au cours d'une visite de vérifier si le blocage est effectif.

Dans d'autres cas, on peut utiliser les antagonistes de la GnRH (Cetrotide® ou Orgalutran®), ils ne nécessitent pas de phase de blocage préalable et s'administrent au cours de la période de stimulation.

La deuxième phase du traitement peut alors débuter. Il s'agit de la stimulation ovarienne proprement dite. Celle-ci est obtenue par des injections quotidiennes de gonadotrophines. Les doses sont plus importantes qu'en stimulation simple. Cette stimulation dure 9 à 14 jours au cours desquels sont organisées des visites de monitorage avec dosages hormonaux et échographies. Lorsque les follicules auront atteint la taille adéquate (16 à 22 millimètres), l'ovulation sera déclenchée grâce à une dernière injection. Cette injection est faite tard le soir et la ponction folliculaire est réalisée 36 heures plus tard environ. Le but est bien sûr de réaliser la ponction pour récupérer les ovocytes, avant que les follicules ne soient rompus.

Notons le regain d'intérêt pour les stimulations modérées. Le principe est d'obtenir un nombre de follicules plus limité dont la qualité serait améliorée. Cette stimulation modérée permet aussi de diminuer les effets secondaires des protocoles actuels.

2. LA PONCTION FOLLICULAIRE

Cette intervention se fait au bloc opératoire sous anesthésie locale ou générale. L'anesthésie locale permet d'éviter les douleurs importantes dans 90 % des cas, si elle est bien utilisée. La ponction se fait sous contrôle d'une échographie intravaginale. La sonde d'échographie est munie d'un guide par lequel l'aiguille de ponction atteint les follicules. L'ovaire est facilement accessible dans la plupart des cas car il est positionné juste derrière le vagin. On recueille le liquide folliculaire dans lequel doit se trouver l'ovocyte. L'ensemble des liquides folliculaires est transmis au laboratoire. Ils sont analysés à la loupe et les ovocytes sont isolés.

3. LA FÉCONDATION *IN VITRO*

Dans le même temps, le conjoint donne son sperme par masturbation. Le sperme est préparé de façon semblable à une insémination. S'il n'y a pas d'anomalie du sperme, on se contente de mettre une petite quantité de spermatozoïdes autour de chaque ovocyte et on laisse la fécondation se faire naturellement. C'est la fécondation *in vitro* classique. S'il existe des anomalies du sperme, ou si une tentative antérieure a donné un nombre d'embryons faible ou pas d'embryon du tout, on propose de réaliser une fécondation assistée. Il s'agit de l'injection intracytoplasmique de spermatozoïde (ICSI). L'ICSI consiste à prendre un spermatozoïde et à l'injecter au sein même de l'ovocyte. Ceci est fait grâce à des appareils de micromanipulation, en raison de la très faible taille des cellules, un dixième de millimètre pour l'ovocyte et quelques centièmes de millimètre pour le spermatozoïde. Cette méthode permet d'obtenir des embryons dans plus de 60 % des cas et ceci dans les stérilités masculines les plus sévères. Il est même possible de recueillir les spermatozoïdes au niveau du tissu testiculaire par une petite intervention chirurgicale, si aucun spermatozoïde n'est présent dans l'éjaculat (on parle d'azoospermie). Cette technique se déroule entièrement au laboratoire, il n'y a aucune différence de traitement pour le couple par rapport à la fécondation *in vitro* classique. Vingt-quatre heures après l'insémination classique (ou l'ICSI), les ovocytes seront observés un par un pour vérifier s'ils ont été fécondés.

L'ICSI ?

L'ICSI (Intra Cytoplasmic Sperm Injection) a révolutionné la prise en charge de l'infertilité masculine. Avant la mise au point de cette technique, la pauvreté du sperme était un facteur limitant de la fécondation *in vitro*. Si l'homme n'avait pas assez de spermatozoïdes, on ne pouvait pas avoir d'embryon, car dans la méthode classique de FIV, plusieurs milliers de spermatozoïdes sont nécessaires pour qu'un seul soit capable de féconder l'ovule. Ce qui est extraordinaire avec l'ICSI, c'est qu'avec un seul spermatozoïde, il est possible aujourd'hui d'obtenir un embryon et une grossesse.

Le lendemain, il est possible d'observer les embryons. Ils sont analysés, classés en catégories, qui sont établies en fonction de caractéristiques d'aspect de l'embryon : taille et nombre de cellules, régularité de ses cellules, existence ou non de fragments, vitesse de développement. Cette « qualité » morphologique est corrélée avec les chances d'implantation et permet d'adapter le nombre d'embryons à transférer. Il est possible d'obtenir une grossesse avec des embryons de qualité non optimale. Il est à souligner qu'il n'existe aucune corrélation entre la « qualité » des embryons et la « qualité » du bébé.

4. LE TRANSFERT EMBRYONNAIRE

On transfère un à trois embryons (sauf cas particulier) en fonction de la qualité embryonnaire, de l'âge de la femme et du nombre de tentatives déjà faites. Les embryons supplémentaires parfaits ou presque parfaits seront congelés afin de donner des chances supplémentaires de grossesses.

Les embryons congelés

Depuis 1986, les embryons surnuméraires peuvent être congelés. Environ 30 % ne résistent pas au processus de congélation-décongélation et sont perdus. Le replacement des embryons congelés se fait selon des protocoles beaucoup plus simples que la fécondation *in vitro* et parfois lors d'un cycle naturel. Ces embryons donnent des chances réelles et supplémentaires de grossesse même si les embryons congelés s'implantent moins souvent que les embryons frais.

Les enfants issus d'embryons congelés ne présentent pas d'anomalies particulières, ils sont bien portants alors qu'ils peuvent avoir été obtenus après des périodes de congélation de dix ans. Il est probable que l'on pourrait conserver les embryons encore plus longtemps. Environ 40 % des femmes ont, en plus des embryons frais transférés, assez d'embryons pour les congeler.

Tous ces traitements semblent très compliqués et l'on parle souvent du parcours du combattant de la fécondation *in vitro*. Rappelons que les traitements de la stérilité ont été proposés depuis la nuit des temps et qu'ils étaient parfois encore plus difficiles. Hippocrate (460-377 av. J.-C.)

publie le *Traité des femmes stériles* qui a été probablement le premier livre spécifiquement consacré au sujet. Il proposait un traitement de la stérilité.

Le traitement de la stérilité selon Hippocrate

> « Après une fumigation de tout le corps, purgez par le haut et par le bas puis après avoir administré le lait d'ânesse, fumigez la matrice à l'aide d'un tuyau pendant deux jours avec de l'urine putréfiée de femme où l'on jette du nitre, et le troisième avec de l'urine de vache ; le quatrième et le cinquième, piler graines de fenouil, feuilles de sureau, lauriers et sciure de cyprès, verser de l'eau, et faire bouillir. Il faut, après la fumigation, laver avec beaucoup d'eau chaude puis appliquer en pessaire la graisse aromatisée aussitôt après la fumigation et pour la nuit. Ensuite faire la préparation suivante : mêler myrrhe en larmes, beurre, graisse d'oie, moelle de cerf, résine et netopon, de chaque partie égale, faire fondre et appliquer dans de la laine de millet, molle et très bien peignée ; puis ouvrir la matrice avec cinq plombs préparés, longs de huit doigts ; le premier est mince, le second est plus gros, et ainsi de suite ; ouvrir pendant cinq jours ; toujours mettre en place les plombs après un bain, les maintenir par un bandage attaché aux lombes afin qu'ils ne tombent pas, les enfoncer de plus en plus avant, et le dernier aussi avant que possible. Après avoir ouvert, on met un pessaire purgatif ainsi composé : piler cinq cantharides, la partie spongieuse d'une courge longue, et de la myrrhe, pétrir avec du miel cuit, faire un gland, l'enrouler dans de la laine excepté le bout, tremper dans une huile très parfumée et appliquer. On emploiera aussi ce modificatif : bile de taureau, fleur de cuivre grillée, nitre, myrrhe, mouiller avec un peu de miel, lier un linge fin, enduire le haut du linge avec le médicament et appliquer. On se sert aussi du buprest avec la myrrhe, de l'élatérion avec le miel cuit, des cantarides avec l'élatérion et la myrrhe. Après la modification, le lendemain, la femme prend un bain, puis une injection utérine ; piler cumin d'Éthiopie, nielle,

résine, graisse, miel et vin doux, mêler, faire tiédir et injecter. Après l'injection, on ordonne à la femme de se lever afin que l'injection soit agitée. Appliquer aussi safran, myrrhe et encens dans un chiffon de linge sec et de chaque partie égale ; on mêle de la graisse d'oie et on enduit le chiffon ; cela se met pendant sept jours. Le huitième, on fait une fumigation avec myrrhe, asphalte et orge, pétrir avec une graisse aromatisée, on jette sur un feu doux et on administre la fumigation à l'aide d'un tuyau. Après la fumigation, le lendemain, triturer le testicule de castor en y versant du vin blanc, l'étendre avec une sonde, l'enrouler dans de la laine, et appliquer pendant la nuit. Le matin, la femme l'ôte, et, ayant amolli les parties, va auprès de son mari ; après le coït, elle reste immobile ; si elle ne devient pas grosse aussitôt, elle fait une nouvelle application de cette préparation et va auprès de son mari. Il faut commencer le remède quand les règles sont venues ; lorsqu'elles finissent, la femme applique le pessaire de conception et dort avec son mari. Mais le temps qui précède, ni la femme ne doit aller avec son mari, ni le mari avec sa femme. »

Ce programme peu réjouissant renvoie nos protocoles d'aujourd'hui aux rayons de l'homéopathie.

Optimiser les chances de succès

Lorsqu'un couple se lance dans un traitement d'AMP, il lui faut savoir mettre toutes les chances de son côté. La connaissance des différents paramètres affectant les chances de réussite et des étapes du traitement, la recherche d'informations sur certaines techniques est déjà une manière d'aborder avec plus de sérénité cette aventure.

Ces traitements lourds, exigeants s'adressent quasi exclusivement à la femme, et cela quel que soit le type de stérilité. C'est la femme qui reçoit les injections, fait les contrôles et subit les gestes techniques. La pression, les difficultés pour jongler avec le travail et les nombreux rendez-vous médicaux imposés par le traitement, les enjeux du résultat et les effets secondaires des traitements ont un retentissement psychologique évident. La femme ne doit pas avoir peur de s'adresser à un psychologue préventivement ou curativement, qui pourra l'épauler et l'aider tout au long de la prise en charge.

Même si de nombreux intervenants sont présents dans cette entreprise, l'homme et la femme restent les acteurs majeurs et l'unité du couple sera le ciment indispensable de la réussite du projet d'enfant.

En premier lieu, il faut bien choisir son centre d'AMP. Les traitements sont très complexes, leur réalisation nécessite un travail d'équipe réunissant d'une part l'expérience d'un clinicien spécialisé traitant la femme et l'homme, et d'autre part le travail du biologiste et de son équipe qui s'occuperont des ovocytes, des spermatozoïdes et des embryons. La médecine de la reproduction est devenue une spécialité à part entière demandant de s'y consacrer pleinement.

➤ *Les différences de résultats entre les centres d'AMP*

Il existe en France d'importantes différences entre les résultats des centres d'AMP. Ces différences ne sont pas connues du public car la plupart des centres refusent de donner leurs résultats. Il y a une quinzaine d'années, le palmarès avait été révélé et avait suscité des mécontentements. Il est clair qu'un centre peut influencer ses taux de réussite en évinçant de la prise en charge des couples de mauvais pronostic. Il est possible de sélectionner les meilleures patientes pour améliorer artificiellement les performances. Si par exemple le centre n'accepte pas les femmes au-delà de 38 ans et exclut les pathologies trop compliquées, ses résultats seront formidables. Cette sélection doit être prise en compte pour expliquer en partie les différences, mais indéniablement des variations sont expliquées par la qualité de la prise en charge. Les derniers chiffres connus montraient une variation allant de 14 à 38 % de taux de grossesses d'un centre à un autre ! Ce n'est pas acceptable. La mise en place récente d'une instance de régulation (l'Agence de biomédecine) devrait, je l'espère, permettre de rendre les résultats publics en trouvant une méthode objective qui tiendrait compte des différences de sélection des patientes faites par les différents centres.

Il est par ailleurs indispensable que les pouvoirs publics prennent conscience de la crise grave que traverse la médecine de la reproduction : la France s'enfonce dans le classement européen des résultats. La dernière publication nous classe en queue de peloton. Assister à la présentation annuelle des résultats dans le grand congrès européen est peu glorieux pour les médecins français. Seuls trois pays font moins bien que la France : la Macédoine, le Monténégro et la Belgique. Les mauvais résultats de la Belgique peuvent être expliqués par la mise en place d'une loi imposant le transfert d'un seul embryon, limitant ainsi les chances de réussite.

Les moyens humains et matériels manquent, les actes sont faiblement cotés par la Sécurité sociale. Les laboratoires ne peuvent pas investir dans un matériel indispensable à une médecine de pointe, comme l'ont fait nos voisins européens. Les résultats s'en ressentent et il devient difficile de motiver les jeunes médecins et les biologistes pour cette spécialité mal considérée. Par voie de conséquence, des centres publics ferment, faute de trouver des spécialistes de la fertilité pour prendre le relais des départs en retraite. Et certains couples doivent faire plus de 250 kilomètres pour trouver un centre spécialisé.

➤ *Informer et soutenir le couple*

Le soutien psychologique des couples est un aspect difficile de la prise en charge qui relève d'un dosage délicat. Le médecin doit donner assez d'espoir et soutenir le couple dans l'engagement d'un traitement difficile et je me dois, si nécessaire, d'émettre des réserves afin d'éviter une déception trop forte, destructrice en cas d'échec.

Il faut encourager les couples qui flanchent et ne pas bercer d'illusions ceux dont le pronostic est réservé. En un mot, il faut être honnête.

Quand les chances sont trop faibles ou nulles, c'est le rôle du médecin d'expliquer qu'il faut arrêter. La plupart des couples veulent continuer car ils n'acceptent pas les évidences et refusent qu'il n'y ait plus l'espoir. Si ces moments sont très difficiles pour le couple (et pour le médecin), c'est, je crois, un service à lui rendre. *A contrario*, il faut savoir redonner de l'espoir à un couple qui baisse trop tôt les bras. Il n'y a rien de plus gratifiant que de voir revenir un homme et une femme avec un bébé dans les bras qui vous disent : « Docteur, sans votre soutien et votre optimisme, nous aurions arrêté depuis longtemps. »

Mon expérience, je l'ai acquise principalement auprès de René Frydman, à l'hôpital Béclère de Clamart. Dans les années 1980, les couples venaient consulter son équipe très médiatisée. Frydman nous disait : « Il faut avoir le regard fécondant, ne pas sous-estimer le pouvoir des mots. » J'ai appris à quel point le soutien des couples en détresse était important pour favoriser un résultat positif.

Je me souviens aussi d'un biologiste anglais qui disait : « Le taux de réussite des grossesses dépend de deux éléments qui permettent de se donner une idée préliminaire : il y a l'âge de la femme et il y a l'épaisseur du dossier. Plus le dossier est important, plus c'est difficile. » À Clamart, les patients venaient de toute la France et nous avions de très gros dossiers. J'ai vu un jour une femme entrer dans le box de consultation avec un caddie rempli d'examens !

C'est là que j'ai appris à dire à une femme que ce n'était pas possible, que ça ne marcherait pas. Je suis moi-même souvent bouleversé lorsque je lis le désespoir dans leurs yeux et que certaines femmes s'écroulent en larmes devant moi. Cependant, l'expérience m'a montré qu'il faut être le plus honnête possible. Des médecins imposent plusieurs années de traitement alors que dès les premiers bilans ou les premiers essais de stimulation, il était prévisible qu'ils ne pouvaient pas réussir. Je ne crois pas aux vertus de la FIV psychologique et je refuse l'idée qu'il soit important pour une femme, si les résultats sont catastrophiques, d'avoir essayé plusieurs fois pour accepter de renoncer à l'enfant biologique.

J'ai vu et je continue de voir des femmes pour lesquelles on a laissé traîner l'espoir trop longtemps, toutes sont particulièrement fragilisées, physiquement et psychologiquement. Certaines arrivent détruites par les échecs répétés, elles sont prises dans une spirale dont elles ne voient pas la sortie. Les femmes en échec auxquelles on dit la vérité rapidement peuvent se reconstruire. La consultation est dramatique, mais la réalité dite et expliquée permet au couple de tourner la page et d'envisager éventuellement un autre avenir avec l'adoption ou le don d'ovocytes.

Pour ces raisons, je n'ai pas de scrupules à dire la vérité. Même si parfois je dois contenir mon émotion. Mais j'estime que cela fait partie de mon rôle de médecin. Je me souviens de ce remarquable psychiatre que j'avais invité lors d'une journée scientifique à parler de l'accompagnement des femmes dont on arrête la prise en charge. Il est arrivé sur le podium et nous a expliqué : « Je ne veux pas vous parler de l'accompagnement des femmes à qui on dit non, mais de l'accompagnement des médecins qui ne savent pas dire non. » Il ajouta : « Les femmes ont besoin de médecins qui savent dire stop. »

Au risque de me répéter, je pense que le point le plus important est la méconnaissance des couples, et en particulier des femmes, des limites de leur fertilité. Certains couples de 38 ou 40 ans viennent en consultation comme ils seraient venus à 28 ans. Ils tombent des nues quand j'évoque le problème de l'âge.

Dernièrement, j'ai reçu un couple de cadres. Ils sont arrivés avec un gros dossier, le mari a commencé par prendre la parole et avant que j'aie le temps d'examiner leur cas, il a tenu ce discours : « Docteur, nous venons ici pour entendre un message positif… Ne nous dites pas que c'est trop tard, on y croit et ça va marcher ! » Elle avait 44 ans et lui 47. Là, avant même d'avoir ouvert le dossier, je savais que c'était fichu pour l'AMP, je n'allais pas être positif, j'allais refuser la prise en charge. Tout en feuilletant les examens, je découvre en plus un taux d'hormones très pathologique. Sur les résultats figurent les adresses des médecins prescripteurs : je suis flatté, ils ont vu les plus grands ! Je suis inquiet aussi car je sais déjà que mes confrères les ont découragés ou, plus exactement, ont tenté de le faire… et c'est à mon tour ! Généralement, ces patients ont fait la tournée des centres d'aide à la procréation et ils ont déjà consulté beaucoup de médecins. Ils présentent leur énergie comme gage de succès : « Quand on veut, on peut. » Faire un bébé malgré les pronostics pessimistes, ils en ont fait un challenge, ils auraient pu choisir l'ascension de l'Everest ou la traversée de la Méditerranée à la nage. Ils appliquent la technique de l'objectif professionnel annuel à atteindre : « Cette année c'est le bébé. » Cette méthode marche peut-être dans leur métier mais pas dans le mien ! Les faits physiologiques sont incontournables, mais en dépit de cela ils refusent ce verdict qu'ils considèrent comme injuste. J'ai beau leur annoncer qu'il n'y a qu'une chance sur mille de réussite, ils pensent que cette chance sera pour eux. Il existe, il est vrai, des grossesses miracles, mais il faut le souligner, en cycle naturel, chez des femmes naturellement fécondes qui n'ont jamais eu besoin d'AMP. Les chances d'une femme de 44 ans d'avoir naturellement des enfants sont très faibles, les chances en AMP sont infimes (moins de 1 %), et si les dosages hormonaux sont altérés elles sont probablement égales à zéro.

Il faut bien comprendre que, dans ces cas, les traitements n'augmentent pas les chances, ils peuvent même les diminuer car les doses massives d'hormones pourraient réduire les chances d'implantation embryonnaire. Les couples « marathoniens » sont les plus difficiles à gérer humainement lorsqu'il faut les amener à l'idée du renoncement. Lors de ces consultations particulières je me fixe un but : faire comprendre pourquoi je refuse la prise en charge, j'ai à ma disposition des données et des graphiques pour illustrer mes propos ! Expliquer la motivation du refus est important pour deux raisons : d'abord parce qu'il est vrai qu'une femme à 44 ans est encore jeune et l'impossibilité de procréer peut être vécue comme un arrêt de mort, ensuite parce que j'essaie de décourager le couple de la quête du marchand d'espoir qui acceptera de les traiter.

D'autres couples à qui je donne un avis négatif quittent la consultation en me remerciant de ma franchise : « Nous ne voulions pas faire un traitement si ça ne pouvait pas marcher… » J'aime ces consultations sans *a priori*. Les couples viennent demander au spécialiste un avis qu'ils acceptent. Cependant, je ne me sens pas omniscient, je peux me tromper, j'encourage les patients à prendre un deuxième avis. Cette pratique courante dans les pays anglo-saxons est critiquée en France par beaucoup de médecins qui gardent une susceptibilité d'une autre époque et n'approuvent pas cette démarche pourtant bien compréhensible.

➤ *Entourer la femme de sollicitude*

Tout au long de ce parcours médical, la femme va s'exposer encore et encore au gré des examens : prélèvement vaginal, radio des trompes, échographies par voie vaginale, examens et toucher à répétition. C'est probablement insupportable. Les femmes musulmanes qui parfois ne doivent même pas montrer leur visage à un homme vont devoir se faire examiner par des spécialistes de l'infertilité qui sont souvent des hommes. Pour elles, c'est encore plus difficile. De plus, elles vivent avec une épée de Damoclès supplémentaire, l'enfant est la condition de survie du couple : certains hommes d'origine arabe ou africaine répudient les femmes qui ne peuvent « leur donner » un enfant ; et ceci même en cas de stérilité masculine !

Pour la femme active, il existe une difficulté de taille : le traitement d'AMP fait rarement bon ménage avec les contraintes de l'emploi et les préjugés de l'employeur. Les attentes interminables, les rendez-vous pour les prises de sang, les échographies aux heures imposées : c'est toujours à la femme de courir et de devoir mentir à son entourage professionnel. La majorité des employeurs ne veut pas entendre parler de grossesse, encore moins de traitement de la stérilité ! J'ai vu des femmes contraintes à des horaires rendant les traitements virtuellement impossibles. Des patientes ont été sanctionnées pour la demi-heure de retard due aux rendez-vous. J'aimerais me trouver un jour face à l'un de ces petits chefs étriqués ou à l'une de ces cheftaines (car il y a des femmes aussi, si, si !) au cœur gros comme un pépin de raisin, je leur dirais ma façon de penser. J'aimerais leur faire comprendre l'ampleur de la souffrance causée par la stérilité. La plupart des femmes se sentent coupables et font tout pour ne pas pénaliser leur travail. Certaines pleurent dans mon cabinet en racontant les brimades, cette inhumanité incompréhensible. Cette expérience est très douloureuse, ce n'est pas un hasard si l'on parle souvent à son propos de parcours du combattant. Aussi, il est absolument nécessaire que les équipes s'occupant de stérilité aient une empathie plus forte, un altruisme plus marqué, une patience plus grande que pour d'autres spécialités. Dans d'autres secteurs médicaux, si vous avez affaire une fois à une personne désagréable, quelque temps plus tard, lors d'un autre rendez-vous, avec un peu de chance, vous aurez un interlocuteur plus sympathique et plus accueillant. Dans le cas de l'infertilité, les choses sont différentes. Si les traitements n'aboutissent pas rapidement, l'infertilité s'apparente aux affections chroniques : on consulte souvent et durant une période prolongée. Si, dans le service où elle est suivie, un membre de l'équipe est désagréable – un médecin, une infirmière, une secrétaire –, la patiente devra le supporter vingt, trente ou cinquante fois par an. Il est très éprouvant de ne pas se sentir entendue ou comprise. L'accueil est essentiel, le *cocooning* envers les patientes est indispensable dans ce parcours physiquement et psychologiquement lourd. Il m'est arrivé de me heurter aux équipes paramédicales qui me reprochaient d'infantiliser les femmes. J'ai souvent entendu cette phrase : « Quand elles auront un enfant, il faudra bien qu'elles se débrouillent toutes seules. » Bien sûr, il n'est pas question d'infantiliser les patientes. Mais il faut savoir les entourer, les tranquilliser et ne pas ajouter un stress supplémentaire à la souffrance initiale. Il n'est pas donné à tout le monde de s'occuper des femmes stériles. Il est fondamental de pouvoir les comprendre, les écouter, les rassurer. Souvent malheureusement les charges de travail limitent le temps que nous pouvons consacrer aux consultations.

➤ *L'importance du soutien psychologique*

Le soutien psychologique est souvent négligé dans le traitement. Parfois les couples changent de médecin parce qu'ils se sentent mal suivis ou qu'ils considèrent ne pas être correctement accueillis ou accompagnés. Cette attitude relève davantage d'un problème de confiance que de traitement et se produit tout autant dans le secteur public que dans le secteur privé. La dimension psychologique fait partie du traitement, elle doit être prise en compte. Les degrés d'angoisse et les besoins d'attention varient d'un couple à l'autre. Ce « paramètre psychologique » est tellement important que la loi de bioéthique a imposé, depuis 1994, aux centres de FIV de travailler avec des psychologues.

Aujourd'hui encore, les postes de psychologues spécialistes de l'infertilité ne sont pas assez nombreux dans les centres hospitaliers. Il existe une réticence de la part des psychologues à entrer dans un suivi systématique. Beaucoup de psychologues ne sont pas prêts à recevoir des patients sur une base obligatoire. La demande de consultation volontaire d'une femme est considérée par beaucoup d'entre eux comme la première démarche à faire avant tout traitement. Il faut également souligner la réticence des patientes à consulter. J'ai des souvenirs de consultation au cours desquelles des femmes effondrées m'expliquaient entre deux sanglots qu'elles n'avaient pas besoin de psychologue. Je suis fils de deux psychiatres, les aspects psychologiques du traitement d'AMP m'intéressent particulièrement et je suis toujours très à l'écoute des patientes et des possibilités de suivi psychologique qui leur sont proposées. Lorsque je travaillais à l'hôpital de Clamart, j'avais fait une constatation amusante ; l'une des conseillères travaillant dans le centre de planning familial qui s'occupait des demandes d'IVG était psychologue de formation. Elle s'intéressait à la stérilité et m'avait proposé de recevoir des couples. Ce fut une collaboration très fructueuse qui permit d'aider des femmes à leur insu ! En proposant une consultation avec une psychologue, j'essuyais souvent un refus, mais j'avais rapidement remarqué qu'un « entretien de soutien » avec la « conseillère du planning » était facilement accepté. Le problème était contourné, il suffisait de changer la formulation de la proposition, bannir les mots commençant par « psy ».

J'explique souvent aux couples que je ne leur demande pas de rencontrer la psychologue parce que je les pense atteints de démence. Je ne crois pas non plus qu'il soit nécessaire de s'engager dans une psychanalyse de cinq ans ni que la camisole de force en cellule capitonnée soit un passage obligé ! Mais le mot psychologie continue d'effrayer ; rien n'y fait.

Dernièrement j'ai été amené à proposer une réduction embryonnaire dans le cas d'une grossesse triple, il était important de pratiquer cette intervention, acceptée par la femme. Ce geste consiste à interrompre sélectivement le développement d'un ou deux embryons obtenus après AMP afin de réduire le « rang » de la grossesse de façon qu'elle se déroule dans de meilleures conditions. Ces grossesses triples sont aujourd'hui rares, mais quand elles surviennent certains risques obstétricaux, et surtout les difficultés causées par l'arrivée de trois enfants en même temps, conduisent les couples à accepter cette proposition.

Il me paraissait important que cette femme rencontre un psychologue avant la réduction. La suppression d'embryons créés médicalement après tous ces traitements n'est pas un geste anodin.

La réponse à cette suggestion a été très rapide : « Pourquoi, Docteur, je ne vois pas le problème ? — Le problème c'est qu'il y a trois enfants et que l'on va en supprimer un ou deux ! » ai-je répondu un peu brutalement. J'ai expliqué à cette patiente que parfois des femmes regrettaient ce geste *a posteriori*. J'ai proposé la carte de visite de ma consœur psychologue qu'elle a refusée. J'ai capitulé. Même dans un cas extrême comme celui-ci, certains couples ne voient pas l'utilité du psychologue. Il me semble pourtant tellement important d'avoir un soutien psychologique au cours du traitement. Je dis souvent : « Essayez quelques séances et si ça vous fait du bien continuez, et si cela vous paraît inutile, arrêtez ! » Si ces aspects psychologiques m'intéressent, il n'est pas aisé, en plus de mon travail de praticien, d'assurer cet accompagnement d'une façon soutenue ; le temps nous manque car nos consultations sont chargées. Aussi, la consultation psychologique a toute son importance.

➤ *Soutien mutuel au sein du couple*

Certains couples jugent important, voire indispensable, que l'homme et la femme soient présents à toutes les étapes du parcours. Mais je suis frappé par le nombre de femmes qui viennent en consultation seules. Il est vrai que le traitement s'adresse particulièrement à elles et leur présence est prioritaire, mais la stérilité touche les deux membres du couple. Même lorsque la stérilité est exclusivement liée à des problèmes masculins, certaines femmes viennent seules en consultation. D'autres s'excusent de l'absence de leur conjoint : « Mon mari n'a pas pu se libérer. » Combien de fois ai-je entendu la fameuse phrase ! C'est extraordinaire ce que les femmes peuvent être bienveillantes, la grossesse est certes une affaire de femmes, mais la stérilité est bien une affaire de couple.

Exceptionnellement il m'est arrivé de recevoir l'homme seul : « Ma femme n'a pas pu se libérer. » Ce sont des situations plutôt cocasses témoignant d'un sens des responsabilités, d'une implication forte et très positive de l'homme dans le traitement.

Généralement, les couples se présentent à deux au premier rendez-vous. Ce qui n'est plus le cas par la suite. Je n'ai pas à juger, mais cette situation est dure à vivre. Il n'est pas rare d'avoir à annoncer des mauvaises nouvelles à une patiente alors qu'elle est seule en consultation. Récemment, j'ai annoncé à une femme qu'il fallait arrêter la prise en charge et que je pensais qu'elle n'aurait pas d'enfant, du moins avec ses propres ovocytes. Elle a fondu en larmes, je lui ai proposé d'appeler son mari pour qu'il vienne la chercher. « Impossible, m'a-t-elle répondu, il travaille. » Le mari était en train de négocier un contrat à

Singapour ! Après plusieurs échecs, il savait l'importance de cette consultation. Si l'homme peut ne pas assister à tous les rendez-vous, il doit être présent aux consultations importantes et prendre conscience de ce que subit sa femme au cours du traitement.

➤ *Histoires de couple*

Il est courant de dire que l'on ne sait jamais ce qui se passe vraiment au sein d'un couple. Mon métier me conduit à être au centre de problématiques insolites et à être parfois pris à partie. Il m'est arrivé d'avoir des consultations de conseiller conjugal, la femme me demandant si je sentais la motivation de son conjoint. J'ai rencontré des maris désespérés m'expliquant qu'ils se faisaient « engueuler » par leur femme parce que leur sperme n'était pas bon le jour de la fécondation *in vitro*. Il m'est aussi arrivé de suivre des couples qui se sont séparés en cours de traitement. Je me souviens de ce couple dont le mari a quitté sa femme le lendemain de la ponction. Il a envoyé un fax nous interdisant d'utiliser son sperme pour féconder les ovocytes, et si cela avait déjà été fait, il interdisait le transfert des embryons. J'ai assisté en direct à des règlements de comptes entre conjoints. J'ai vu parfois la femme ou l'homme revenir quelques mois plus tard avec un autre conjoint. Mais les résultats des examens du spermogramme et l'interrogatoire de l'ancien mari restent toujours dans le dossier !

La médecine de la reproduction n'est pas une médecine comme une autre. Les couples ne s'assoient pas sur une chaise pour caler leurs yeux dans une drôle de machine comme chez l'ophtalmologiste, ils ne toussent pas penchés en avant pendant que le médecin généraliste passe son stéthoscope glacé dans le dos. Ils ne viennent pas montrer, comme chez le dermatologue, des rougeurs mal placées. Dans la médecine de la reproduction, les examens sont multiples, intrusifs, touchant à l'intime et d'une façon répétée. Les femmes se déshabillent, s'installent les jambes en l'air. Il y a le spéculum, les pinces, les douleurs. Ces manipulations sont vécues comme des intrusions violentes dans un endroit fait pour la douceur, que la femme ne dévoile que dans sa vie intime.

Ce n'est jamais de gaieté de cœur que les couples viennent me consulter, ils auraient aimé se passer de mes compétences. Lorsque nous nous rencontrons, que la prise en charge est décidée, nous nous engageons ensemble dans un challenge qui est une sorte de communion dans l'adversité. Il se passe quelque chose de profond et de sincère entre nous qui dépasse l'acte médical. Mon métier est ma passion et mon souhait est d'être toujours plus performant, plus fort pour aider mes patientes. Je souhaite toujours sincèrement que dans chaque cas le traitement réussisse.

La dimension humaine de l'AMP

Pourquoi ai-je choisi cette spécialité ? Je me pose souvent la question. Je connais les raisons qui m'ont fait choisir la gynécologie obstétrique. Je n'aurais pas pu m'investir dans une spécialité qui m'aurait placé au contact permanent du malheur des gens. Il m'aurait été impossible de faire de la cancérologie. Au cours de mes études, j'ai approché à plusieurs reprises des situations où la mort d'un adulte, d'un enfant intervenait après un accident ou à la suite de l'échec d'un traitement. Ce qui touche à la mort m'a toujours bouleversé. Bien sûr, personne n'y est indifférent, mais je me suis toujours senti plus affecté que mes collègues. J'ai des souvenirs terribles de mon externat, la vision de jeunes enfants morts, d'accidentés. Au début, j'étais attiré par la chirurgie. Il s'agit souvent d'une médecine fonctionnelle très gratifiante. Pour simplifier, le patient entre atteint à l'hôpital et en ressort guéri ; sans parler de la technicité manuelle qui m'attirait, moi le bricoleur. Mais certaines expériences d'internat m'ont enseigné qu'il fallait être plus fort que je ne l'étais pour affronter certaines tragédies.

Je pense souvent à une de mes collègues internes qui s'était fait renverser par une voiture. Ce soir-là, j'étais de garde à l'hôpital de la Pitié-Salpêtrière. Elle était arrivée avec les pompiers dans un état d'une très grande gravité. Pendant que les anesthésistes la préparaient pour le bloc opératoire, j'ai croisé son compagnon dans le couloir du bloc. Il était médecin, je le connaissais bien. Il m'a regardé avec un air angoissé en me disant : « Faites tout ce que vous pouvez pour me la rendre. » Nous avons opéré cette femme pendant plusieurs heures sans pouvoir la sauver. Ses blessures étaient trop importantes, elle est morte sur la table d'opération. J'ai pleuré en refermant les cicatrices, terrorisé à l'idée d'avoir à annoncer à son petit ami, mon collègue, que sa future femme était morte. Je n'eus pas à le faire, mon chef s'en était chargé avant moi. Cette histoire m'a profondément traumatisé, je n'étais pas fait pour cela, j'étais trop fragile, trop sensible. J'ai choisi la gynécologie obstétrique : les naissances sont sources de joie dans l'énorme majorité des cas, les femmes sont rarement gravement malades. Mon patron en gynécologie m'avait laissé le choix entre la médecine anténatale et le secteur de la fertilité. Je savais que tout était à faire en médecine anténatale, ce secteur était peu développé dans le service et cette discipline était en plein essor. Côté stérilité, dans ce secteur de pointe du service, il fallait poursuivre l'excellence déjà en place. En médecine anténatale, il est fréquent de devoir annoncer à des parents que leur enfant est mal formé, rien que cette éventualité me semblait insurmontable. *A contrario*, voir l'expression ravie des couples à l'annonce d'une grossesse me comblait.

Je pense que mon rapport aux enfants me permet d'avoir une forte empathie pour les couples qui n'en ont pas. J'ai moi-même toujours voulu être père, j'ai toujours beaucoup aimé les enfants, je joue avec eux, leurs pleurs ne m'indisposent que très peu, même dans le train ! Je ressens le traitement de ces couples comme un challenge : leur permettre à eux aussi de vivre ces joies que je connais bien. En cas d'échecs répétés, ou chez les couples en échecs, des médecins proposent aux couples de se faire à l'idée qu'il faudra vivre sans enfant. Moi je ne peux pas me résoudre à cela, je parle des alternatives, de l'adoption, du don d'ovocytes et évidemment j'émets l'idée qu'il est aussi possible de décider de vivre sans enfant. Mais proposer des solutions à ces couples qui se sont battus pendant de si nombreuses années pour cet enfant qu'ils n'ont pas me semble vital.

CHAPITRE 4

N'attendez pas, ne perdez pas de temps !

La fenêtre de la fertilité

Quel est le meilleur moment pour faire un bébé ? Certaines femmes se sentent trop jeunes, d'autres trop âgées, trop occupées, pas assez mûres, pas assez stables, pas assez amoureuses, et à force de penser être « pas assez » ou « trop » quelque chose, il peut arriver que l'on devienne effectivement plus assez jeune.

L'âge moyen de la première grossesse recule d'année en année, il est aujourd'hui en France de presque 30 ans. À cet âge, la femme est en pleine période de fertilité, mais cette « fenêtre » ne dure qu'un temps. La majorité des femmes pense que leur fertilité débute par l'apparition des premières règles et se termine par la ménopause. En réalité, il s'agit de la période durant laquelle la femme a des cycles menstruels. Le temps de fertilité réelle, durant lequel elle peut avoir des enfants, est plus court. La fertilité féminine n'est pas égale au cours de cette période, elle est optimale jusqu'à 36 ans, puis elle décroît progressivement jusqu'à la quarantaine pour chuter dangereusement à partir de 40 ans.

➤ *Le début de l'activité féconde : la puberté*

Lorsqu'une jeune fille a pour la première fois ses règles, il y a toujours une autre femme pour lui expliquer, avec plus ou moins de psychologie, qu'à partir de ce jour elle devient une femme. Ce passage de l'état de petite fille à celui de femme est toujours, même dans nos sociétés très civilisées, un moment fort de la vie. Il peut parfois revêtir des similitudes avec des rites initiatiques observés chez certaines populations primitives. Au même titre que la petite souris apporte un cadeau pour la première dent de lait tombée, il est de coutume, dans certaines familles européennes, d'offrir pour les premières règles un cadeau. Ce signe symbolique de reconnaissance et de bienvenue dans cette vie de femme est vécu comme un passage positif dans la majeure partie des cas : la jeune fille grandit.

Aujourd'hui l'éducation sexuelle fait partie du programme scolaire, les jeunes filles sont moins surprises que les générations précédentes par cet événement. Il n'est pas rare d'entendre des femmes âgées d'une soixantaine d'années raconter leur stupeur et parler de traumatisme face à ce processus naturel qu'est la survenue des premières règles dont on ne leur avait rien dit.

Pour beaucoup, le cadeau n'était pas au goût du jour et la perspective de pouvoir « tomber enceinte » ne signalait pas particulièrement un jour de fête. L'explication du « comment » et du « pourquoi » était éludée, remise à plus tard, voire laissée à l'opportunité d'une expérience ou d'une découverte personnelle plus ou moins traumatisante.

Au XXIe siècle, les jeunes filles ne vivent plus le jour fatidique comme des perdreaux de l'année, elles parlent des testicules de leurs frères ou de leurs ovaires pratiquement comme on commente la météo du jour. Si ces jeunes filles connaissent la physiologie alors que leurs mères et leurs grands-mères étaient loin de la suspecter, il n'en reste pas moins quelques lacunes à combler.

Le début de la vie génitale

À la puberté, c'est une sécrétion hormonale qui va permettre la transformation du corps de la jeune fille, révélant le développement des caractères sexuels secondaires (seins, poils, etc.). Cette sécrétion hormonale initialise le début d'une activité d'environ 400 cycles menstruels. La puberté correspond au moment où la sécrétion de GnRH par l'hypothalamus devient pulsatile. Cette hormone sera sécrétée avec des pics dont la durée et l'amplitude déterminent un rythme indispensable au fonctionnement normal du cycle. Lorsque cette pulsatilité atteint son rythme adéquat, la GnRH entraîne la sécrétion de FSH qui provoque la croissance folliculaire et le démarrage des cycles. Les premiers cycles sont plus ou moins irréguliers, puis ils se régularisent, excepté dans les cas où il existe une pathologie. C'est le début de ce que l'on appelle la « vie génitale ». La jeune fille peut alors être enceinte.

➤ *La fin de l'activité : la ménopause*

À l'autre bout de la « vie génitale », les cycles vont s'arrêter : c'est la ménopause. Ses signes peuvent varier d'une femme à l'autre. Ils n'auront pas la même intensité, ils seront ressentis et interprétés différemment selon les femmes. Chez les Chinois, réputés sages parmi les sages, la ménopause est considérée comme « un acte de sagesse du corps » destiné à préserver l'énergie vitale des femmes.

Dans l'immense majorité des cas, c'est autour de 50 ans que la ménopause physiologique survient. Elle ne commence pas du jour au lendemain, les signes apparaissent progressivement et débutent plusieurs années avant son installation définitive.

Vers l'âge de la quarantaine, les cycles menstruels raccourcissent à environ 26 jours (leur durée normale est de 28 à 32 jours). Cette période s'étend sur un à huit ans ; elle est fréquemment nommée préménopause ou périménopause. Elle correspond à une modification du fonctionnement des ovaires due à l'épuisement progressif du stock folliculaire. Les follicules n'auront pas totalement disparu, mais ils atteignent un seuil critique qui interrompt le cycle menstruel et par conséquent les règles. La persistance de quelques milliers de follicules explique les rares cas où une grossesse survient chez une femme ménopausée du fait de la croissance de quelques follicules « rescapés ». L'absence de croissance des follicules entraîne la carence en œstrogènes, responsable de la plupart des effets de la ménopause : bouffées de chaleur, sécheresse vaginale, angoisse, etc., ressentis de manière variable et inconstante. La ménopause confirmée est caractérisée par une interruption physiologique des cycles causée par l'arrêt définitif du fonctionnement des ovaires. On considère la ménopause installée, un an après l'arrêt complet des règles. Pendant cette période, l'organisme s'adapte aux changements physiques qui résultent en partie d'une nouvelle condition hormonale.

Notre société, obnubilée par le *body perfect* et le désir d'entretenir une éternelle jeunesse, n'est pas des plus tendre avec cette période difficile.

Pas de cadeau pour l'âge de la ménopause qui augure l'âge du vieillissement. La ménopause n'est qu'exceptionnellement bien vécue. Bouffées de chaleur, assèchement de la peau, relâchement des formes du corps, féminité transformée, rien de cette période n'est attirant. Il n'y a pas d'échappatoire, pas de *lifting* pouvant repousser réellement à quelques années les rides, la poitrine affaissée. Il n'y a pas non plus de régime salvateur permettant de contrebalancer la fonte musculaire souvent compensée par quelques kilos, le soja n'y fait rien... Même les traitements hormonaux de substitution n'ont plus la cote, faisant planer l'ombre funeste du cancer du sein. Et, ô injustice de dame nature, l'homme ne subit pas ce couperet physiologique. L'andropause existe, mais à un âge plus avancé, et avec moins de gêne au quotidien, en dehors des troubles sexuels. Notre société ayant tendance à refuser ces impératifs comme celui d'une mort inéluctable, les femmes ont tendance à refouler l'idée de la survenue de la ménopause.

➤ *La période de fertilité*

Les chiffres statistiques nous révèlent qu'une fillette a en moyenne ses premières règles vers 12 ans et demi et que la moitié des femmes sont ménopausées à 51 ans. La plupart des femmes pensent avoir une fécondité totale durant cette période de trente-cinq ans environ. Ces calculs en âge moyen ne laissent pas apparaître que certaines petites filles ont leurs règles à 10 ans, d'autres à 16 ans et l'âge de la ménopause peut varier entre 40 et 60 ans sans que cela soit pathologique, une variation dont l'amplitude est de vingt ans ! Les études montrent clairement que la fertilité de la femme décroît lentement dès 36 ans, puis plus rapidement autour de 38 ans. La femme a un créneau de quinze à vingt ans environ durant lesquels ses capacités à concevoir sont optimales. Après, les possibilités diminuent plus ou moins vite selon des déterminismes inconnus à ce jour.

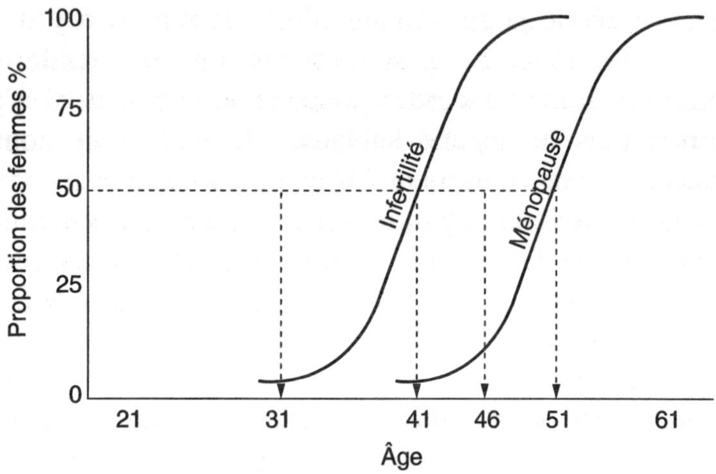

Adapté de Trends in Endocrinology & Metabolism

La courbe de la ménopause indique que sa survenue s'échelonne sur une période de vingt ans. Le milieu de la courbe montre qu'à 51 ans la moitié des femmes est ménopausée. Il y a cependant, aux extrêmes, quelques femmes ménopausées à 40 et à 60 ans. On pense que la courbe de l'infertilité suit le même schéma, mais décalée vers un âge moins avancé. À 41 ans, la moitié des femmes sont infertiles ; aux extrêmes les femmes peuvent être infertiles dès 30 ans alors que d'autres ne le seront qu'à 45 ans.

➤ *L'inégalité des chances*

La stérilité est fréquente à 40 ans, mais certaines femmes sont stériles à 30 ans et d'autres (très rarement) sont fertiles à 45 ans. Après 43 ans, peu de femmes peuvent avoir une grossesse spontanée, même si tout le monde connaît des personnes ayant eu une grossesse tardive. À 38 ans, certaines femmes ont donc de fortes chances d'avoir une grossesse et d'autres presque pas. De là naît ce sentiment d'inégalité que ressentent certaines femmes lorsqu'elles voient dans leur entourage des amies, des sœurs ou des collègues entamant sans l'ombre d'un souci une première ou une deuxième, si ce n'est une troisième grossesse, alors qu'elles-mêmes n'arrivent pas à mettre en route leur premier bébé. Il n'est pas rare d'entendre ces phrases terribles : « Docteur, je ne supporte plus de voir des femmes enceintes ou des landaus. » Beaucoup de femmes infertiles parlent de leurs amies ayant eu spontanément des grossesses à 40 ans, alors qu'elles, à 38 ans, n'y parviennent pas. En médecine de la reproduction, nous sommes malheureusement démunis face à cette inégalité des capacités de fécondité.

L'influence de l'âge et de l'héritage génétique

À ce jour, les mécanismes pouvant expliquer les différences d'âge dans la survenue de l'hypofertilité sont inconnus. Le stock de follicules est constitué, au cours de la vie fœtale, à partir de l'embryon issu de l'ovocyte de la mère, dont l'origine est l'ovaire qui vient de la grand-mère. La cellule à l'origine des ovaires d'une femme née dans les années 1970 provient de l'ovaire d'une femme née dans les années 1940, lui-même constitué d'un ovocyte fabriqué dans les années 1920 !

Pour la plupart des chercheurs, un simple déterminisme génétique pourrait expliquer ces différences. Pour appuyer cette théorie, il existe des familles au sein desquelles les femmes sont toutes ou presque toutes ménopausées précocement. On peut imaginer que le stock de follicules et sa vitesse de dégradation sont sous le contrôle de gènes déterminant à la fois l'âge de la ménopause et celui de l'infertilité. On pense aujourd'hui que la qualité des ovocytes ne dépend pas seulement des gènes. Une implication de l'environnement est évoquée, laissant sous-entendre le rôle de phénomènes liés par exemple à la pollution.

L'influence de l'environnement

Le stock folliculaire peut avoir été altéré par une exposition du fœtus *in utero* à des toxiques. Le tabac est cité. Quelles conséquences a la tabagie d'une femme enceinte sur les ovocytes de sa fille ? On ne le sait pas vraiment. Les follicules pourraient aussi être détruits ou être endommagés après la naissance si la femme elle-même est exposée à des toxiques (tabac, alcool, drogues et substances chimiques toxiques). Le tabac pourrait ainsi détruire les follicules d'une fumeuse et diminuer ses chances de grossesse, car on sait que les femmes qui fument ont une ménopause plus précoce. Il est certain que plus l'ovaire aura été exposé, plus les dégâts seront importants. Il est facile de comprendre qu'une fumeuse qui attendra trop longtemps pour faire des enfants aura plus de difficultés qu'une fumeuse qui décidera une grossesse à 25 ans après quelques années de tabagie.

Il existe d'autres facteurs qui peuvent influencer le fonctionnement ovarien. On parle par exemple des perturbateurs hormonaux. Il s'agit d'agents chimiques qui peuvent agir sur les récepteurs hormonaux et mimer des actions activatrices ou inhibitrices des hormones. Ces agents ont été retrouvés dans des produits aussi courants que les insecticides, les engrais, les ordinateurs, les peintures, etc. Leur impact sur la reproduction est établi dans de nombreuses espèces animales et chez l'homme, mais ce rôle est moins connu chez la femme. Il est cependant suffisamment inquiétant pour que la commission européenne en publie une liste et organise le contrôle de la teneur en perturbateurs hormonaux des produits de consommation. Le plan Reach (Registration, Evaluation Authorisation and Restriction of Chemicals) a pour but de combler le déficit de connaissances sur les effets de ces substances chimiques. Les fabricants ont la charge de démontrer qu'ils peuvent être utilisés en toute sûreté, d'encadrer la maîtrise des risques ou même d'interdire les substances les plus dangereuses. Environ 1 500 substances chimiques sont susceptibles d'être soumises à cette procédure d'autorisation. Elle doit provoquer ainsi les conditions du renversement de la charge de la preuve (« commercialisé parce que avéré non nocif » au lieu de « retiré de la commercialisation parce que nocif suspecté ») qui prévaut encore aujourd'hui.

Selon Greenpeace, la réforme fait l'objet d'une contre-attaque terriblement efficace des lobbies industriels, européens et américains. Malgré les importants enjeux de société (santé, environnement, consommation, travail, modes de production), le dossier est traité par les gouvernements anglais, allemand et français sous forte influence industrielle, mais ressenti comme une pesanteur administrative et économique supplémentaire qui menace la croissance, la compétitivité et l'emploi. La réforme, inconnue du grand public, a perdu ses ambitions originelles. Le cadre actuellement proposé ne couvre pas l'ensemble des molécules commercialisées et ne donne pas de directive claire pour la substitution des substances dangereuses, seule capable d'améliorer la sécurité chimique. En ne donnant pas de caractère obligatoire à la substitution et en privilégiant la notion floue de « contrôle adéquat », la réforme risque de pérenniser la logique qu'elle devait renverser.

Aujourd'hui, il est frappant de constater le nombre important de femmes jeunes ayant une réserve folliculaire altérée. Il y a quelques années, ces patientes passaient inaperçues car nous ne les dépistions pas. Je pense pour ma part que parallèlement à la baisse des valeurs du spermogramme observée chez l'homme ces dernières décennies, il y a une atteinte des follicules chez la femme. Il est fort probable que l'on puisse incriminer les mêmes produits toxiques (de l'environnement ou de l'alimentation) mis en cause dans la baisse de qualité du sperme. Le drame est qu'une fois les ovocytes altérés, il n'existe aujourd'hui aucun traitement capable d'améliorer la qualité ou de reconstituer le stock. C'est, rappelons-le, la principale différence entre l'homme et la femme. La femme naît avec un stock d'ovocytes déterminé. L'homme, quant à lui, fabrique tout au long de sa vie des spermatozoïdes. La gravité de cette dégradation conditionnera bien évidemment les chances d'avoir l'ovocyte qui donnera l'embryon, la grossesse et le bébé.

➤ *Les choix de vie*

À 38 ans, en matière de fertilité, des choix de vie peuvent être déterminants pour une femme. Je rencontre assez fréquemment le cas de figure du couple de 40 ans, formé depuis cinq ou six ans, qui a décidé de faire un enfant parce que les deux conjoints se sentent enfin bien installés dans leur vie sociale et professionnelle. Ils s'estiment « assez mûrs » pour être parents, avec le sentiment que cette maturité n'était pas encore assez aboutie jusqu'à présent.

Le temps passé ne se rattrape plus

Je me souviens de ce couple d'architectes venus consulter pour infertilité. Ils vivaient ensemble depuis dix ans. Ils avaient 40 et 42 ans et désiraient un enfant sans succès depuis un an. Ils avaient fait, deux ans auparavant, une interruption volontaire de grossesse (IVG), ne se sentant pas prêts à assumer une grossesse non désirée. J'engageai le bilan du couple et la deuxième consultation fut difficile, car le bilan de la femme était très altéré, montrant une qualité ovocytaire très déficiente. La fertilité peut rapidement s'altérer à cet âge. J'expliquai que les chances de grossesse me paraissaient compromises et que l'AMP n'y pouvait rien. Le couple ne voulait pas y croire, la femme se sentait jeune et ne pouvait accepter l'idée qu'elle avait passé l'âge de la maternité. Elle ne comprenait pas que les techniques de procréation assistée ne pouvaient rien pour elle. L'IVG revint à la surface, le couple exprima clairement le regret de cette décision qui aurait sûrement été plus réfléchie s'ils avaient mesuré les enjeux. Le gynécologue de l'époque n'avait pas évoqué cet aspect des choses avant de pratiquer l'IVG.

Il n'est pas courant de parler de ses futures grossesses à une femme qui consulte pour interrompre une grossesse en cours, et comme cela est bien compréhensible ! Ce discours est réservé aux médecins « anti-IVG ». Il me semble pourtant que cette discussion doit prendre place, non pour dissuader le couple, mais pour l'informer des faits, selon le fameux principe de réalité, en fonction bien sûr de l'âge de la femme.

Le devoir d'informer

Je suis farouchement « pro-IVG », j'ai combattu les groupes anti-IVG qui venaient s'opposer dans le centre de planning familial de l'hôpital Béclère de Clamart. Le docteur Dor, militant catholique anti-IVG, venait combattre le centre de planning animé par le docteur Joëlle Brunerie-Kaufman. Cette bande d'illuminés s'installait dans le bâtiment, bloquait la salle d'opération en chantant des cantiques et en nous insultant. Pour éviter les plaintes, nous évitions le coup de poing, bien que l'envie ne manquât pas... Ils avaient réussi un jour à s'enchaîner à la table d'opération. Nous avions dû appeler la police pour libérer le centre.

J'ai pratiqué moi-même beaucoup d'IVG et je considère que cette technique est un acquis des femmes. Cependant, il est du devoir des gynécologues d'informer correctement une femme de 38 ans demandant une interruption de grossesse. Même si je risque d'être traité de « pro-life » (le mouvement américain anti-IVG dont les membres les plus extrémistes ont tué des médecins réalisant ces interventions), j'affirme qu'à 28 ans, l'avenir reproductif d'une femme n'est pas en jeu. À 38 ans et même à 36, la femme doit savoir, en fonction du contexte, que c'est peut-être sa dernière chance d'avoir un enfant. Ceci est particulièrement important dans le cas des IVG que j'appellerais « de circonstance », celles réalisées parce que ce n'est pas le moment pour le plan de carrière ou parce que l'appartement n'est pas assez grand ! Je caricature, mais les motifs d'une IVG sont parfois discutables. Ce droit est fondamental et il n'est pas question ici de le contester, mais on peut avoir décidé de faire une IVG pour des raisons qui ne résisteraient pas longtemps aux enjeux, si ceux-ci étaient clairement établis. Je parle, bien entendu, de couples stables et non de grossesses non désirées, survenant en dehors d'une union prolongée.

Je ne tiens pas un discours militant ; je ne déconseille pas aux femmes l'IVG, je souhaite simplement qu'une femme de 38 ans puisse penser à son avenir reproductif lors de la réflexion précédant la décision, toujours douloureuse, de s'orienter vers l'IVG.

Ce qui leurre les femmes

➤ *Mauvaise compréhension ou information erronée ?*

Parmi les raisons qui peuvent conduire les femmes à repousser leur maternité dans une confiance excessive, les articles de magazines sur les grossesses tardives des *people* jouent un rôle indéniable. Il ne faut pas accabler systématiquement les journalistes ; l'information, en matière de santé, est juste et correctement retransmise, mais certaines lectrices, à l'annonce de la grossesse d'une star, font des amalgames redoutables. Elles mémorisent l'âge de la mère, 45 ou 46 ans, mais elles font l'impasse sur ce qui paraît anecdotique, c'est-à-dire les conditions d'obtention de cette grossesse. S'agissait-il d'une grossesse naturelle ? médicalement assistée ? Par quelle technique ? Rien de tout cela n'interroge les lectrices. C'est pourtant le plus important, mais l'ignorance de ces questions induit la confusion.

Ainsi, certaines médiatisations des techniques d'AMP peuvent délivrer un message erroné sur les succès obtenus. Je suis frappé depuis cinq ou six ans par le nombre d'éditoriaux, de billets d'humeur, proclamant que nous vivons une époque formidable, et sous-entendant que les femmes peuvent faire des enfants de plus en plus tard. Les journalistes non spécialisés sont, comme leurs lecteurs et lectrices, loin de réaliser les conditions techniques et financières de ces exploits, et il serait injuste de les accuser de ne pas avoir fait des études de médecine. En revanche, plus grave est le contenu de certains sites de médecins, comme le blog du docteur Martin Winkler par exemple, qui d'une part met en doute les réalités physiologiques et d'autre part recommande d'ignorer « ce discours culpabilisant sur les femmes qui font des enfants tard… tenu et entretenu par un certain nombre de médecins (non, pas tous, mais trop quand même) qui, usant d'arguments “scientifiques”, brandissent devant les femmes le spectre de la stérilité, des grossesses tardives “à risque”, des malformations, du parent vieillissant incapable d'élever des enfants qu'il a eus tard, etc. ». Malheureusement les doutes que semble exprimer le blog sur « le spectre de la stérilité », « les grossesses tardives à risque » et « les malformations augmentées » sont des arguments scientifiquement indiscutables qu'il conviendrait de présenter sans guillemets !

Une grossesse à 40 ans est non seulement possible, mais elle peut aussi très bien se dérouler. Rappelons tout de même que les grossesses dites tardives (après 38-40 ans) ont des taux de complications nettement plus importants. Au premier rang de ces problèmes siègent les complications cardio-vasculaires, aux retentissements rares, mais dramatiques sur la mère (accidents vasculaires cérébraux, hémiplégies) et sur le fœtus (handicap de l'enfant…). Beaucoup plus ennuyeuse est la confusion entre les chances d'être enceinte, le déroulement obstétrical de la grossesse, les joies d'une maternité et le fait d'être parent à l'âge de la pleine maturité, qui serait un signe de sérénité. Le rêve de chacun, et le mien également, est que toute grossesse se déroule sans problème et de voir une maman accoucher d'un bébé en parfaite santé. Malheureusement certains paramètres que nous connaissons peuvent nous faire craindre l'échec, les complications, le handicap. On met souvent en lumière les aspects positifs, mais il n'est pas honnête de dissimuler un point essentiel de l'information : être enceinte après 40 ans n'est facile ni spontanément ni même en AMP !

En ce moment la « tendance » est, chez les vedettes féminines du show-biz, de faire un bébé à plus de 40 ans. L'exemple caricatural est la vedette le plus souvent américaine, ayant dépassé les 43 ou 45 ans. La photographie « type » montre la superbe et radieuse maman présentant l'enfant de l'amour et de la sagesse (les jumeaux c'est encore mieux !). La nouvelle accouchée, qui a l'air si jeune que l'on se demande si en plus du bébé elle ne s'est pas fait faire un lifting, est photographiée entourée par les bras du tendre et nouveau papa aux tempes grisonnantes. Le commentaire est généralement banal, vantant les joies de cette grossesse. Tout va bien dans le meilleur des mondes à un détail près. Il n'est pas toujours mentionné que ces grossesses très tardives n'ont pu se produire, sauf rarissimes exceptions, que par don d'ovocytes. Dans ce cas de figure, l'ovocyte vient probablement d'une femme jeune, et non de la star en question.

Si l'information n'est pas correctement expliquée, des femmes pourront penser qu'elles peuvent, elles aussi, obtenir une grossesse à n'importe quel âge. Si la reine des séries cultes est enceinte à 44 ans, les femmes de 38 ans pensent avoir de la marge.

Cet état de fait est aussi le signe du syndrome du tout positif de notre société. Instinctivement, nous refusons l'information anxiogène. Il ne faut que du positif, la vie est fantastique, tout est merveilleux… Je suis parfois sollicité par des journalistes qui cherchent un sujet sur la reproduction. Je les implore d'écrire sur les idées fausses qui circulent à propos des maternités tardives. « Ah non, ma rédactrice en chef ne voudra pas, c'est trop déprimant. » Tout est dit. Nous vivons une époque vraiment formidable. Plutôt que de susciter de faux espoirs de grossesses tardives, relater les problèmes que rencontrent les femmes de 40 ans pour avoir des enfants est un service à leur rendre. Si Gina Davis ou Sharon Stone ont un enfant à 45 ans, il est insidieux de laisser penser que la lectrice lambda pourra avoir un enfant aussi facilement. Le choc est donc terrible lorsque, en consultation, j'annonce qu'il est trop tard.

Sur une de nos grandes chaînes de télévision, lors de l'annonce de la naissance de jumelles dont la mère était âgée de 67 ans, le journaliste n'a jamais prononcé le terme de don d'ovocytes. À une heure de grande écoute, le journal télévisé a relayé l'information selon laquelle aujourd'hui les grossesses tardives étaient possibles dans les mêmes conditions qu'une grossesse spontanée et ce jusqu'à 67 ans ! Ajoutons que cette femme précisait dans l'interview qu'elle espérait trouver rapidement un papa pour ses petites filles. Ce qui signifie que le don d'ovocytes était donc probablement associé à un don de sperme. La mère aurait menti sur son âge et annoncé dix ans de moins au médecin américain ou sud-américain qui l'avait traitée. Même si cette femme avait dix ans de moins, comment un gynécologue a-t-il pu accepter cette prise en charge scandaleuse ?

Ces prouesses contestables constituent un message néfaste pour des milliers de femmes qui risquent de reporter leurs grossesses au-delà du raisonnable et de se priver de la maternité à cause d'une idée fausse. Les accouchements hypermédiatisés de femmes âgées posant avec un bébé dans les bras, les unes de la presse *people* sur les stars mères à 40, 42 ans ou plus, induisent un sentiment de sécurité chez de nombreuses femmes qui, à 38 ou 40 ans, voient dans ces informations une raison de ne pas se presser. Mais la réalité est intraitable, les courbes montrent que le déclin des taux de succès des techniques d'AMP en fonction de l'âge se superpose précisément à la baisse de fécondité de la fertilité naturelle. L'assistance médicale à la procréation ne permet pas d'améliorer la baisse naturelle de la fertilité féminine.

➤ *Ne confondez pas première grossesse et grossesse supplémentaire*

Je ne compte plus le nombre de fois où une femme infertile âgée d'une quarantaine d'années a cité l'exemple d'une femme de plus de 40 ans ayant mené une grossesse à terme sans complication pour me signifier que tout était encore possible. Je le répète : une femme peut très bien vivre une grossesse normale à 40 ans, et avec un peu de chance, sans complication. Mais il y a une distinction nette à faire entre une première grossesse et une grossesse supplémentaire chez une femme ayant déjà eu des enfants. Les patientes énumèrent les cas de leurs proches qui, à plus de 40 ans, ont obtenu un magnifique bébé sans que personne ne s'en mêle en dehors du papa. En réalité, il s'agit souvent d'un enfant venu agrandir une fratrie déjà existante.

Avoir un troisième enfant à 40 ans est *a priori* plus probable que chercher à avoir un premier enfant au même âge. L'explication est simple : les femmes qui ont une troisième grossesse spontanée à 40 ans ont déjà prouvé leur fertilité. Leur corps a déjà fait la preuve que les mécanismes à l'origine de la grossesse fonctionnaient. Quand on s'adresse à des femmes qui n'ont pas encore d'enfant, une partie d'entre elles est infertile, car comme je l'ai déjà souligné, il existe de grandes disparités dans la fertilité des femmes.

Quelle stratégie à 36-38 ans ?

À l'opposé des femmes qui viennent en consultation totalement ignorantes du déclin de la fertilité relativement précoce, certaines femmes autour de la quarantaine, très au fait des aléas évoqués dans ce chapitre, se précipitent chez le médecin pour demander assistance dès que leur désir de grossesse est concrétisé. Nous voyons parfois des femmes, vivant en couple depuis quelques mois, réclamer d'urgence une FIV. Il n'y a pas si longtemps un couple est venu me voir pour planifier bilans et prise en charge alors que la femme n'avait pas encore arrêté la pilule ! Alors urgence ou pas, que faire ? D'abord, une fois prise la décision d'avoir un enfant, il convient de « s'exposer au risque de grossesse ». C'est la phrase consacrée par les manuels médicaux anciens. Bien sûr ne pas oublier d'arrêter sa contraception ! Il faut alors avoir une vie sexuelle fournie autour de la période de fertilité, à savoir du 10e au 16e jour du cycle chez une femme ayant des cycles réguliers. Une vie sexuelle fournie, ce sont des rapports sexuels tous les 2 jours. Rappelez-vous, la durée de vie d'un ovocyte n'est que de 12 heures et celle des spermatozoïdes d'environ 24 heures. Si ce rythme « effréné » n'est pas du goût des conjoints, il est alors utile d'utiliser des tests d'ovulation de pharmacie permettant de dépister l'ovulation. Il ne s'agit pas de médicaliser ces étreintes dès le premier cycle sans contraception, mais après quelques mois d'essais infructueux il faut savoir ce que l'on veut ! Ensuite je pense qu'à cet âge, si au bout de six mois ou un an d'attente, et malgré cette attitude volontariste, la grossesse ne vient pas, une consultation spécialisée s'impose.

Il est évident que s'il existe des antécédents médicaux évocateurs (voir « Faire un enfant : une histoire de probabilité », page 63), la consultation doit être avancée. La prise en charge permettra de vérifier que les calculs de période féconde étaient adéquats et que les rapports étaient assez fréquents ou ciblés à bon escient. On effectuera alors le premier bilan. La prise en charge du couple dépendra des résultats des examens. S'il est possible d'espérer la grossesse avec des techniques simples, il n'y a pas de raisons d'envisager d'emblée la FIV dont les traitements sont lourds. Stimulation ou insémination peuvent être indiquées en première intention, d'autant plus si aucune cause d'infertilité n'a été identifiée. Répétons que si l'âge explique les difficultés, la FIV n'y changera rien, elle n'améliorera pas la qualité ovocytaire. Des études ont montré qu'en cas de stérilité dite « inexpliquée », donc sans cause retrouvée, l'association pendant quelques cycles (quatre à six maximum) d'une stimulation ovarienne et d'une insémination donne de bons résultats et qu'il n'a jamais été démontré que la FIV marchait mieux. Ensuite, en cas d'échecs, les techniques plus lourdes peuvent être proposées.

Rappelons que l'âge charnière varie fortement selon les femmes. Au même âge, certaines auront des ovaires qui fonctionnent parfaitement, d'autres présentent déjà des signes de faiblesse. Les résultats sont de ce fait aléatoires. Une chose est sûre, si la femme rencontre l'homme de sa vie, ou du moins l'homme avec lequel elle désire faire des enfants après 36-38 ans, il ne faut pas se précipiter immédiatement chez le médecin, mais il ne faut pas perdre de temps pour concrétiser son désir d'enfant.

Agrandir la famille à 38 ans

À 38 ans, les succès restent encore appréciables mais il ne faut pas perdre de temps. Cette urgence est accentuée si le couple souhaite avoir plusieurs enfants. En effet, si une grossesse survient à 38 ans, il faudra neuf mois pour la mener à terme et un ou deux ans pour profiter de la joie du rêve accompli. Les quelques mois supplémentaires, souvent nécessaires à la concrétisation du désir de la deuxième grossesse, amènent le couple à consulter au-delà de 40 ans et là, les chances ne sont plus du tout les mêmes. La probabilité de conception chez un couple sans problème est de 25 % par cycle à 25 ans, 12 % à 35 ans et 6 % à 40 ans[1]. Tout cela manque cruellement de romantisme, mais la famille se planifie plus difficilement si on commence tardivement.

➤ *Les limites de l'AMP*

La plupart des échecs de fécondation *in vitro* sont liés à une absence d'implantation des embryons. La FIV consiste à placer un embryon dans l'utérus. Schématiquement, deux grandes causes sont à l'origine des échecs : soit il s'agit d'un problème d'embryon, soit il s'agit d'un problème localisé au niveau de l'utérus.

On sait qu'un autre paramètre s'ajoute à ces deux possibilités, ce sont les relations entre l'embryon et l'utérus appelées « dialogue utéro-embryonnaire ».

Des chercheurs ont montré que l'utérus sécrète des molécules favorisant l'implantation de l'embryon. Ces

1. Daniel Schwartz, « Épidémiologie et fertilité », Colloque du XXe anniversaire de l'Inserm, « Recherche médicale, santé, société », Sorbonne, Paris, 27 et 28 octobre 1984.

molécules seraient elles-mêmes influencées par la présence de l'embryon et par les molécules qu'il sécrète. Ce mécanisme très complexe est encore mal connu. Les quelques pistes de recherche sont issues d'études faites principalement chez l'animal. Par principe, les grossesses chez l'humain sont toujours respectées ; il n'est pas question de faire le moindre prélèvement qui pourrait compromettre le déroulement de la grossesse. Les études limitées ne nous permettent pas à ce jour d'approfondir nos connaissances.

➤ *Les difficultés liées à l'utérus*

L'utérus est un muscle tapissé par une muqueuse appelée l'endomètre. Cette muqueuse se transforme au cours du cycle sous l'effet des hormones pour recevoir l'embryon. Les transformations de l'endomètre sont cycliques. D'abord préparé par les œstrogènes sécrétés pendant la croissance folliculaire, l'endomètre finit d'être transformé par la progestérone sécrétée par le corps jaune. Il est alors apte à recevoir l'embryon pendant une courte période d'environ 5 jours, que l'on nomme la « fenêtre d'implantation ».

L'embryon ne pourra pas s'implanter à l'extérieur de cette fenêtre. Si l'endomètre n'est pas exposé à l'action de ces deux hormones – œstrogènes et progestérone –, il ne peut pas être réceptif.

Il existe des causes rares où les deux hormones, non correctement sécrétées, compromettent les chances d'implantation. La préparation hormonale de l'utérus est donc très importante, et elle est facilement reproductible par l'administration d'hormones. C'est d'ailleurs la technique utilisée pour préparer l'utérus des receveuses dans les dons d'ovocytes. Chez une femme qui n'a plus d'ovaire fonctionnel (en cas de ménopause ou pour une autre raison), l'endomètre de l'utérus n'est plus exposé à l'imprégnation hormonale nécessaire et ne sera jamais réceptif. Il suffit de donner la combinaison hormonale mimant le cycle pour que l'endomètre subisse les transformations nécessaires à l'accueil de l'embryon.

Le don d'ovocytes a été inventé pour les femmes ayant des ovaires détruits par un traitement de chimiothérapie, ou ayant subi l'ablation des deux ovaires. Cette technique a permis qu'une femme de 67 ans accouche de deux petites jumelles. Ses ovaires n'étant plus actifs depuis longtemps, les médecins, en lui donnant ce traitement hormonal, ont préparé son utérus à l'implantation des embryons constitués à partir d'ovocytes d'une femme jeune.

Ce succès, dénué de sens éthique, semble être le fruit d'une grande indifférence de la part des médecins tant à l'égard de la femme qu'à celui de l'enfant à naître. Cependant cet exemple de grossesse a montré que l'utérus ne vieillit pas ou peu.

En dehors des causes hormonales affectant l'endomètre, une des causes les plus fréquentes est l'atteinte mécanique de l'utérus par ce que l'on appelle les synéchies. Ce sont des accolements de la paroi utérine plus ou moins importants. Ils sont consécutifs, le plus souvent, à des infections de l'utérus souvent dues à des gestes intra-utérins traumatisants, comme une interruption de grossesse compliquée, une infection sur stérilet, de rares tuberculoses génitales ou des complications de l'accouchement.

Certaines femmes naissent également avec un endomètre insuffisant ; cela peut être le cas par exemple des jeunes femmes dont les mères ont pris du Distilbène® lors de leur grossesse. Ce médicament a été prescrit dans les années 1960-1970, il était censé prévenir les fausses couches. En induisant des malformations utérines chez les petites filles, il s'est avéré dangereux. Si l'endomètre est atteint, il est systématiquement trop fin et ne permet pas l'implantation d'un embryon.

Enfin dans d'autres cas, la vascularisation de l'utérus, essentielle à une bonne qualité de l'endomètre, peut parfois être défaillante ou partiellement détruite, par exemple après des irradiations dans les traitements de cancer. Ce défaut de vascularisation peut empêcher l'implantation. Quand l'endomètre est irrémédiablement atteint, il ne reste qu'une seule solution : le recours à une mère porteuse, technique interdite en France.

Les femmes dont l'endomètre est défectueux peuvent avoir un enfant, mais ne peuvent assurer la grossesse. Il est, dans ce cas, possible de récupérer par ponction leurs ovocytes et le sperme du mari, de faire une FIV, puis d'implanter l'embryon dans l'utérus d'une autre femme que l'on aura préparé hormonalement à l'accueil d'embryon.

À la naissance, les parents biologiques récupèrent leur enfant légalement dans certains pays (Belgique, Angleterre, États-Unis) ou par le biais de manipulations juridiques permettant de contourner la loi, comme c'est le cas en France, où ces pratiques sont interdites.

➤ *Mères porteuses : une législation qui doit évoluer*

J'ai rencontré, dans le cadre de ma profession, plusieurs femmes désespérées dont les cas m'ont amené à penser que la législation actuelle était injuste et nécessitait une réforme. Une de mes premières patientes était une étudiante atteinte d'une malformation. Elle était née sans vagin et sans utérus. On lui avait créé chirurgicalement un néovagin. Elle avait une vie sexuelle normale. Elle était venue me consulter seule afin de savoir si elle pouvait

Faut-il autoriser les mères porteuses ?

Au moment de la loi de bioéthique de 1994, une évaluation de cette pratique a été faite, suivie d'une interdiction prononcée alors qu'un certain nombre de médecins lui étaient favorables. Lors de la révision de cette loi en 2004, des associations, dont les membres avaient pour la plupart eu recours à des mères porteuses, ont essayé de relancer le débat sans succès.

Je suis personnellement favorable aux « mères porteuses » que ces associations nomment la « gestation par autrui ». Je pense que l'on a fait une confusion entre les cas où la même femme est à la fois donneuse d'ovocyte et mère porteuse et les cas où la femme porte un embryon qui lui est génétiquement étranger car composé de l'ovocyte et du spermatozoïde du couple demandeur. Dans le premier cas, la femme donne un enfant qui est génétiquement le sien. Dans le second cas, la mère porteuse porte un enfant qui est génétiquement issu du couple qui va élever l'enfant. Ce second cas de figure me paraît totalement différent du premier, et il me semble tout à fait justifié de l'autoriser. Pour les femmes ayant des problèmes d'utérus et aucun problème d'ovaires, c'est aujourd'hui la seule solution pour obtenir un enfant biologique.

Je suis favorable aux mères porteuses dans le cas d'indications médicales indiscutables. Par contre, je m'inscris contre la gestation par autrui pour convenance personnelle. Il existe de multiples raisons pour lesquelles certaines femmes préfèrent faire porter leur enfant par une autre ; c'est généralement en payant qu'elles se débarrassent de ce qu'elles considèrent comme une corvée.

espérer un enfant d'elle et de son compagnon, mais porté par une autre femme, donc avoir recours à une mère porteuse.

Ses rapports avec les hommes étaient un peu compliqués car, malgré cette chirurgie, elle devait raconter à ses partenaires ce qui lui était arrivé. « Si, en plus, je dois leur expliquer que je ne pourrai pas avoir d'enfant… »

Pour elle, comme pour bien d'autres, la seule solution existe hors des frontières françaises. Les patients vont déjà et iront de plus en plus chercher à l'étranger ce que le système médical français leur refuse. Soyons clair, ces solutions internationales induisent une sélection par l'argent. Il faut compter entre 50 000 et 75 000 euros pour recruter une mère porteuse aux États-Unis.

Les opposants à cette méthode fondent leur argumentation sur le vécu de la femme « porteuse », déclarant qu'il n'est pas possible pour une femme d'abandonner l'enfant qu'elle a porté. On connaît depuis la nuit des temps le don d'enfants donnés à d'autres membres du groupe, en Afrique, ou chez les Inuits. Des études psychologiques montrent que ce geste n'a pas forcément de retentissement ultérieur. Il ne me paraît pas impossible qu'une femme, dans un acte de générosité, porte un enfant pour une autre. Dans certains états des États-Unis où toute rémunération est interdite, il est recensé des cas de gestation par autrui, ce qui montre bien que cette pratique n'est pas toujours motivée par l'argent. Par ailleurs le fait que ce geste soit associé à un dédommagement financier raisonnable ne me choque pas. Un bon encadrement et une réglementation précise permettraient de moraliser le recours possible à une mère porteuse.

Une commission nationale chargée d'examiner les dossiers pourrait statuer sur les rares cas nécessitant l'utilisation de cette méthode et l'on pourrait envisager qu'une femme puisse être mère porteuse une seule fois au cours de sa vie pour éviter les démarches à répétition purement mercantiles.

➤ *Les difficultés liées à l'embryon*

Les échecs répétés en AMP peuvent aussi être liés aux embryons. Grâce aux techniques médicales, nous sommes capables d'obtenir dans la majeure partie des cas des embryons. L'ICSI a grandement favorisé cette augmentation de résultats, car même avec une petite quantité de spermatozoïdes, il est possible d'obtenir un embryon.

Mais l'embryon n'est pas garant d'une réussite. Beaucoup de couples pensent que lorsqu'on a réussi à avoir un embryon, le plus gros du chemin est fait. Malheureusement non, c'est seulement à partir du moment où l'on a obtenu un embryon que le plus important reste à faire. Ce point est particulièrement visible dans les études s'intéressant aux femmes de plus de 40 ans. Chez une femme de 30 ou 35 ans, il est possible en fécondation *in vitro* d'obtenir des embryons dans 85 % des cas, et dans les meilleures équipes, 40 % de ces femmes auront un enfant. Après 40 ans, près de 70 % des femmes obtiendront un embryon, mais seulement 4 % à 10 % auront des enfants dans ces mêmes centres.

Qu'est-ce qui empêche les embryons de s'implanter ?

Les embryons peuvent présenter des anomalies liées à l'ovocyte de la femme ou au spermatozoïde de l'homme. Dans l'immense majorité des cas, ces anomalies touchent l'ovocyte.

La technique du don d'ovocytes utilise des ovocytes de femme jeune. Les taux de grossesse des femmes de plus de 40 ans sont alors supérieurs à 60 % dans les meilleures équipes. Ce qui démontre que l'âge de l'ovocyte est crucial et qu'il est le maillon faible !

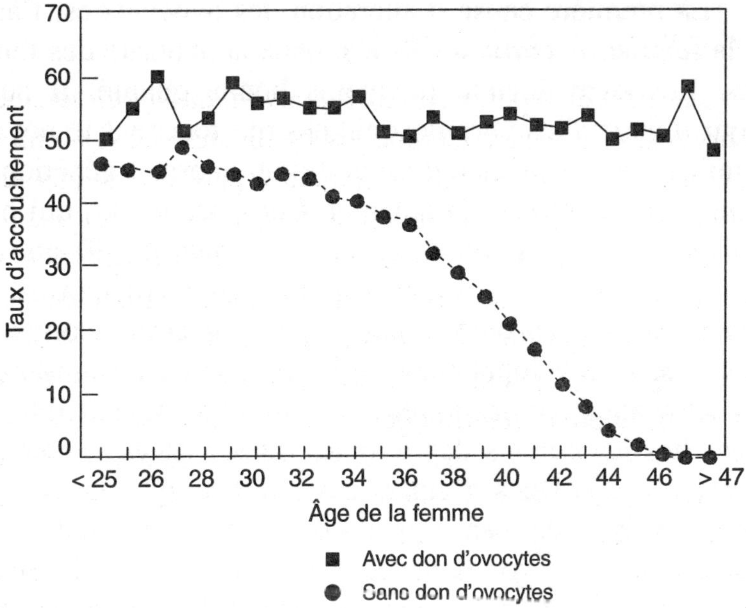

Source : Center of Disease Control and Prevention ; 2005, Assisted Reproductive Technology (ART) report, États-Unis.

Le graphique illustre parfaitement le rôle prépondérant joué par l'ovocyte dans les taux de grossesse obtenue en don d'ovocytes.
La ligne pointillée en bas montre les résultats de la FIV. L'utilisation d'ovocytes de femmes jeunes (25 à 32 ans en moyenne) permet d'obtenir de très bons taux de grossesse quel que soit l'âge dans le cadre du don d'ovocytes (ligne pleine en haut).

LES ATTEINTES DE L'OVOCYTE

L'ovocyte peut schématiquement être divisé en trois parties :

- *le noyau* : il contient le matériel chromosomique (les gènes) ;
- *le cytoplasme* : il entoure le noyau et va apporter des éléments indispensables à la constitution de l'embryon ;
- *la zone pellucide* : elle n'entre pas dans la composition du fœtus mais entoure l'ovocyte puis l'embryon pour le protéger jusqu'à l'implantation.

La première cause d'altération des ovocytes est l'âge de la femme. À partir de 38 ans, chez la majorité des femmes, l'ovocyte devient de moins bonne qualité. Il peut s'agir d'anomalies chromosomiques qui touchent le noyau et qui seront à l'origine d'un embryon anormal génétiquement et incapable de s'implanter. Certaines études qui ont analysé des embryons de femmes de plus de 40 ans en retrouvent près de 70 % qui sont génétiquement anormaux. Ces anomalies chromosomiques peuvent être incompatibles avec le développement de l'embryon ou responsables des anomalies chromosomiques plus fréquemment retrouvées chez les enfants des femmes dites « âgées », comme la trisomie 21. Dans d'autres cas, c'est le cytoplasme qui est en cause : on pense que l'ovocyte assure 80 % des besoins de l'embryon dans les premiers stades de développement. En cas de déficience ovocytaire, l'embryon n'aura pas les capacités nécessaires pour s'accrocher à l'utérus.

Le troisième élément de l'embryon est la zone pellucide. Une fois formé, l'embryon hérite de cette coque protectrice, qui entoure l'ovocyte. C'est une sorte de membrane intelligente. Son rôle est de protéger l'embryon en s'adaptant à la situation. Les spermatozoïdes vont venir se fixer sur la zone pellucide qui entoure l'ovocyte. À partir du moment où un spermatozoïde aura pénétré, la zone pellucide devient imperméable aux autres spermatozoïdes, garantissant ainsi le nombre voulu de chromosomes. Dans les FIV, lors de la manipulation et à cause de celle-ci, il peut arriver que l'ovocyte soit fécondé par plusieurs spermatozoïdes. De ce fait la cellule formée présente trop de chromosomes, et l'embryon n'est pas apte à s'implanter.

Cette zone pellucide protège l'embryon lors de son cheminement de la trompe vers l'utérus. Une fois parvenu dans l'utérus, si cet embryon s'est développé normalement, il va éclore à l'image d'un œuf pour sortir de cette coque et pouvoir ainsi s'implanter.

Cette zone pellucide ne rentre en rien dans la composition du bébé, elle est éliminée après l'éclosion. Pour parvenir à ce stade de l'éclosion, l'embryon est animé de cycles d'expansion et sécrète des enzymes capables de fragiliser la zone pellucide. On pense que certains embryons n'arrivent pas à éclore ou que cette éclosion ne se produit pas au bon moment, rendant la grossesse impossible.

Cette hypothèse est à l'origine d'une technique qui consiste à fragiliser la zone pellucide. C'est « l'éclosion assistée » (ou *hatching*) utilisée pour améliorer les résultats de fécondation *in vitro*. Cependant les résultats sont controversés et il est difficile de savoir si cette technique apporte un réel bénéfice.

Les limites de la fécondation *in vitro*, liées à l'âge de la femme, existent aussi pour les autres techniques d'assistance médicale à la procréation et en particulier pour les inséminations. C'est d'ailleurs dans le cadre des inséminations avec donneur que l'impact de l'âge maternel a été mis en évidence. En effet, le don de sperme permet un contrôle de la qualité du sperme provenant d'un donneur fertile. Aujourd'hui la fédération des Cécos (Centre d'études et de conservation des œufs et du sperme) qui regroupe les banques françaises de sperme n'accepte plus les dossiers (et donc n'attribue plus de paillettes de donneurs) aux femmes de plus de 41 ans en raison des résultats infimes obtenus. Une étude menée sur cinq ans a montré que si quelques grossesses étaient engagées, elles étaient bien peu nombreuses à arriver à terme, car suivies d'un nombre important de fausses couches. Des résultats beaucoup trop faibles en comparaison de l'immense espoir des femmes.

LES DÉFAILLANCES DU SPERMATOZOÏDE

Le spermatozoïde peut aussi être responsable d'échecs d'implantation. Les causes en sont très mal connues, néanmoins il est indiscutable qu'il existe des gènes du spermatozoïde jouant un rôle dans l'implantation. Cette théorie s'appuie par exemple sur l'expérience des couples chez qui on pratique des ICSI (voir page 132) à répétition pour lesquels aucune grossesse n'aboutit. Certains se tournent alors vers le don de sperme et il n'est pas rare que la femme soit enceinte lors des premières inséminations.

Le don de sperme,
solution aux défaillances spermatiques irréversibles

M. et Mme S. vinrent me consulter après quatre échecs d'ICSI. L'origine de leur stérilité était masculine. L'homme avait une azoospermie (aucun spermatozoïde dans l'éjaculat), d'origine inconnue.

Lors de la première tentative d'ICSI, on avait recueilli les spermatozoïdes par prélèvement chirurgical ; des spermatozoïdes avaient été congelés et les deux tentatives suivantes furent réalisées avec les paillettes conservées. La femme n'avait aucun problème, la réponse au traitement était parfaite, les ovocytes normaux, et l'endomètre ne présentait aucune anomalie. Malgré cela, le nombre d'embryons obtenus était très faible et leur qualité désastreuse.

Un nouveau prélèvement testiculaire avait été nécessaire pour un ultime essai, ce fut un nouvel échec. J'expliquais que les chances de grossesse étaient très faibles et que les mauvais résultats étaient très probablement liés à des atteintes des spermatozoïdes, mais qu'aucun examen ne permettait d'en apporter la preuve.

C'est l'homme lui-même qui prit l'initiative de me demander les chances de réussite des démarches alternatives et tout particulièrement du don de sperme. Dès le début des explorations, ils avaient pris le soin d'ouvrir un dossier dans une banque de sperme car les délais d'obtention des paillettes sont malheureusement très longs en France. Il me semblait clair que les chances en don de sperme étaient très bonnes. Le couple se dirigea d'un commun accord vers les inséminations avec donneur et la grossesse fut obtenue dès la deuxième insémination. Ils revinrent deux ans plus tard pour « le deuxième ». S'occuper de cet enfant était un bonheur immense et ils ne regrettaient aucunement leur choix. Le renoncement à l'enfant intraconjugal avait été le bon choix et le don de sperme leur avait permis de réaliser leur souhait le plus cher : avoir un enfant.

➤ *Et l'âge de l'homme ?*

Bien sûr l'âge de la femme est le facteur essentiel, mais on commence à découvrir de nouveaux éléments de connaissance du développement de l'embryon. Lors de sa formation, l'embryon est constitué d'un ovocyte et d'un spermatozoïde, mais pas à part égale. Le spermatozoïde, lorsqu'il entre dans l'ovocyte, ne laisse que son noyau : son capital ADN est la seule partie du spermatozoïde qui contribue à la formation de l'embryon. Les 3 ou 4 premiers jours, l'embryon vit et se développe uniquement sur les réserves de l'ovocyte. Cette découverte est importante, car en 1992 a été mise au point la technique révolutionnaire de l'ICSI, qui permet de réaliser une fécondation *in vitro* avec très peu de spermatozoïdes.

Beaucoup de médecins ont alors pensé que l'ICSI était la solution miracle. Malgré l'obtention d'embryon dans les stérilités masculines les plus sévères, nous nous sommes aperçus que l'implantation ne se faisait pas obligatoirement ; et ceci même chez des femmes jeunes sans problème. Il est donc évident que certains spermatozoïdes sont incapables d'assurer une bonne implantation. Une étude française a montré dernièrement que plus l'homme était âgé et plus les taux d'implantation embryonnaire et les taux de grossesse diminuaient en FIV. Cette constatation récente est importante car elle rétablit un peu d'égalité entre les sexes.

L'âge de l'homme reste cependant beaucoup moins déterminant que celui de la femme. Il ne faut pas oublier à quel point le potentiel de maternité est entre les mains de la femme, ou plus exactement dans ses ovocytes. L'âge de l'homme semble influencer un autre aspect : l'apparition des anomalies chromosomiques. La fréquence des anomalies chromosomiques chez les enfants est plus importante lorsque le père à plus de 50 ans. Par rapport à la femme, on observe que l'amplitude de cette augmentation est moins nette et qu'elle est décalée dans le temps pour l'homme. Dans les mêmes conditions, un homme de 20 ans mettra 6 mois pour obtenir une grossesse, alors qu'un homme de 50 ans mettra 30 mois (de ce fait, les Cécos ne retiennent comme donneurs de sperme que des hommes de moins de 45 ans). Ces anomalies chromosomiques de l'embryon vont induire absence d'implantation, fausses couches et donc une diminution des chances de succès.

Enfin, l'homme âgé peut rencontrer des problèmes sexuels dus à la sénescence et il arrive que des couples formés d'une femme jeune et d'un homme de 65 ans ou plus, viennent consulter car l'homme est impuissant. L'âge de l'homme est également d'une importance incontournable.

Les montagnes russes émotionnelles

Dans les consultations d'infertilité, les couples se présentent couramment dans un état de souffrance psychologique important. L'équipe médicale va entamer les explorations et selon les cas et les résultats du bilan, le médecin donnera un avis positif ou négatif sur les chances de succès d'un traitement. Il arrive parfois que les tests réalisés ne laissent aucun espoir. Les médecins honnêtes vont alors récuser ces patientes, refusant de les prendre en charge avec des traitements qui ne serviraient à rien. Cette situation est plus fréquente avec des patientes âgées de 40 ans ou plus, mais elle peut concerner également des femmes plus jeunes. Par contre, lorsque la prise en charge est décidée, l'espoir renaît. Le couple va s'engager dans le traitement avec plus ou moins de combativité, mais il sera encouragé dans son parcours par un message positif : tout est tenté pour obtenir une grossesse. Ce traitement très contraignant donnera parfois de bons résultats ou au contraire se révélera insuffisant.

Quand la prise en charge est décidée, si la grossesse n'est pas obtenue lors des premiers essais, un autre traitement sera envisagé. En cas de nouvel échec, la nouvelle prise en charge générera à nouveau de l'espoir. Espoir et déception vont ainsi se succéder, au rythme du renouvellement des tentatives. En général, on se limite à quatre ou six cycles de traitements avant de passer à une technique plus sophistiquée afin de ne pas multiplier les expositions aux traitements hormonaux. Plusieurs études montrent qu'au-delà de six cycles de traitement bien conduits, les chances de succès sont très faibles. Quelle que soit la technique utilisée, il faut attendre en général une quinzaine de jours pour faire le test de grossesse et savoir si le traitement a réussi ou s'il a échoué. Cette période d'attente des résultats est vécue comme une épreuve psychologique très difficile pour les femmes qui attendent le « verdict » avec angoisse, seules, sans contact avec l'équipe médicale. En fécondation *in vitro*, les étapes se multiplient : on recommence plusieurs fois les ponctions d'ovocytes avec parfois des résultats décevants quant au nombre d'ovocytes… Douche froide ! Malgré cela on tente le transfert des embryons obtenus, nouvel espoir qui se met en marche. Puis on attend le test de grossesse. En cas d'échec d'implantation, c'est une nouvelle déception. En cas de grossesse, la joie est à son comble. Mais elle peut être de courte durée si une fausse couche intervient, ce qui n'est pas rare ; le taux est de 15 à 20 % en moyenne et jusqu'à 40 % à 40 ans.

Le couple reçoit en permanence de bonnes et de mauvaises nouvelles, il passe de l'espoir au désespoir, du chaud au froid. C'est ce que j'appelle les montagnes russes émotionnelles et je pense qu'elles sont extrêmement difficiles à vivre. Pour affronter ces épreuves, le couple a tout intérêt à être soudé. La femme est tout particulièrement exposée à ce choc. C'est elle qui a peu ou pas d'ovocytes, c'est elle qui subit la ponction, le transfert, c'est elle qui fait la fausse couche, etc. L'homme, bien sûr, a son rôle à jouer, mais c'est quand même moins difficile pour lui. Lorsque le traitement ne marche pas, beaucoup de couples cherchent à savoir à qui imputer la faute. Là aussi l'injustice est criante, même s'il s'agit d'une stérilité masculine marquée par des spermatozoïdes déficients, au fil du temps la femme finira par se sentir responsable des échecs d'implantation des embryons transférés dans son utérus. Elle s'apercevra que le pronostic est féminin, même en cas de stérilité masculine, car la faiblesse des ovocytes peut être décisive. Grâce à l'ICSI, il devient possible d'obtenir des embryons dans presque tous les cas. Mais comme nous l'avons vu, il existe des facteurs spermatiques qui peuvent empêcher la nidation de l'embryon ; peu de couples en connaissent l'existence et, la femme s'attribue toujours les échecs. La femme porte l'enfant et se considère de ce fait comme responsable de l'échec.

La prise en charge psychologique est fondamentale. Malgré cela, j'observe une très fréquente résistance et une réticence forte à ce soutien pourtant fort utile. Dans la loi de bioéthique, le soutien psychologique est conseillé mais non obligatoire et peu de centres d'aide médicale à la procréation peuvent se permettre de proposer un appui permanent dans le centre même. Les couples sont adressés en externe et nous ne savons pas toujours si le soutien a bien été mis en place.

« Ne me dites pas que c'est psychologique »

Nathalie et Jean se sont mariés il y a cinq ans. Dans leur parcours amoureux, le désir d'enfant est devenu l'expression de leur amour conjugal, et cela est tout près de devenir obsessionnel. Ils espèrent depuis deux ans une grossesse et je sens que la frustration de cet espoir déçu devient extrêmement problématique.

Au premier bilan, les anomalies du spermogramme sont importantes et expliquent les difficultés du couple. Nathalie souffre par ailleurs d'une endométriose. Au bout de deux tentatives, il semble évident qu'elle répond très mal au traitement. L'endométriose qui semblait être un problème de second plan devient centrale. La troisième tentative est envisagée, mais je commence à évoquer avec elle mes doutes sur ses chances de grossesse afin de la préparer à une mauvaise nouvelle.

En tant que médecin, il est compliqué de trouver les mots justes pour maintenir à la fois l'espoir et préparer le couple au renoncement. Pour ma part, il m'a toujours été très difficile de dire à un couple à brûle-pourpoint : « C'est fichu, il vous reste le don d'ovocytes… Au revoir, madame. »

J'ai donc commencé à lui parler des alternatives possibles au cas où cette tentative échouerait encore.

Elle l'a très mal pris, s'est d'abord énervée puis a pleuré. Elle trouvait tout cela vraiment injuste, elle ne comprenait pas pourquoi cela lui arrivait à elle, pourquoi je n'étais pas capable de trouver une solution à son problème, que les petites photos de bébés dans la salle d'attente l'exaspéraient… Toute sa tristesse, son angoisse, ses inquiétudes sortaient en bloc.

> Une fois la crise passée, nous avons repris une discussion afin d'envisager les possibilités. Je lui ai parlé du don d'ovocytes mais en soulignant qu'il était indispensable que le couple ait fait un cheminement pour accepter de renoncer à l'enfant intraconjugal. Lorsque je lui ai proposé un soutien elle a refusé cette proposition en ajoutant : « Ne me dites pas que c'est psychologique. » J'ai eu beau lui expliquer que ce n'était pas une stérilité psychologique mais organique, que je pensais qu'elle avait besoin d'un soutien et qu'un psychologue pouvait l'aider, rien n'y a fait, elle a refusé la prise en charge.

Comme nous l'avons vu, beaucoup de personnes associent le terme « psy » à celui de folie ; elles estiment que parler de leurs soucis ou problèmes avec leur conjoint ou leurs amis suffit. Mais parler avec un tiers, non impliqué affectivement, et plus à même d'écouter avec objectivité le couple ou la patiente, me paraît une aide très utile.

Les femmes voient passer les années avec effroi, leurs compagnons sont heureusement souvent présents et tous ne se sauvent pas en courant après un diagnostic péjoratif. Beaucoup viennent à chaque consultation maintenir l'énergie qui peut faire défaut à l'autre. Il n'est pas rare que les couples se prennent la main ou s'embrassent au cours de la consultation. Beaucoup d'hommes sont capables d'assumer l'infertilité de leur couple, et d'épauler leur femme afin de trouver la solution concernant leur projet de vie commune.

Mais toutes les femmes n'ont pas forcément cette chance, beaucoup d'entre elles affrontent seules le parcours car elles n'ont pas trouvé le partenaire avec qui faire un enfant. Elles ont des aventures passagères, mais pas de situations stables, idéales… Certaines ont particulièrement conscience du temps qui passe et savent l'importance pour elles d'avoir un enfant rapidement.

Les chercheuses d'étalon

De temps en temps, je suis confronté à des femmes entre 37 et 40 ans, beaucoup plus informées que les autres, qui n'ont pas trouvé d'hommes avec qui faire des enfants. De leur propre aveu, elles regardent les hommes comme des reproducteurs potentiels. Il y a souvent deux types de rencontres problématiques pour ces femmes pressées : l'homme plus jeune sans enfant qui ne souhaite pas s'engager trop rapidement, et les hommes qui ont déjà des enfants et qui n'en désirent pas d'autres.

Quand ces femmes, en mal de futur père, n'ont pas de problème de fertilité, il est assez simple pour elles de se débrouiller pour « faire un enfant toutes seules ». Mais lorsqu'elles ont besoin d'une aide médicale, le problème se complique. Il faut forcément un homme compatissant.

Ces messieurs ont parfois du mal à exprimer clairement leurs réticences, et les choses se disent parfois lors de la consultation. Nous passons les premières étapes, les bilans de la femme sont faits rapidement, mais le spermogramme est plus difficile à obtenir. Lorsque tout est prêt, le traitement est prescrit et c'est alors que le voile tombe, le partenaire se ravise et n'est plus d'accord pour donner son sperme. Cela aboutit à des situations tendues, d'autant que les reculades du partenaire m'interdisent la prise en charge de la patiente.

La femme doit repartir de zéro, en chasse d'un nouveau partenaire acceptant rapidement de contribuer au projet de grossesse. Le temps passe et ces femmes savent qu'il joue contre elles. Les plus déterminées ne perdent pas de temps et se rendent en Belgique ou en Angleterre où l'insémination artificielle avec donneur peut être réalisée chez les femmes seules, contrairement à la France.

« Vite, Docteur, nous sommes pressés »

Mme N. était une femme de 38 ans, très soignée, gaie et souriante. Elle est venue à la première consultation avec un très beau jeune homme, un peu plus jeune qu'elle.

Ils n'arrivaient pas à faire d'enfant. Dès les premiers examens, le diagnostic est trouvé, elle avait les trompes bouchées, donc pour elle la seule solution était de faire une FIV. « Vite, Docteur, nous sommes pressés. »

Pendant toutes les consultations, je sentais que lui n'était pas si pressé. Mais comment évaluer ?

Nous partons pour le traitement de la FIV : stimulation hormonale, c'est-à-dire piqûre tous les jours durant 30 jours, etc. Le jour de la FIV, le jeune homme n'arrive pas à donner son sperme ; cela arrive de temps en temps. D'habitude le blocage est souvent culturel. Les Africains et les musulmans ne se masturbent presque jamais et pour eux c'est souvent un problème. Chez les Blancs, les Caucasiens, c'est beaucoup plus rare. Généralement ils vont se reposer, décompresser et ça va mieux. Si cet homme se masturbe et qu'il n'y arrive pas ce jour-là, par expérience, je pense qu'il faut peut-être qu'il consulte le psychologue et qu'il s'interroge sur son désir véritable d'avoir un enfant.

Pour une femme, cette défaillance est terrible parce qu'elle a subi un mois de traitement, une ponction pour rien. Elle estime que pour son conjoint c'est quand même moins difficile.

Après cette FIV ratée, la patiente revient me voir quelques semaines plus tard et me demande mon avis. Je ne peux pas lui cacher qu'elle a 38 ans et qu'elle ne doit vraiment pas tarder. Je lui conseille la congélation de paillettes de sperme de son compagnon pour éviter une deuxième déconvenue. Ces paillettes sont en quelque sorte une « roue de secours » en cas de blocage le jour J. Elle s'emporte alors : « Non, hors de question, je l'ai fichu dehors... Un con pareil ce n'est pas la peine ! » Elle était d'une agressivité qui n'admettait visiblement aucune concession : la page était tournée, cet étalon n'était pas le bon. Trois mois plus tard elle revient et me dit : « Docteur, vous ne pouvez pas savoir la chance que j'ai... J'ai rencontré l'homme de ma vie. » C'était un homme des Dom-Tom, il habitait là-bas, elle était à Paris, mais son métier l'amenait à beaucoup voyager. « Nous avons eu un coup de foudre mutuel... » Je me suis quand même méfié, et lui ai dit que je voulais le rencontrer d'abord, pour m'assurer de la stabilité du couple, dans l'intérêt de l'enfant à venir. « Mais, Docteur, c'est compliqué, il habite loin. — Et alors, comment allez-vous faire avec un enfant ? — J'irai habiter là-bas, et nous l'élèverons ensemble. »

Face à mon obstination, l'amoureux est quand même venu me voir. M. M. était un peu plus âgé qu'elle, la cinquantaine avec un peu d'embonpoint, une légère calvitie, pas du tout le même genre que le beau gosse de la première fois ! Il n'avait jamais été marié, n'avait pas d'enfant et il me dit la même chose qu'elle : « Le coup de foudre... Ils vont se débrouiller... Elle va venir habiter avec lui... Pour l'instant c'est un peu compliqué, mais ils vont y arriver... »

Nous n'étions pas encore soumis à la loi de bioéthique, et je n'étais donc pas obligé d'attendre le fameux délai de deux ans de vie commune. Elle avait 38 ans, il fallait prendre une décision rapide et en plus, je dois l'avouer, je la croyais.

On fait la FIV et là, réussite du premier coup, elle était enceinte. Six mois plus tard, à l'hôpital, la sage-femme avec qui je travaillais me dit : « Je viens d'avoir un appel de M. M. Il n'a aucune nouvelle de Mme N. et il cherche à vous joindre. » La femme était toujours suivie pour sa grossesse dans notre hôpital. À la consultation suivante, je lui parle de l'appel de son « coup de foudre ». En fin de compte, elle ne l'avait pas trouvé très gentil pendant la tentative de fécondation et finalement l'avait laissé tomber.

Je reçois un coup de téléphone de cet homme en plein désarroi. Il me raconte qu'il avait été lui-même abandonné par son père à l'âge de 2 ans et que pour lui c'était une vraie tragédie. Il ne pouvait pas supporter l'abandon que cette femme était en train de lui imposer. J'étais très gêné. Il était évident que je m'étais fait ber-

ner par cette femme. Je l'ai convoquée et lui ai parlé de cet homme, de l'abandon qu'il avait lui-même vécu et qu'il ne voulait pas reproduire. Très froidement elle m'affirma qu'il racontait cette histoire pour se faire plaindre.
C'était fichu, elle avait eu ce qu'elle voulait, son sperme… Je ne manquai pas de lui dire que je ne trouvais pas cela très honnête vis-à-vis de cet homme qui s'était engagé. J'insistai sur le rôle du père pour cet enfant qui n'était pas encore né. Mais mon avis n'avait plus aucune importance.

La loi de bioéthique nous oblige, nous médecins, à vérifier que le couple est marié ou peut justifier de deux ans de vie commune. Cette disposition a probablement été faite pour garantir une certaine stabilité du couple et éviter des histoires comme celle-ci. Toutefois, cette histoire représente un cas exceptionnel parmi les couples qui consultent. Cette loi est théoriquement un garde-fou mais en pratique, elle est difficilement applicable, particulièrement pour ces femmes autour de 38 ou 40 ans pour lesquelles le temps est l'ennemi. Pour elles en effet, attendre est une prise de risque réelle quant aux chances de grossesse.

Le temps est l'ennemi de la reproduction chez la femme, l'homme ne souffre pas de ces contingences. Il est donc important que l'homme et la femme soient au même diapason, et il me paraît même essentiel que les hommes soient aussi informés des réalités physiologiques de leurs compagnes. Ainsi, ils ne seront plus un frein au désir de grossesse de la femme qu'ils aiment, au risque de compromettre toute possibilité de grossesse.

CHAPITRE 5

L'enfant de la quarantaine !

Vouloir un enfant à 40 ans

➤ *Petit dernier ou petit premier ?*

Il y a vingt ans, 8 000 femmes accouchaient la quarantaine passée, aujourd'hui elles sont 28 000 à mettre au monde un bébé, il est donc clair que les naissances surviennent de plus en plus tard. Ces enfants sont le fruit d'un désir puissant et volontaire que leurs mères n'ont pas ressenti forcément dix ou vingt ans plutôt. Les plus nombreuses à consulter sont ces femmes qui n'ont jamais eu d'enfant et qui veulent faire à 40 ans le petit premier qui sera certainement, et avec déjà de la chance, l'enfant unique.

Il m'arrive aussi de recevoir des mères de famille dont les aînés ont souvent 8 ou 10 ans. Ils commencent à acquérir une certaine autonomie, leurs parents se sentent prêts à assumer une nouvelle maternité. Ce nouveau bébé peut être parfois la dernière chance du couple pour se reconstruire ou bien renforcer la cohésion de la cellule familiale. Parfois la femme dit combien, approchant de l'âge où elle ne pourra plus avoir d'enfant, elle souhaite le « petit dernier ».

Il peut s'agir également de familles recomposées désirant un enfant issu de cette nouvelle union. Toutes ont en commun de vouloir concevoir à l'âge où certaines pourraient en théorie devenir grands-mères. Ce désir est d'une telle intensité qu'il va dominer tous leurs projets et devenir la priorité des priorités.

Si la femme n'a jamais eu d'enfant, ce sentiment va être encore plus exacerbé. Parfois, ces « quadras » ne sont toujours pas dans un schéma de couple stable et les histoires amoureuses continuent de se succéder dans l'attente de l'homme idéal. Elles s'inquiètent, elles veulent un enfant pour réaliser le rêve de la petite fille : « être maman ». Ce projet toujours remis à plus tard devient une urgence. Quand le partenaire est là, tout va bien, mais quand il n'y a pas d'homme prêt à assumer la paternité, c'est la panique. Plus les conditions deviennent aléatoires (pas de compagnon, problèmes gynécologiques, situation matérielle instable), plus le désir d'enfant est violent et accompagné de culpabilité. L'insatisfaction est à son comble et la frustration devient insupportable.

Ces éléments psychologiques et sociaux expliquent peut-être pourquoi les femmes deviennent mères plus souvent à un âge où la disponibilité, la souplesse psychique, l'énergie et la force physique ont tout simplement décru. La force du désir d'enfant tardif efface la notion d'épreuve physique, notion qui peut par la suite appauvrir les joies de l'accomplissement de la maternité. Mais tant que cet enfant n'est encore qu'un désir, un désir immense, aucune épreuve ne sera appréhendée objectivement.

Bien évidemment, à ce stade, les femmes ne peuvent pas facilement entendre et assimiler certains faits comme des bilans anormaux, ou des chances statistiques faibles. Elles attaquent leur traitement comme elles partiraient en guerre avec une volonté qu'elles voudraient farouche. Leurs reparties sont souvent acerbes : « Je ne suis pas une statistique, Docteur », « Je veux tenter même pour une chance sur un million », « Je vous trouve inhumain de refuser ma prise en charge. »

À 40 ans, il est aussi souvent possible pour certaines femmes de vouloir un enfant parce qu'elles se sentent en pleine forme. Beaucoup de quadragénaires d'aujourd'hui, soucieuses de préserver leur physique, ont aussi acquis une certaine sérénité, un équilibre sur le tard. Elles envisagent une maternité dans de bonnes conditions matérielles et surtout psychologiques qui n'existaient peut-être pas dix ou vingt ans plus tôt. Elles ont pu avoir le temps de régler certains conflits avec leur tiers séparateur, leur mère, voire leurs curés ou leurs rabbins... Elles ont parfois compris un peu tard que l'histoire du « prince charmant » et de l'« homme idéal » était une vaste fumisterie et qu'il fallait remettre à niveau leurs ambitions.

Beaucoup de femmes se sentent mieux et plus équilibrées à 40 qu'à 20 ou 30 ans. Seulement, une chose n'avait pas été dite, c'est qu'elles ne pouvaient pas forcément faire un enfant à 40 ans.

➤ *Biologiquement, que se passe-t-il ?*

Nous l'avons dit et redit, le facteur limitant est l'ovocyte. L'âge de l'ovocyte retentit sur les chances d'implantation et sur les chances d'évolution de la grossesse.

Avec l'âge, les atteintes de l'ovocyte touchent le noyau avec une augmentation de fréquence des anomalies chromosomiques. Ces anomalies vont empêcher le développement embryonnaire et sont responsables des taux élevés de fausses couches. L'incidence des fausses couches est d'environ 15 à 20 % vers 30 ans et atteint 40 % à 40 ans ! Rien n'a pour l'instant été trouvé pour réparer ou remédier à cette altération ovocytaire.

➤ *Rajeunir l'ovocyte ?*

Il n'y a pour l'instant aucune piste permettant d'imaginer un traitement des anomalies chromosomiques. La technique de diagnostic génétique préimplantatoire (DPI) a permis de confirmer la grande fréquence de ces anomalies chromosomiques aboutissant à des embryons anormaux. Le DPI consiste à analyser le contenu génétique des embryons à partir d'une ou deux de leurs cellules. Ce diagnostic est possible grâce aux progrès de la génétique et aux techniques sophistiquées qui permettent d'analyser une seule cellule. On peut diagnostiquer des gènes malades et détecter la présence ou l'absence de certains chromosomes.

Ces techniques sophistiquées sont aussi utilisées pour le diagnostic préconceptionnel (DPC). Avant d'être fécondé par le spermatozoïde, l'ovocyte doit acquérir une maturité après être sorti du follicule. Lors de cette maturation, l'ovocyte se sépare d'une petite partie de lui-même : le globule polaire. Ce globule polaire contient une réplique presque toujours exacte du contenu chromosomique de l'ovocyte. Il ne rentre pas dans la composition du fœtus et peut être prélevé et analysé : c'est le DPC. Les analyses en diagnostic préimplantatoire (DPI) et préconceptionnel (DPC) ont confirmé la nette augmentation avec l'âge de la femme des taux d'anomalies chromosomiques au sein des ovocytes et des embryons. Certaines études ont retrouvé près de 55 % d'embryons anormaux à 38 ans, ce taux atteignant plus de 70 % après 41 ans. De nombreux centres étrangers proposent d'utiliser ces techniques de DPI et DPC pour trier les embryons et tenter d'augmenter les résultats de la FIV en ne replaçant que des embryons sains. Il faut souligner qu'en dépit des tarifs prohibitifs de ces techniques, largement diffusées aux États-Unis notamment, aucune étude scientifique sérieuse n'a, à ce jour, démontré leur efficacité pour augmenter les résultats chez les femmes « âgées ». Une grande étude belge a même montré que le DPI n'améliorait pas les taux de grossesse en FIV des femmes de plus de 38 ans. Ceci peut être expliqué, soit par le rôle des atteintes du cytoplasme ovocytaire dont le DPI ne permet pas de détecter les anomalies, soit par le fait que le gain de la technique est contrebalancé par son caractère invasif qui pourrait diminuer les chances d'implantation des embryons dont on a prélevé une ou deux cellules. En France, le diagnostic préimplantatoire est strictement encadré par la loi et est réservé au diagnostic d'affection fœtale grave. Le dépistage des anomalies chromosomiques liées à l'âge n'est pas autorisé. Le DPC, par contre, n'est pas interdit du fait d'un vide juridique, la loi concerne en effet les embryons alors que le diagnostic préconceptionnel teste l'ovocyte. Néanmoins, il n'a pas non plus fait clairement la preuve de son intérêt pour améliorer les chances de grossesse des femmes âgées de plus de 38 ans.

Nous avons vu que le cytoplasme est aussi altéré par l'âge. Des expériences ont été tentées aux États-Unis pour injecter du cytoplasme de femmes jeunes dans des ovocytes de femmes plus âgées. Les résultats ont été décevants avec un taux d'anomalies chromosomiques élevé. Ces expériences ont été purement et simplement interdites par le gouvernement américain.

De même des chercheurs ont tenté de conserver le patrimoine génétique de la patiente âgée en aspirant le noyau de ses ovocytes, pour l'injecter dans des ovocytes de femmes jeunes. Ces expériences, très proches du clonage, sont elles aussi décevantes en résultats et ont été suspendues dans l'espèce humaine.

En plus de la dégradation de la qualité des ovocytes, s'ajoute une diminution massive de leur nombre. Les ovaires du fœtus peuvent contenir un ou deux millions d'ovocytes chacun (*cf.* Chapitre 1). Dès la vie fœtale, une destruction s'amorce et le nombre restant à la naissance n'est déjà que de quelques centaines de milliers d'ovocytes. Ce nombre va encore diminuer de la puberté à la ménopause. Les résultats du don d'ovocytes viennent confirmer le rôle déterminant de l'ovocyte dans la diminution des chances de grossesse liée à l'âge. Dans le don d'ovocytes, l'utilisation d'un ovocyte issu d'une femme jeune permet d'obtenir une grossesse à des âges avancés, le record est de 67 ans ! Il est donc clair que l'utérus est réceptif très tard, si la préparation hormonale est adéquate. Le facteur limitant la grossesse chez la femme est bien l'ovocyte.

Le grand public pense que les progrès de la médecine peuvent aujourd'hui contourner cette baisse naturelle de la fécondité, mais ce n'est pas aussi simple car certaines limitations physiologiques sont malheureusement incontournables.

L'AMP n'est pas un « mode de reproduction »

L'assistance médicale à la procréation n'est pas un substitut de la sexualité et des grossesses naturelles. Il faut que le couple ait essayé de faire un enfant sans réussir avant de faire un bilan ou d'entamer un traitement. Le bilan est le plus souvent engagé au bout d'un an d'infécondité, mais l'Organisation mondiale de la santé (OMS) définit l'infertilité après une période de deux ans de rapports non protégés. La première étape doit rester le bilan de recherche d'une cause organique. Ce bilan explorera, entre autres, la fonction ovarienne. Pour les femmes dont les résultats des examens sont mauvais, il faudra s'abstenir de leur proposer un traitement pour les raisons évoquées plus haut. Un médecin honnête ne prendra pas en charge une femme en lui faisant miroiter une grossesse qui n'arrivera pas. Les résultats des examens permettent d'établir un pronostic des résultats de l'AMP, ils ne permettent jamais d'affirmer que toute grossesse spontanée est impossible. Ceci s'explique simplement, la femme a douze cycles par an et il est probable que même en cas de faible réserve ovarienne, il existe des cycles pour lesquels la qualité ovocytaire est satisfaisante et donc pour lesquels une grossesse est possible. Mais nous ne savons pas repérer ces cycles favorables. Si la grossesse ne peut être obtenue naturellement sans cause retrouvée, et qu'il semble que l'âge féminin soit la cause des problèmes rencontrés, les techniques d'AMP ne donneront malheureusement pas de grandes chances de succès. Il n'y a donc pas lieu de croire que ces techniques sont le traitement miracle. Elles s'adressent à des indications bien précises d'infertilité qu'il convient de rechercher et de prendre en charge.

➤ *À 40 ans, la FIV n'est plus « la » solution*

La fécondation *in vitro* a initialement été mise au point pour les femmes qui avaient les trompes abîmées ou absentes. Petit à petit, les indications se sont élargies avec les progrès de la technique. Aujourd'hui on distingue deux types d'indications de FIV :

- *les indications absolues* qui intéressent les couples qui ne peuvent concevoir que grâce à cette technique, par exemple les femmes dont les trompes ont été enlevées ou les hommes avec des quantités infimes de spermatozoïdes ;
- *les indications dites relatives* qui désignent les couples qui dans l'absolu pourraient concevoir naturellement, mais pour lesquels aucune grossesse n'a été obtenue spontanément et les techniques plus simples (stimulations ovariennes associées ou non aux inséminations) n'ont pas donné de résultats.

Lorsqu'une femme n'arrive pas à avoir d'enfant entre 38 et 43 ans en l'absence de toute cause identifiable, il ne s'agit pas vraiment d'une infertilité inexpliquée. Cette infertilité est probablement expliquée par son âge, responsable d'une baisse des chances de grossesse et d'un allongement du temps nécessaire pour concevoir. Nous avons aujourd'hui les moyens d'évaluer l'état de la fonction ovarienne. Ces moyens sont les dosages hormonaux et l'échographie. L'échographie a fait de tels progrès qu'un échographiste entraîné, avec un bon appareil, peut compter les follicules de la cohorte préparée chaque mois. Le nombre de ces follicules, dits « antraux » (et non « en trop »), semble être un facteur de pronostic déterminant après 38 ans. Ces moyens ne sont pas très fiables pour prédire de façon absolue les chances de grossesse, mais permettent d'avoir une idée de la réponse des ovaires au traitement. Comme la grossesse est liée à la réponse au traitement, ces tests vont estimer indirectement les chances de succès du traitement. Je peux, grâce à ces tests, trouver des femmes de 38-40 ans avec de très bons dosages et pleins de follicules. Dans ces cas-là, on ne réfléchit pas plus et on traite si l'infertilité est avérée. D'autres n'ont quasiment aucune chance car elles ont très peu de follicules et des dosages hormonaux détériorés. Il est préférable, sauf cas particuliers, de s'abstenir de traiter ces patientes. Mais la majorité des patientes se trouvent dans le groupe des femmes pour lesquelles les résultats ne sont ni très bons ni très mauvais, le résultat d'un premier essai sera déterminant pour le pronostic.

➤ *Quelles sont les chances d'avoir un enfant à 40 ans ?*

Beaucoup de femmes continuent de penser qu'il est toujours possible d'avoir des enfants jusqu'à la ménopause, malheureusement la réalité est très différente. Nous avons tous connu ou entendu parler de femmes accouchant à plus de 40 ans d'enfants en pleine santé, mais ces cas sont des exceptions et non des événements usuels.

Je reçois de plus en plus fréquemment des femmes autour de la quarantaine. Pour certaines, tout reste possible. Au-delà de 42 ans (en dehors des cas rares de femmes dont la ménopause est avérée), il est très difficile de donner un avis définitif. Les chances ne sont jamais nulles ; elles peuvent être faibles, très faibles, infimes, mais égales à zéro, c'est rare. Cette minuscule et hypothétique chance peut soutenir un vain espoir auquel bon nombre de femmes s'accrochent.

« Docteur, j'ai toujours eu beaucoup de chance, vous me dites une chance sur un million… Je tente, je sais que ça va être moi. » Évidemment il est difficile d'opposer les statistiques, mais on sait qu'au-delà de 43 ans il n'y a quasiment pas de grossesse. En France, 95 % des femmes qui accouchent ont entre 20 et 40 ans. Les chiffres parlent d'eux-mêmes : en 2005 on a observé seulement 2,2 naissances pour 1 000 femmes de 44 ans, contre 7,2/1 000 à 42 ans et 143/1 000 à 28 ans (chiffres Insee).

Taux de fécondité par âge

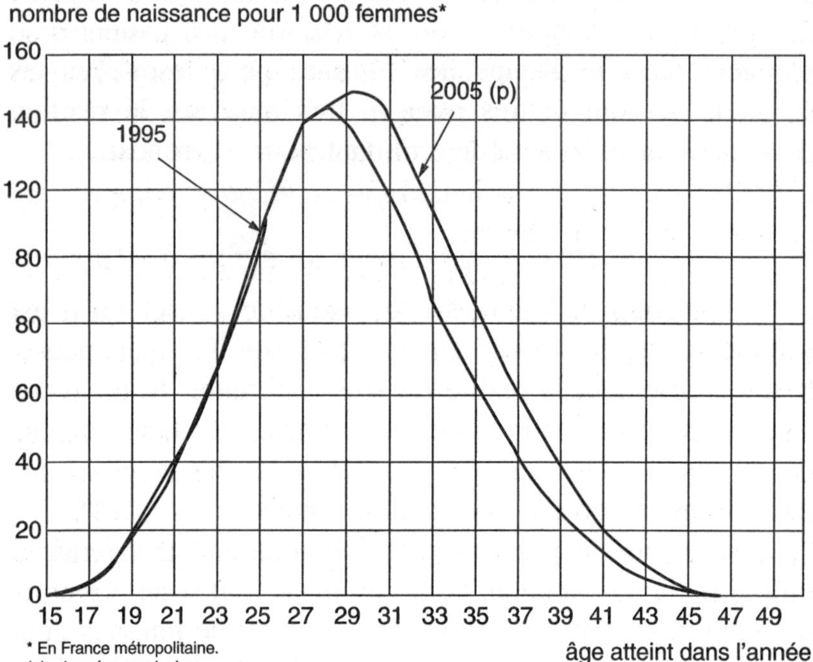

* En France métropolitaine.
(p) : données provisoires.
Source : Insee, bilan démographique.

Ces naissances chez des femmes de plus de 40 ans sont le plus souvent issues d'une fertilité spontanée, et non le résultat de grossesses obtenues par traitements. Les techniques d'AMP après 43 ans donnent des résultats proches de zéro. Ceci explique d'ailleurs pourquoi la Sécurité sociale ne rembourse pas les traitements d'AMP au-delà de l'anniversaire des 43 ans. Ce n'est pas un certificat absolu d'absence de grossesse, mais la médecine n'apportera pas grand-chose de plus que la fertilité naturelle qui n'est que de quelques pour cent !

Lors de ces consultations, qui sont parmi les plus difficiles de ma spécialité, je précise simplement les choses. J'explique qu'il faut bien faire une distinction entre un couple avec un problème de fertilité avéré (comme une absence de trompe chez la femme ou un mari qui a très peu de spermatozoïdes), et un couple du même âge sans problème de stérilité diagnostiqué. Il est clair qu'en l'absence de cause retrouvée, il est presque certain que les difficultés du couple sont liées à l'âge de la femme. Les traitements d'AMP, quels qu'ils soient, FIV ou ICSI y compris, ne pallieront pas ce problème.

Mon souci est de savoir si le traitement que je prescris apportera des solutions crédibles. Au-delà de 43 ans, sauf exception, c'est illusoire, entre 38 et 43 ans, les bilans d'évaluation permettent de préciser le pronostic. Si le bilan est correct (nombre de follicules acceptable à l'échographie et dosages hormonaux non perturbés) les chances de grossesse évaluées sur des centaines de cas se situent autour de 15 % à 38/40 ans et sont proches de 5 % au-delà de 41 ans. Si je vois que les paramètres sont mauvais, il ne faut pas rêver, il n'y aura pas de grossesse. Il y a bien sûr des cas particuliers et certaines femmes de 42 ans ont des ovaires qui fonctionnent très bien, leurs chances sont alors réelles. Chaque cas est particulier et il faut savoir conseiller une femme sur ses vraies chances d'avoir un enfant. Des études ont souvent rapporté des cas de grossesses chez des patientes dont la ménopause était certaine. Je me souviens, interne, d'avoir reçu une femme de 63 ans enceinte de plusieurs semaines. La grossesse était spontanée mais s'était interrompue, très probablement du fait d'une anomalie génétique.

C'est pour cette raison que je n'annonce jamais des chances nulles de grossesse. Ce que je dis, c'est la certitude que les techniques d'AMP n'apporteront probablement pas un bénéfice à la patiente, en précisant que ces techniques imposent un traitement lourd et non dénué d'effets secondaires. Ensuite, qu'une grossesse spontanée se déclare n'est pas forcément surprenant. Les chances sont faibles, mais « faibles » ne signifie pas nulles.

Entre les femmes ayant un bilan normal et celles ayant un bilan anormal, il y a des situations intermédiaires dont il faut tenir compte. L'histoire particulière de la patiente est un élément important dans la décision de prise en charge. Une femme ayant subi de nombreux traitements, qui vient pour une énième tentative, sera plus volontiers refusée, surtout si elle a été traitée précédemment par un confrère compétent. Il arrive toutefois qu'un traitement soit tenté chez des patientes jamais traitées parce qu'il leur est difficile de passer à une technique alternative, du type don d'ovocytes, sans avoir été jamais traitées.

➤ *De l'embryon à l'enfant : un chemin incertain*

De nombreux couples s'accrochent à l'idée qu'à partir du moment où l'on a réussi à obtenir des embryons, tout est possible. Cela est vrai en théorie mais pas en pratique. On obtient des embryons pour la grande majorité des couples, mais le problème est que ces embryons ne s'implantent pas (pour les raisons évoquées précédemment). Obtenir un embryon ne mène pas nécessairement à l'enfant. Rappelons que les taux de grossesse des meilleurs centres américains sont près de deux fois plus élevés que ceux des meilleurs centres français et que les centres américains obtiennent en moyenne 4 % d'accouchement au-delà de 42 ans alors que près de 70 % de ces patientes ont des embryons. Ceci montre bien que l'obtention d'embryons ne doit pas être un motif d'acharnement médical. Je trouve révoltant le manque de transparence et d'informations données en général aux couples. Très peu de femmes de plus de 43 ans sont réellement informées de leurs chances réelles d'avoir un enfant. En France, on estime, sauf exception, que les chances en FIV ou ICSI s'évaluent autour de 1 à 2 % après 43 ans. Aux États-Unis, les chances d'accouchement en FIV à 43 ans sont de 5,5 %. Ces différences s'expliquent en grande partie par la nette supériorité des moyens mis à la disposition des centres américains d'AMP. Il suffit de visiter les meilleurs établissements pour voir que les laboratoires sont bien mieux équipés. Je citerai à titre d'exemple les incubateurs dans lesquels sont placés les embryons. Il m'est arrivé de voir des laboratoires américains possédant près de vingt incubateurs alors qu'un centre français pratiquant le même nombre de tentatives en possède cinq ou six. Chaque jour, les embryons sont sortis des incubateurs afin de vérifier leur évolution, chaque ouverture de la porte bouleverse le maintien de la température intérieure et il est logique d'ouvrir les portes quatre fois plus souvent avec cinq incubateurs plutôt qu'avec vingt. Ceci est un exemple parmi d'autres.

➤ *Les femmes toujours en première ligne*

Au sein de notre population, il existe des problèmes de stérilité chez les hommes. Aujourd'hui les stérilités masculines représentent près de 35 % des indications de FIV ou d'ICSI, technique qui a révolutionné les traitements des hommes infertiles. Des résultats peuvent être obtenus dans les stérilités masculines les plus sévères et parfois à partir de spermatozoïdes prélevés chirurgicalement dans les testicules. Mais le pronostic de ces stérilités est, là encore, fonction de la femme. C'est la qualité ovocytaire qui est au premier plan. Il est souvent possible de prendre en charge l'homme, mais si lors du bilan de la femme des paramètres négatifs viennent s'ajouter, il arrive que nous soyons obligés de récuser la tentative.

Parfois, c'est après plusieurs échecs de traitement que les facteurs féminins nous amènent à recommander au couple de ne pas poursuivre les traitements. Ce cas de figure est difficile car les femmes ont bien sûr du mal à accepter que la situation évolue en leur défaveur. Malgré un problème masculin identifié, c'est en fin de compte les ovaires qui empêchent la grossesse de survenir. « Et si j'avais rencontré un homme avec un sperme normal, Docteur ? » Il est impossible de répondre. Nous savons évaluer les chances de nos traitements, la grossesse spontanée est plus difficile à appréhender.

Le temps joue contre les femmes. Cette situation est bien sûr injuste au regard des hommes qui peuvent procréer jusqu'à un âge avancé. Dans la société où l'égalité homme femme semble être une finalité incontournable, ces différences physiologiques sont mal vécues. Pour celles qui ont des enfants de leur première union dans le cas des couples recomposés, cette infertilité est moins douloureuse ; pour les autres, la recherche de maternité devient un véritable cauchemar.

➤ *Le miracle existe-t-il ?*

Il est difficile pour une femme de renoncer à tout traitement et à toute tentative ; je ne vois aucune objection et trouve même tout à fait légitime qu'un essai soit tenté. Par contre, il faut respecter certains principes : les chances de succès doivent être acceptables. Il existe des femmes de plus de 40 ans dont les ovaires ont un fonctionnement tout à fait satisfaisant. Mais si les paramètres d'évaluation de la qualité des follicules (dosages hormonaux de base et échographie) montrent de très mauvais résultats, les chances de succès relèvent du miracle. Il n'est pas exceptionnel de voir des femmes ayant fait de nombreux essais de FIV malgré des résultats très insuffisants. Les taux de grossesses en fécondation *in vitro* sont en corrélation avec la réponse des ovaires au traitement, c'est-à-dire le nombre de follicules qui atteignent la maturité (16 à 22 mm). La réponse normale est en moyenne de onze à douze follicules mûrs. De nombreuses études montrent que moins de cinq beaux follicules au-delà de 38 ans donnent des taux de grossesse très faibles.

Donc, faire un essai chez une femme de 43 ans et n'obtenir que deux ou trois ovocytes est insuffisant pour obtenir une grossesse. Il faut savoir analyser le résultat du traitement avec la femme, lui expliquer que ce mauvais résultat prouve qu'il faut arrêter la prise en charge et se tourner vers des alternatives de type don d'ovocytes ou adoption.

Proposer de refaire plusieurs autres tentatives est réellement discutable, car l'association de l'âge et de la mauvaise réponse ovarienne donne des chances presque nulles d'avoir un enfant… sauf miracle.

Tous les centres d'AMP reçoivent de temps en temps des courriers de femmes dont on avait récusé la prise en charge sur la base de résultats très pathologiques qui annoncent la survenue d'une naissance spontanée. Ces lettres sont en général ironiques : « Vous nous aviez dit que c'était impossible et nous y sommes arrivés… sans vous. » Il n'y a rien de surprenant, ces femmes ont eu le fameux cycle avec un bon follicule qui a donné l'embryon, la grossesse et le bébé. Parfois aussi la grossesse est obtenue par un confrère qui a accepté le traitement malgré les chances infimes de succès.

Il est certain que les chances ne sont jamais égales à zéro. Des grossesses ont été décrites en fécondation *in vitro* à 44 ans. Mais des cas de grossesse spontanée ont aussi été observés chez des femmes dont la ménopause était indiscutable. Au cours de la ménopause, il peut y avoir pour des raisons inconnues la reprise d'un cycle isolé. Si l'ovocyte est de bonne qualité et qu'il est fécondé, la grossesse peut se produire. Le problème est bien entendu de parler du rapport « bénéfice-risque ». La fécondation *in vitro* donne-t-elle plus de chance que la procréation naturelle chez ces patientes ? Je ne le crois pas en dehors des quelques rares cas d'indications absolues de FIV ou d'ICSI.

De plus, l'innocuité de la répétition de ces traitements hormonaux à très fortes doses chez des femmes de plus de 42 ans n'a pas été étudiée. Il me semble que c'est le rôle du médecin de savoir dire non et d'expliquer pourquoi, afin d'orienter le couple vers une prise en charge alternative qui le conduira plus sûrement vers le but recherché : avoir un enfant.

➤ *« Non » : savoir le dire, savoir l'entendre*

Pour certaines femmes, tout refus de prise en charge est inacceptable. Je comprends tout à fait qu'il leur est très pénible « d'avoir raté le coche » et je suis très touché par ces situations. J'explique et je propose les solutions alternatives, le don d'ovocytes, l'adoption. Mais le deuil de l'enfant intraconjugal n'est pas simple, sans parler de la grossesse et de l'accouchement qui représentent symboliquement une étape importante de la féminité.

Dans mes consultations, je vois aussi des femmes traitées de nombreuses fois, qui ont déjà un peu « décroché » et qui viennent chercher un second avis. Elles attendent un médecin qui sache leur dire non. C'est parfois au médecin de savoir arrêter un couple ne pouvant se résoudre à renoncer. Je m'enorgueillis d'avoir sûrement simplifié la vie de nombreuses femmes, dont la prise en charge s'était prolongée abusivement. J'ai l'impression d'avoir évité par mon expérience des traitements inutiles. Certes ces consultations sont difficiles, il y a souvent des larmes, mais j'ai toujours l'impression d'avoir été humain et de rendre service à des couples éreintés physiquement et psychologiquement par la lourdeur des traitements et par le retentissement psychologique des échecs à répétition.

Et puis il arrive que je me trompe et qu'un couple que j'ai refusé de prendre en charge m'annonce une grossesse obtenue ailleurs par un médecin qui a tenté ce que j'avais refusé. La médecine n'est pas une science exacte et je suis conscient de pouvoir prendre parfois la mauvaise décision. Ces cas restent très rares au regard des centaines de femmes que j'aurais traitées pour rien en vue d'improbables succès. Il y a une question éthique qui est de savoir à partir de quel moment un traitement ne doit plus être tenté. Il est important de considérer ce problème sans tenir compte des critères de la Sécurité sociale et du remboursement des soins. Souvent les couples me disent : « Ce n'est pas un problème d'argent, Docteur, je paierai. » L'argent est secondaire pour moi, je n'ai jamais raisonné en pensant au coût financier des traitements. J'essaie d'évaluer les chances raisonnables de grossesses. À mes yeux, 2 % de chances est un chiffre insuffisant. Ces traitements inutiles sont des traitements hormonaux lourds qui ne sont pas sans conséquences. Si, dans un autre domaine, on proposait un traitement n'ayant que 2 % de chances de réussite, je ne suis pas sûr que des patients accepteraient. Mais les couples sont prêts à tout pour réaliser leur désir d'enfant, qualifié par René Frydman d'« irrésistible désir de naissance ».

Les effets secondaires des traitements

Il arrive que les femmes ou les hommes me questionnent sur les conséquences des traitements contre la stérilité. La plupart des femmes sont prêtes à risquer leur vie pour combler ce désir d'enfant, mais parfois c'est aussi la santé de l'enfant à naître qui peut être en jeu.

➤ *Les conséquences sur l'organisme*

Elles sont peu connues, mais on sait que les taux d'œstrogènes sécrétés lors du cycle menstruel naturel atteignent 200 pg/ml. Lors d'une stimulation ovarienne pour FIV, ils peuvent atteindre 2 000 et parfois même 6 000 pg/ml. Ces taux élevés d'œstrogènes ont été incriminés dans les risques de cancers gynécologiques. À ce jour, et pour les patientes traitées raisonnablement, on n'observe pas d'augmentation de cancers du sein, de l'utérus ou des ovaires, contrairement à ce qu'avaient montré les résultats de certaines études alarmistes, dont la méthodologie était contestable. Cependant quelques travaux ont signalé une augmentation de ces cancers chez des femmes qui avaient suivi entre dix et douze traitements, ce qui est beaucoup, beaucoup trop.

Par contre, chez les femmes plus âgées, la fréquence des cancers augmente, et l'innocuité de très fortes doses d'hormones à répétition, que certains médecins utilisent pour remédier à la déficience des ovaires, n'a pas été démontrée. Aucune étude ne trouve de risque accru, mais aucune étude n'écarte les risques dans ce type de prise en charge.

Enchaîner plusieurs stimulations, si les chances sont de l'ordre de 1 à 2 %, paraît pour le moins discutable voire scandaleux, *primum non nocere* (premièrement ne pas nuire) étant l'obligation première du médecin.

Les autres effets secondaires sont plus rares, le syndrome d'hyperstimulation ovarienne est la plus grave des complications de ces traitements de stimulation. Il s'agit d'un emballement des ovaires qui répondent de manière incontrôlée aux traitements hormonaux. Les risques sont grands dans les formes sévères, puisque des femmes sont mortes de ce syndrome. Ces formes gravissimes restent exceptionnelles, je n'en ai jamais vu en vingt ans de carrière. Les formes moins sévères d'hyperstimulation peuvent quand même entraîner des troubles importants : gonflement abdominal, ovaires hypertrophiés, risque de thrombose des veines ou même d'embolie pulmonaire. Ce type de syndrome est beaucoup plus rare chez les femmes les plus « âgées », dont les ovaires sont plutôt hyporéactifs qu'hyperréactifs. D'autres complications sont moins graves et sont très variables d'une femme à l'autre : lourdeur des jambes, pesanteur pelvienne, maux de tête, trouble de l'humeur ou de la libido, prise de poids.

➤ *Les grossesses multiples*

Enfin il faut bien sûr parler des grossesses multiples : elles ne sont pas exceptionnelles après 38 ans. En fécondation *in vitro*, on est tenté de replacer plus d'embryons afin de compenser la baisse des résultats chez ces patientes. Dans les traitements de stimulation ovarienne simple, sans FIV, il est fréquent d'hyperstimuler les patientes afin d'augmenter les chances de grossesses. Ces traitements puissants donnent plusieurs follicules et donc un risque accru de grossesse multiple. Beaucoup de patientes infertiles espèrent avoir des jumeaux pour compenser le temps perdu, il n'en demeure pas moins que ces grossesses gémellaires sont plus compliquées. Il y a quatre fois plus de prématurés, quatre fois plus de mortalité du fœtus et deux ou trois fois plus de mortalité maternelle par rapport à une grossesse unique. Pour certains, avoir des jumeaux permet de constituer d'emblée sa famille. Il est vrai qu'une deuxième grossesse est hypothétique chez une femme ayant son premier bébé à 40 ans. Il n'en demeure pas moins que les grossesses gémellaires grandes pourvoyeuses de complications doivent être, si possible, évitées.

Les couples mal accompagnés, mal diagnostiqués, mal traités

➤ *Les mauvaises prises en charge*

La prise en charge de l'infertilité a fait des progrès incroyables depuis vingt ans : les tests diagnostic et pronostic ont changé, les traitements se sont affinés, les méthodes de surveillance se sont sophistiquées. Malgré ces avancées technologiques, certains couples sont toujours mal pris en charge.

L'un des problèmes est la formation permanente des médecins quasiment inexistante en France. Pour l'instant il n'y a aucun système de vérification des connaissances acquises, et certains médecins traitent des femmes infertiles avec des compétences datant de quinze ou vingt ans, sans remise à jour.

D'autres n'ont jamais eu de formation spécialisée, mais prennent quand même en charge des couples plutôt que de les adresser à un confrère plus compétent. Les couples sont incapables de savoir si leur prise en charge répond aux règles de l'art, ils font confiance à leur médecin. Ils peuvent alors perdre un temps précieux. Si la femme a 25 ans, c'est un moindre mal, mais perdre deux ou trois ans à 40 ans représente un risque pouvant priver définitivement une femme de maternité.

Les carences des prises en charge

Une enquête réalisée en 2004 par la Caisse d'assurance-maladie Midi-Pyrénées a étudié les femmes traitées en induction de l'ovulation par le citrate de clomiphène. Sur les 283 femmes étudiées, seules 50 % avaient eu une radiographie des trompes, 40 % des conjoints n'avaient jamais fait de spermogramme et 7 % des couples n'avaient fait aucune exploration alors que ces examens sont prévus dans le bilan préalable. Par ailleurs, 30 % des femmes n'avaient eu aucune surveillance de leur traitement. Cette étude locale montre les carences de prise en charge.

Ces approximations réduisent les chances des patientes qui, confrontées aux échecs, se découragent et abandonnent leur traitement. Ces traitements aléatoires ne sont par ailleurs pas sans conséquences. Il ne faut pas oublier les risques de complications qu'il est impossible de prévenir en l'absence de tout suivi. Pour éviter une grossesse multiple en dehors de la fécondation *in vitro* où l'on peut limiter le nombre d'embryons à replacer, l'échographie est indispensable pour compter le nombre de follicules et proposer l'arrêt du traitement s'ils sont trop nombreux.

➤ *Les marchands d'espoir*

Et puis il y a ceux que j'appelle les marchands d'espoir. Ces médecins traitent tout le monde selon un principe simple : il y a peut-être peu de chances, mais si l'on ne tente rien, il est sûr que l'on n'a aucune chance.

J'ai vu beaucoup de patientes menées en bateau par des médecins peu scrupuleux ou peut-être trop lâches pour reconnaître qu'ils n'y pouvaient rien. Je me suis souvent demandé si les médecins qui traitent les femmes de 44 ans, 45 ans ou même plus, le font pour des raisons mercantiles, ou bien pensent-ils sincèrement être doués de pouvoirs divins leur permettant de rivaliser avec le Tout-Puissant ! Je pense qu'une grande partie de ces médecins acharnés est tout simplement incapable de dire non et de récuser les patientes.

Je parle ici de prises en charge répétées de femmes de plus de 42 ans dont les bilans sont désastreux, avec des résultats de traitement catastrophiques. Ces femmes qui font quatre ou cinq tentatives de FIV, avec entre un et trois ovocytes, et à qui personne ne dit que leurs chances sont nulles. Les consultations de refus sont des consultations compliquées si on veut les réaliser avec humanité. Il faut expliquer, convaincre, ce qui est souvent difficile, en particulier pour les couples non préparés ou « jusqu'au-boutistes ». L'avis négatif peut provoquer des réactions de détresse ou de colère difficiles à maîtriser. Sans compter que ces consultations sont bien plus longues que celles où il ne s'agit que de remettre une ordonnance de traitement… Je m'attache à être aussi convaincant que possible car il est rare que ces patientes se limitent à un seul avis, ce qui est tout à fait compréhensible. Il est à mes yeux important d'être clair pour que la femme ne se laisse pas embarquer dans des traitements dont les chances de naissance sont proches de zéro.

Je me souviens de cette patiente venue me voir à 45 ans. « J'ai entendu parler de vous par une de mes amies qui m'a dit que vous étiez le meilleur et le plus gentil. Docteur, je place tous mes espoirs entre vos mains. » C'est ainsi que la consultation commença. L'analyse de son dossier montra qu'elle avait fait sept tentatives, à 44/45 ans (ce qui n'est pas éthique). Ces sept essais avaient donné des résultats catastrophiques, deux ou trois ovocytes en moyenne, des embryons une fois sur deux. Ces chances de succès en FIV étaient nulles, ou peut-être vaut-il mieux que je dise qu'elles étaient proches de zéro. « Avec un embryon, une grossesse est toujours possible ! » m'expliqua-t-elle. Je lui fis part de mon point vue et tentai patiemment de lui expliquer les raisons qui me conduisaient à refuser de la traiter. Je me gardai de critiquer mon confrère qui avait fait ces sept tentatives vouées à l'échec. Soudain, elle explosa de colère et me dit : « Vous êtes finalement méchant et incompétent. — Le médecin qui vous a tenu un discours plus positif était plus sympathique, mais a-t-il été plus compétent ? » lui ai-je répondu. Mon prédécesseur lui avait promis 15 % de chances de grossesse, une promesse d'arracheur de dents ! Pour ma part, je préférais lui expliquer les alternatives qui lui donneraient des chances réelles d'avoir un enfant. Certes il s'agissait de projets alternatifs, mais combien de temps allait-elle s'acharner au prix de dégâts psychologiques importants occasionnés par les échecs successifs et prévisibles, sans même parler des risques de cette prise en charge déraisonnable ? Elle se leva brutalement et partit en claquant la porte. Comment venir en aide à ces patientes ?

Aider à renoncer à la maternité

Pour nombre de femmes, la perspective de renoncer à l'enfant tant désiré est une situation de détresse insoutenable. Il n'est jamais facile pour le médecin de faire cette annonce lourde de conséquences. Elle laisse parfois planer un risque d'explosion du couple, principalement dans les situations où l'homme n'a pas d'enfant mais dans lesquelles ses chances ne sont pas en jeu. C'est perceptible dans les couples recomposés lorsque l'homme est plus jeune que la femme. Cette situation est d'autant plus mal ressentie que le projet d'enfant est devenu, pour certaines femmes, le but principal de leur vie. Le caractère impératif du désir d'enfant est plus surprenant lorsqu'il s'agit d'une union prolongée qui jusqu'alors avait mis entre parenthèses ce projet. Dans bon nombre de cas, le couple ignore tout des limites physiologiques de la procréation féminine, ce que beaucoup de couples reconnaissent en consultation. C'est pourquoi je répète qu'une campagne d'information me paraît urgente et salutaire.

Avant de renoncer il y a, chez les femmes traitées, le long trajet des tentatives médicalisées pour avoir un enfant. Pendant cette période, la femme va vouloir, espérer, se plier à toutes les procédures médicales physiquement éprouvantes.

Souvent, pour les femmes de plus de 40 ans, il n'y a rien dans le somatique qui explique que cela ne fonctionne pas. Les bilans sont normaux et certains parlent même de stérilité inexpliquée, ce qui me paraît contestable. Renoncer au projet de grossesse est bien sûr très difficile. Dans certains cas qui ne constituent pas la majorité, il n'y a pas de cause organique, les ovaires ne sont pas altérés et rien n'y fait, il est possible que les aspects psychologiques peuvent jouer un rôle. C'est alors qu'une plongée dans le psychique est importante. Une cure de parole, une ouverture sur l'inconscient peut, par ses chemins propres, ouvrir ce corps opaque à une grossesse. Toujours imprévu, il arrive même que l'enfant s'annonce quand la femme a fait surgir dans son échange avec le médecin ou le psychanalyste qui l'écoute, le « signifiant ». Ce mot n'a pas de sens particulier sauf pour celle qui le prononce, mais il a été tellement investi dans l'histoire et dans la lignée de cette femme que lorsqu'il surgit, quelque chose dans le corps de cette femme lâche. Que faut-il qu'elle perde pour qu'un espace vide se crée en elle où pourra se loger l'enfant ? Histoire familiale de grossesses pathologiques qui se transmettent dans la parole et sont terrorisantes, malédiction générationnelle, parole inconsciente de la mère qui empêche la fille d'être mère à son tour.

Alors comment aider une femme à renoncer ? Renoncer, on dit aussi faire le deuil ; il faut toujours un temps plus ou moins long, parfois très long pour faire ce deuil. Parfois il ne se fait jamais, on pourrait parler de mélancolie. Accompagner le deuil, c'est ce qu'il faut faire, mais peut-être un espoir imaginaire restera-t-il toujours là, un rêve qui ne finira jamais et qui consolera.

Pour notre part, médecins de la stérilité, nous perdons généralement contact avec celles pour lesquelles nous avons échoué. Nous avons pu parfois les accompagner pour les aider à interrompre la prise en charge. Parfois, c'est notre refus de continuer malgré leur entêtement qui signifie l'arrêt de l'espoir. Ce dernier au revoir, à la porte du cabinet, au couple que l'on a suivi pendant des mois ou des années, est poignant. Il arrive, mais c'est rare, que certains nous envoient un mot avec la photographie de leur enfant adopté, et c'est toujours un plaisir que de recevoir ce genre de nouvelles. Il est certain que d'autres sont allés chercher chez un confrère la poursuite des traitements refusés. Leur devenir nous est inconnu. C'est le propre de la pratique médicale. L'histoire du couple se poursuit ailleurs vers un autre avenir dont je ne fais pas partie.

Pour ces femmes dont les traitements ont échoué ou pour celles dont le bilan témoigne d'altérations majeures de la fonction ovarienne, il existe des alternatives qui permettront au couple d'avoir un enfant. Ce ne sera pas l'enfant dont il rêvait, issu de ses gamètes, mais un enfant qui réalisera leur rêve de fonder une famille.

Les solutions alternatives

➤ *FIV ou adoption ?*

La loi de bioéthique de 1994 a fait obligation aux médecins de l'AMP d'informer sur l'adoption les couples consultant pour infertilité. Ce projet de loi a été en grande partie élaboré par un gouvernement de gauche ; il est d'ailleurs passé en première lecture devant une Assemblée nationale de gauche. En deuxième lecture, c'est sous un gouvernement de droite, avec le professeur Mattéi, grand défenseur de l'adoption et ministre de la Santé de l'époque, que la loi a été finalisée et adoptée.

Il est étonnant que nos ministres aient pu penser sérieusement que certains couples n'avaient jamais entendu parler de l'adoption et qu'ils consulteraient dans les services d'AMP en négligeant cette possibilité. Je crois que beaucoup de couples stériles considèrent l'adoption comme une alternative aux échecs de conception intraconjugale, ce qui me semble tout à fait normal. Comme il est souvent de « bon ton » d'avoir un avis sur tout dans le domaine de l'assistance médicale à la procréation et de l'adoption, il est fréquent d'entendre certaines personnes se demander pourquoi les couples infertiles font ces traitements d'AMP plutôt que d'adopter un enfant. Ce sont souvent les mêmes qui pensent que les parents qui choisissent l'adoption par dépit après des échecs de FIV sont des parents de « deuxième choix ». C'est principalement à cause de cette idée préconçue qu'il est classique dans les démarches d'adoption de demander aux couples d'abandonner leur traitement d'infertilité. Les responsables de l'adoption s'inquiéteraient-ils de la capacité des couples à être de bons parents adoptants si l'idée d'avoir un enfant biologique n'était pas définitivement écartée ? De ce fait, beaucoup de ces couples dissimulent leur traitement pour entamer le long et difficile parcours de l'adoption.

Il est possible qu'ils éprouvent toujours le regret de ne pas avoir eu l'enfant issu de leurs gamètes, mais je suis sûr qu'une fois la décision prise, ils sont ravis de pouvoir s'occuper d'un enfant, de cet enfant pour lequel ils se sont tellement battus.

Certains couples font sûrement d'emblée le choix de l'adoption. Tous ne sont pas prêts à recourir aux techniques d'AMP, ou bien ils y sont opposés, comme certains catholiques pratiquants. L'adoption peut aussi être une démarche militante : être parents d'enfants sans famille. Ce choix clair permet d'aborder sereinement les étapes de l'adoption.

Je me souviens d'une émission de télévision au cours de laquelle plusieurs couples témoignaient. Il y avait un couple en cours de FIV, un couple en échec de FIV et un couple qui avait échoué en FIV et avait adopté. Ce qui était évident ce soir-là, c'est que le couple le plus heureux était le couple qui avait adopté. Ces parents avaient cet enfant tant désiré. Il n'était pas l'enfant biologique qu'ils avaient souhaité, mais manifestement cet enfant les comblait de bonheur.

Je rencontre tous les jours des couples en échec de FIV refusant d'emblée l'adoption, et d'autres qui s'y engagent de bon cœur. Je ne me donne pas le droit de juger pour autant leurs capacités à être de meilleurs ou de moins bons parents adoptants. Chacun a le droit à son propre rythme de réflexion, le bien-être de l'enfant restant bien évidemment l'élément clé de l'histoire.

L'adoption peut trouver tout naturellement sa place, soit avant le traitement, soit en cours de traitement pour des couples lassés de la lourdeur de la prise en charge médicale, soit pour les couples n'ayant pas réussi en AMP malgré de nombreux essais. Mais ne faisons pas croire aux couples qu'il y a d'un côté ces horribles traitements d'AMP et leurs cortèges de complications, et de l'autre côté le monde enchanté de l'adoption. L'adoption est un autre parcours du combattant.

➤ *Les démarches pour adopter*

En France, la loi concernant l'adoption stipule qu'il faut être âgé au minimum de 28 ans ou être marié depuis au moins deux ans et avoir au moins 15 ans de plus que l'enfant adopté. Depuis la loi du 11 juillet 1996, l'adoption n'est plus réservée aux couples hétérosexuels, les célibataires, concubins, veufs, divorcés peuvent également adopter. Les candidats doivent s'adresser aux services de l'Aide sociale à l'enfance afin d'obtenir un agrément, qui constitue la première étape. Le délai minimum obligatoire est de neuf mois. La procédure d'agrément impose d'accepter de répondre à des questions parfois inattendues voire intimes posées par un psychologue ou une assistante sociale. C'est l'occasion de faire le point sur son couple et sur soi-même. Une fois l'agrément obtenu, une demande d'adoption en France ou un dossier pour adopter à l'étranger doit être déposé. Si les futurs parents choisissent l'étranger, ils devront s'adresser à un organisme habilité par le ministère des Affaires étrangères du pays choisi ou s'adresser à l'Agence française de l'adoption. Chaque année, 4 000 enfants sont adoptés, près de 3 500 sont d'origine étrangère. Pour obtenir la garde d'un enfant étranger, il faut prévoir des demandes de visa, aller rencontrer l'enfant dans son pays, revenir parfois plusieurs fois avant d'aller chercher l'enfant.

En moyenne, il faut compter deux ans pour adopter à l'étranger et le double pour une adoption en France.

➤ *Le don d'ovocytes*

Le don d'ovocytes est à ce jour la seule et unique méthode permettant de s'affranchir de l'âge de la femme. Il a été mis au point pour les femmes ayant des ovaires absents, détruits ou inactifs, par exemple après un traitement de chimiothérapie ou en cas de ménopause précoce. La méthode utilisée a été adaptée de ce qui a été la première expérience de procréation assistée. Autour de 1885, un génial savant anglais, W. Heape, eut l'idée de récupérer par lavage utérin des embryons de lapine pour les transférer à une autre lapine. Afin que ses succès soient incontestables, il utilisa des lapines à poil angora et transféra les embryons chez des lapines à poil ras. La naissance de la portée de lapins à poil angora rendit son succès inattaquable. Les

Australiens, dans les années 1980, n'étaient pas loin de la méthode de W. Heape. Initialement, la donneuse d'ovocytes était inséminée avec le sperme du conjoint de la patiente qui devait bénéficier du don (appelée receveuse), l'utérus était ensuite « lavé » avec une solution physiologique. L'embryon récupéré était transféré dans l'utérus de la receveuse, dont l'utérus et l'endomètre avaient été préparés de manière synchrone, grâce à l'administration d'un traitement hormonal. La première grossesse a été obtenue en 1984 en Australie. Ce système de don avec fécondation *in vivo* a rapidement été abandonné, car les problèmes étaient nombreux. La donneuse risquait d'être enceinte si l'embryon n'était pas récupéré, les procédures de lavage pouvaient entraîner une infection, les taux de récupération d'embryon et de grossesse étaient très faibles. On a ensuite réalisé *in vitro* la mise en relation du sperme et des ovocytes donnés. Les indications se sont élargies aux affections génétiques de la femme transmissibles à l'enfant. On s'est rapidement aperçu que l'âge de la receveuse n'influençait pas le taux de grossesse obtenue à des âges de plus en plus tardifs. Le dernier record date de 2007, avec une Espagnole de 67 ans ayant mis au monde des jumeaux ! *A contrario,* plus la donneuse était jeune et plus les taux de grossesse étaient élevés.

La technique du don d'ovocytes

Sur le plan pratique, le don d'ovocytes nécessite de « préparer » en parallèle les deux femmes. La donneuse doit subir un traitement de stimulation ovarienne similaire à celui d'une fécondation *in vitro*. La receveuse reçoit un traitement hormonal mimant la physiologie et permettant de préparer l'endomètre à la nidation. Ces deux traitements doivent s'effectuer de manière synchrone pour utiliser des embryons « frais », c'est-à-dire non congelés, qui donnent de meilleurs résultats. Il est alors indispensable que l'utérus de la receveuse soit dans la fenêtre d'implantation lorsque les embryons issus des ovocytes de la donneuse seront disponibles. Les traitements bloquant le cycle qui permettent de démarrer le traitement de stimulation ovarienne de la donneuse et la préparation de l'utérus de la receveuse de façon simultanée rendent possible cette opération.

Lorsque les follicules sont matures, on procède à une ponction des ovocytes chez la donneuse puis à une fécondation *in vitro* avec les spermatozoïdes du mari de la receveuse. Les embryons ainsi obtenus seront replacés dans l'utérus de la receveuse, prête à les recevoir.

Il est aussi possible, grâce la congélation des embryons, de dissocier le don et le transfert à la receveuse. Les ovocytes de la donneuse sont fécondés avec le sperme du conjoint de la receveuse et les embryons obtenus sont congelés. Dans un second temps, la receveuse reçoit le traitement de préparation de l'utérus et les embryons sont décongelés et transférés lorsque l'utérus est prêt. Les résultats du don d'ovocytes avec embryons congelés sont presque de moitié inférieurs à ceux obtenus avec des embryons frais.

Les résultats du don d'ovocytes sont étonnants. Avec des embryons frais issus de donneuses jeunes (jusqu'à 32-35 ans), il est possible d'obtenir 60-70 % de grossesses dans les meilleures équipes du monde. Ces résultats permettent à des milliers de femmes d'avoir des enfants.

Les indications médicales et de convenance

Les indications du don d'ovocytes sont schématiquement divisées en indications médicales et en indications que l'on peut qualifier de convenance.

Les indications médicales regroupent les femmes ayant des ovaires non fonctionnels, mais dans la limite d'un âge normal de procréation. Par exemple, le don d'ovocytes peut être proposé à des femmes jeunes (moins de 38 ans) ménopausées précocement ou bien dont les ovaires ne répondent pas aux traitements de stimulation. Ce peut être également le cas des femmes dont les ovaires ont été détruits à la suite d'un traitement du cancer, des femmes atteintes d'affections génétiques graves et transmissibles, etc.

Les indications de convenance concernent les femmes de plus de 40 ans. Il ne s'agit pas d'un jugement péjoratif ; je trouve que le don est une méthode alternative tout à fait acceptable après 40 ans, si on ne dépasse pas un âge maximum raisonnable dont la valeur reste difficile à définir. Je l'appellerai « de convenance », car physiologiquement il est normal que chez certaines femmes au-delà de 40 ans, les ovaires ne soient plus capables de donner l'ovocyte dont seraient issus l'embryon, la grossesse et le bébé. Notons que la définition médicale d'une ménopause précoce est une ménopause survenant avant l'âge de 40 ans. Il n'en demeure pas moins que cette méthode permet à une femme de n'importe quel âge d'avoir un enfant si la donneuse est jeune.

Le don d'ovocytes, aussi tentant et simple qu'il puisse toujours paraître, n'est pas pour autant la panacée. Il n'est pas la solution aux problèmes évoqués dans cet ouvrage, en tout cas pas en France où sa mise en route reste compliquée.

Pratique et usage du don d'ovocytes

Il existe de nombreuses façons de faire du don : il peut être direct, entre deux personnes de la même famille ou qui se connaissent ; il peut être anonyme si la receveuse ignore les origines des ovocytes qu'elle reçoit.

À l'exception de certaines cultures où les enfants sont parfois donnés entre sœurs, comme en Afrique par exemple, la majorité des psychologues n'est pas favorable à l'idée du don entre personnes de la même famille, et principalement entre sœurs. La loi française interdit le don « direct ». En effet, on peut se demander s'il est constructif pour un enfant de savoir que sa famille est plus compliquée qu'à la normale, avec pour simplifier un papa, une maman, et une tata qui, en fait, est sa maman ! La loi française fait l'obligation de recourir à l'anonymat pour rester dans le cadre du don d'organes. Notons cependant que le don de rein entre parents est régulièrement pratiqué.

Le recours à une donneuse hors cercle familial, et plus encore dans le cadre de l'anonymat, impose ce que l'on appelle un appariement. Il consiste à choisir chez la donneuse des critères compatibles avec ceux de la receveuse. Il est aisé de comprendre que l'on ne donnera pas des ovocytes d'une femme blanche à une receveuse noire et *vice versa*. L'appariement est en général établi sur les grands critères morphotypiques : couleur de la peau, des cheveux, des yeux, etc. On essaie d'éviter les facteurs de risque commun de maladies graves entre le conjoint de la receveuse et la donneuse. Si le couple ne souhaite pas dire à son enfant qu'il est issu d'un don, il faut s'assurer de la compatibilité des groupes sanguins pour éviter que l'enfant puisse découvrir par lui-même que son groupe sanguin est incompatible avec ceux de ses parents. Pour certains couples, cet anonymat est un frein au recours au don. Trop d'inconnues chez la donneuse effraient les membres du couple. Il n'est pas rare que ce soit l'homme qui s'oppose au don d'ovocytes. Au cours de mon expérience, j'ai noté que l'homme, craignait parfois de perdre certains critères physiques de sa femme auxquels il était attaché. Ce qui explique notamment le succès des banques d'ovocytes américaines où l'on peut choisir la donneuse sur photographie ! Il n'est pas rare que les consultations avant don soient interminables et passionnantes. Il faut évoquer les techniques, la transmission des gènes, les rôles de l'inné et de l'acquis, le vécu de l'enfant et la nécessité ou non de garder le secret.

Sur ce dernier point, le débat fait rage. La majorité des psychologues est opposée au secret et pense qu'un tel secret ne peut être gardé toute une vie. Il serait donc préférable d'informer l'enfant. D'autres jugent que dans le cadre du don, ce secret est compréhensible. Aujourd'hui, un problème supplémentaire lié à l'anonymat apparaît. Les enfants à qui l'on a révélé qu'ils étaient issus d'un don de sperme aimeraient avoir des informations sur le donneur, alors que c'est impossible. Le bénéfice de la révélation du secret est contrebalancé par l'impossibilité, pour ces enfants, d'accéder à leurs origines. Ce problème doit être étudié rapidement. La création d'un fichier permettant d'obtenir des informations non identifiantes sur le donneur ou la donneuse, ainsi que la possibilité qu'ils se contactent en cas d'accord mutuel, constituerait un progrès indéniable. Une chose est certaine, il faut éviter à tout prix le secret de famille, situation où l'enfant est le seul à ne pas connaître la vérité. Les couples désirant conserver le secret ne doivent parler de leur démarche à personne.

Le marché du don d'ovocytes

Le don d'ovocytes est aujourd'hui dans certains pays le véritable *business* de la reproduction. Répondant de manière formidable aux limites des techniques d'AMP, il apporte une solution particulièrement efficace aux échecs des femmes dites âgées. Répétons-le : plus de 60 % de chances de grossesse dans les meilleures équipes. Moins glorieusement le don d'ovocytes, récupéré et détourné de sa fonction initiale par des pays aux limites éthiques élastiques, permet à des couples atypiques de procréer.

Souvenez-vous de ce fameux couple de frère et sœur du sud de la France âgés d'une soixantaine d'années. Moyennant un gros budget, ils se sont dirigés vers l'étranger pour faire un don d'ovocytes et recruter une mère porteuse afin d'avoir chacun un enfant. La moitié des embryons furent transférés chez la sœur qui porta pour elle-même un enfant issu d'ovocytes donnés et des spermatozoïdes de son frère. Le frère récupéra le bébé de la mère porteuse à qui l'on avait transféré l'autre moitié des embryons. « Science sans conscience n'est que ruine de l'âme », disait Rabelais ; d'autres appellent cela « vendre son âme au diable », certains de mes « confrères » préfèrent manifestement enrichir leur compte en banque puisque, de toute façon, ils ne peuvent pas « ruiner » ce qu'ils n'ont pas.

La législation française

Si le don est un *business*, c'est que certains pays l'ont rendu très difficile à mettre en œuvre, ou l'ont interdit, comme c'est le cas en Italie, en Norvège, au Japon ou en Allemagne. La France a une législation très coercitive en la matière qui rend le don quasiment impossible. En France, le don doit être anonyme et gratuit. La receveuse ne peut pas choisir la donneuse, et les centres ne sont pas autorisés à faire de la publicité pour en recruter. La pratique du don est interdite aux centres d'AMP privés, et limitée aux seuls centres publics. Les centres publics autorisés n'ont reçu aucun moyen supplémentaire pour réaliser cette activité. Pourtant, le don d'ovocytes nécessite l'application de mesures et de précautions indispensables pour garantir la sécurité et la qualité de l'appariement. Les particularités de cette activité nécessitent beaucoup de temps donc de moyens humains.

En France, les mesures de précaution dans le domaine de la santé adoptées à la suite de l'affaire du sang contaminé ont signé le coup d'arrêt de cette activité. En 1996, la France a été le seul pays au monde dans lequel le gouvernement a imposé une « quarantaine » aux embryons obtenus par don. Les embryons devaient être systématiquement congelés afin que la donneuse puisse refaire les tests de dépistage du virus du sida, six mois après le don des ovocytes. Les embryons ne pouvaient être utilisés qu'après cette période de « quarantaine ». Mais la pratique de la congélation systématique réduit par deux ou trois les chances de grossesse. La plupart des vingt-cinq centres publics d'AMP ayant fait une demande d'autorisation en 1995, malgré la loi de bioéthique très restrictive, ont de fait pratiquement arrêté de faire du don à la suite de cette disposition imposant la congélation systématique. Il a fallu dix ans pour que nous réussissions à convaincre le gouvernement de revenir sur ce décret. Ce dernier ne reposait sur aucune base scientifique justifiant le risque de transmission du sida par le don d'ovocytes. Il n'y a d'ailleurs à ce jour aucun cas rapporté dans le monde. Par ailleurs, la France, selon le principe de gratuité appliqué à tous les dons d'organes, s'est toujours farouchement opposée à tout dédommagement de la donneuse. Mais ne nous voilons pas la face, tout médecin ayant fait du don sait qu'il existe des arrangements financiers entre certaines donneuses et certaines receveuses. Il existe une réelle hypocrisie en la matière.

L'Espagne, le pays de cocagne du moment

Parallèlement, certains pays d'Europe ont une législation beaucoup plus souple. C'est le cas de la Belgique, pays où beaucoup de Françaises se sont rendues au milieu des années 1980. Mais il faut là aussi trouver une donneuse. C'est l'Espagne qui est aujourd'hui le lieu où se rendent des centaines de Françaises et d'Européennes pour faire un don d'ovocytes. La loi espagnole permet en effet de dédommager les femmes donnant leurs ovocytes ; il s'agit d'un dédommagement de 850 euros à 1 000 euros. Les couples n'ont pas besoin de trouver une donneuse, le centre espagnol s'en charge. Aujourd'hui, ces centres ont organisé de véritables structures dans lesquelles le personnel parle français, allemand ou italien. La prise en charge est rapide, entre 3 et 6 mois, et les taux de succès se situent autour de 60 %. En France, le délai est de un à deux ans, de plus il faut trouver une donneuse, ce qui n'est pas facile.

Une loi trop contraignante

En France, la loi interdit de subordonner le don à la « fourniture » d'une donneuse, mais il n'y a pratiquement aucun don spontané, et en l'absence de donneuses le don est impossible. Les centres sont donc de fait obligés de demander aux patientes de sensibiliser une donneuse potentielle. Cessons la langue de bois, il faut contourner la loi car, de fait, les candidates sans donneuse se retrouvent sur des listes d'attente aux délais interminables.

Les donneuses peuvent appartenir à plusieurs groupes : il peut s'agir de patientes consentant au prélèvement d'ovocytes lors d'une intervention chirurgicale (ligature des trompes par exemple). Cette situation est rare car le traitement de stimulation nécessaire n'est pas souvent accepté. Dans certains pays, la donneuse peut être rémunérée, mais la France interdit cette pratique. Dans certains cas, les patientes infertiles en cours de FIV peuvent consentir à donner un certain nombre de leurs ovocytes pour une receveuse. Cette situation est également très rare en France. Le cas le plus fréquent est celui de la donneuse dite « relationnelle », qui appartient à l'entourage de la patiente concernée. Il peut s'agir d'une personne de la famille, d'une amie ou d'une connaissance. Certaines sont recrutées sur Internet. Trouver une donneuse est souvent difficile, cependant cela ne suffit pas à la rendre éligible. Un bilan complet est réalisé pour s'assurer de l'absence de pathologies infectieuses ou génétiques transmissibles. Un bilan psychologique est également effectué.

Mais l'âge de la donneuse reste le facteur capital dans les taux de succès du don. Dans le cas d'un don direct, la receveuse peut accepter en toute connaissance de cause une perte du nombre de chances de réussite, due à l'âge avancé de sa donneuse, ce qui est inacceptable dans le cadre du don anonyme. En France, le don direct est interdit, pourtant les receveuses aident les centres à trouver des donneuses, les dons spontanés étant rarissimes. Mais la donneuse ne pourra pas donner pour la patiente qui l'a trouvée et elle ne sera pas rémunérée pour son don, du moins officiellement. Il serait injuste qu'une femme ayant amené une donneuse de 28 ans reçoive des ovocytes d'une femme de 38 ans. Pour équilibrer les chances des patientes, la plupart des centres pratiquant le don anonyme limite l'âge de la donneuse à 35 ans afin de ne pas diminuer les chances de grossesse de la receveuse. La loi impose aussi que l'accord du conjoint de la donneuse soit demandé.

L'interdiction de « subordonner » le don au recrutement d'une donneuse a contribué à la quasi-suppression des centres pratiquant le don en France (5 centres sur les 25 centres autorisés ont réalisé 80 % des tentatives de don en 2005). Un programme de don anonyme ne peut fonctionner que s'il existe un « pool » de donneuses pour effectuer un appariement. Et la création de ce « pool » n'est possible que si la majorité des receveuses amènent une donneuse. En appliquant la loi à la lettre, la masse de receveuses n'ayant pas trouvé (ou n'ayant pas cherché) de donneuse augmente rapidement. Si cette pénurie de donneuses se pérennise, les centres s'arrêteront de fonctionner. Les difficultés de prise en charge en France poussent la plupart des femmes à se tourner vers l'étranger. Le seul problème est le coût : en France le don est gratuit, en Espagne un don peut coûter de 6 000 à 9 000 euros. Malgré ces tarifs prohibitifs, les centres espagnols font des milliers de dons d'ovocytes chaque année et s'enrichissent grâce aux patientes françaises. Ce *business* est tellement lucratif que les Espagnols sont concurrencés. Des centres tchèques, grecs, russes proposent leurs services à des tarifs deux ou trois fois inférieurs. Il nous est encore difficile pour l'instant de nous prononcer sur la qualité et la garantie des bonnes pratiques dans tous ces nouveaux centres de don d'ovocytes. Nous sommes démunis car nous devons faire face à une forte demande de patientes n'ayant pas trouvé de donneuses et ne pouvant pas être prises en charge en France dans des délais raisonnables. Noyés de demandes, les centres français ne peuvent assurer la prise en charge des femmes de plus de 40 ans venant après l'échec de nombreuses tentatives de FIV ou bien parce qu'elles sont ménopausées. Les centres se concentrent sur les femmes jeunes présentant des indications médicales dues à des pathologies avérées. Les rares centres français continuant le don ne sont pas en mesure de faire face à la demande des indications « de convenance » pour âge.

Le gouvernement a clairement instauré une médecine à deux vitesses. Les femmes ayant les moyens foncent à Barcelone et reviennent une fois sur deux avec une grossesse dans les 6 mois, les Françaises sans le sou n'ont que leurs yeux pour pleurer. Le dédommagement de la donneuse semble être la clé de voûte de l'efficacité du système espagnol et de ses concurrents. Les rumeurs les plus folles circulent sur les sources d'ovocytes des centres espagnols. Comment font-ils pour assurer une telle masse de dons affluant de toute l'Europe ? N'y aurait-il pas des charters de jeunes Slaves payées quelques centaines d'euros (ce qui représente une fortune pour elles) afin de les fournir en ovocytes ?

Le don d'ovocytes pose clairement des problèmes éthiques s'il devient un traitement de masse pour les femmes de 40 ans qui se réveillent trop tard. Il est à l'évidence inacceptable que la pauvreté de certains pays permette d'acheter à bas prix des ovocytes de jeunes femmes qui doivent subir un traitement non dénué de risques. L'altruisme a disparu d'un système qui est devenu commercial. Aux États-Unis, le don d'ovocytes représente un énorme pan du marché de la reproduction, alimenté par les désirs de grossesse de plus en plus tardifs des femmes des milieux aisés, ayant accès à ces techniques onéreuses (20 000 à 30 000 dollars pour un don !). En 2005 (derniers résultats connus), il s'est pratiqué 92 389 tentatives de fécondation *in vitro* et 14 646 tentatives de dons. Le don d'ovocytes représente un chiffre d'affaires de 38 millions de dollars. En Espagne, les donneuses reçoivent une

« compensation » de 1 000 euros environ, c'est à Barcelone notamment qu'affluent des donneuses avides et des receveuses potentielles lassées d'attendre en France un éventuel don. Les centres espagnols de la province de Catalogne auraient réalisés à eux seuls 5 000 dons en 2007. Les Cécos enregistrent en France moins de 200 dons d'ovocytes par an, soit une collecte de 2 000 ovules au maximum.

Les chiffres du don d'ovocytes en France

L'Agence de biomédecine vient de publier un rapport sur le don d'ovocytes.
En 2005, il y a eu 238 transferts de don d'embryons frais et 212 transferts d'embryons congelés. Un total de 118 donneuses a été ponctionné. Le taux de grossesse est de 32 %. Cent enfants sont nés en 2005 issus de don. La limite d'âge des donneuses varie selon les centres entre 34 et 42 ans (!) ; celles des receveuses de 38 à 45 ans. Ces chiffres montrent à quel point la législation française pénalise les patientes qui n'ont pas les moyens de se payer un voyage en Espagne qui leur apporterait deux fois plus de chances de succès. Cette différence de taux de grossesse est à imputer à l'âge des donneuses qui est bien plus bas en Espagne en raison de la possibilité de dédommagement et d'annonce pour recruter des candidates (www.agence-biomedecine.fr).

Le décalage de l'âge des grossesses ne fera qu'aggraver la situation des femmes, qui n'auront comme seule solution de procréation que le don d'ovocytes ou l'adoption. Le don d'ovocytes a pour la plupart un avantage certain sur l'adoption, il permet à l'enfant d'être issu des spermatozoïdes de l'homme et d'être porté et accouché par la femme. Là encore, comment reprocher aux couples de préférer un lien génétique ou biologique à l'adoption ?

Faire un enfant à 40 ans est difficile, mais cela peut être possible. Les aléas de la vie expliquent souvent les désirs tardifs. S'il s'agit d'un choix fait en connaissance de cause, les raisons en sont tout à fait respectables. Mais je trouve dommage que beaucoup de couples s'exposent physiquement et psychologiquement à des traitements lourds, à des solutions alternatives complexes parce qu'ils n'imaginent pas à quel point le temps joue contre eux. Ne remettez pas à demain le bébé que vous pouvez encore faire aujourd'hui.

CHAPITRE 6

L'aide médicale à la procréation : 2008-2084

Où en sommes-nous ?

➤ *Nous vivons une époque formidable*

Notre technicité s'affine de jour en jour, ce qui n'était que science-fiction hier devient aujourd'hui réalité. Les techniques d'assistance médicale à la procréation font des progrès extraordinaires voire effrayants pour certains. À ce jour, de nombreuses pathologies ont été comprises, traitées, permettant de donner naissance à des centaines de bébés qui n'auraient jamais pu naître il y a seulement quelques années.

Depuis quarante ans, nous avons appris à inséminer des spermatozoïdes dans l'utérus, à prélever des ovules, à stimuler la croissance des follicules, à obtenir des embryons en fécondation *in vitro*. En cas de déficience spermatique, les quelques spermatozoïdes disponibles peuvent être injectés un par un dans les ovocytes.

Les spermatozoïdes peuvent même être prélevés au niveau testiculaire et un seul d'entre eux suffit théoriquement pour obtenir une grossesse. Nous avons appris à congeler des spermatozoïdes de manière à préserver la fertilité des hommes exposés à des traitements stérilisants ou pour constituer des banques de sperme de donneurs. Nous savons analyser le contenu génétique des embryons, des ovocytes et des spermatozoïdes. Certains chercheurs tentent de sélectionner les spermatozoïdes qui donneront des garçons et ceux qui donneront des filles par des méthodes non invasives basées sur la différence de poids entre les spermatozoïdes contenant un chromosome X (à l'origine des filles) et ceux contenant un Y (à l'origine des garçons). Une simple prise de sang chez une femme enceinte permet aujourd'hui d'isoler les cellules du fœtus et d'analyser un certain nombre de facteurs génétiques. Nous savons également congeler des embryons dans l'azote liquide à – 196 °C et conserver la vitalité de la majorité d'entre eux avant de les décongeler pour les implanter (le premier bébé issu d'un embryon congelé est né en 1986). Aujourd'hui, beaucoup d'enfants sont issus d'embryons ayant été congelés durant plusieurs années.

Nous progressons chaque jour dans les techniques de congélation des ovocytes, nous espérons bientôt les préserver comme nous le faisons depuis plus de trente ans pour le sperme. Quelques centres proposent dès à présent à des femmes de stocker leurs ovocytes pour repousser la grossesse à plus tard. Actuellement, des recherches étudient aussi la congélation de fragments de tissus ovariens. Cette technique permettrait de congeler des follicules en grand nombre et de préserver la fertilité de certaines jeunes femmes ou jeunes filles traitées pour un cancer.

Des techniques génétiques, utilisées dans le diagnostic préconceptionnel, permettent d'obtenir un reflet du contenu génétique de l'ovocyte par l'analyse d'une partie de celui-ci (biopsie du globule polaire). Le diagnostic préimplantatoire (DPI) permet de prélever quelques cellules d'un embryon de 3 jours, afin d'étudier son profil et de repérer les embryons atteints de certaines maladies génétiques, et *in fine*, de ne transférer que des embryons sains. Cette technique pourrait aussi sélectionner ces embryons sur d'autres critères. Le comité d'éthique a par exemple accepté que les embryons soient triés pour permettre la naissance d'un enfant dont la moelle sera compatible avec celle d'un enfant malade : ce sont les fameux « bébés médicaments » ou « bébés docteurs ».

Notre connaissance du système hormonal nous permet de stimuler l'endomètre et de favoriser l'implantation d'un embryon dans l'utérus d'une femme dépourvue d'ovaire. Nous sommes capables, grâce au don d'ovocytes, de pallier une déficience de production de ces précieuses cellules.

Les mères porteuses permettent à des femmes d'avoir un enfant issu de leur ovocyte grâce à l'utérus d'une autre femme. Ce prêt d'utérus, appelé également « gestation pour autrui » (horrible vocable), permet d'avoir des enfants, si on a des ovocytes, même si l'on ne peut pas être enceinte du fait d'une atteinte de l'utérus.

Aujourd'hui ces techniques sont librement utilisées dans de nombreux pays, et grâce à ces prouesses médicales, des centaines d'enfants sont nés chez des couples souffrant d'infertilité.

➤ *Débats, limites et dérapages de l'AMP*

Mais des dérives scandaleuses, pilotées par des médecins peu scrupuleux, desservent les techniques d'AMP destinées à aider des couples. Les médecins qui soignent les couples infertiles ne traitent pas des femmes de 67 ans, la moyenne d'âge des femmes que nous traitons en FIV est de

35,5 ans. Il ne s'agit pas de femmes ou d'hommes seuls mais de couples souvent désespérés. Nous les aidons du mieux que nous pouvons, dans le respect des règles éthiques et des limites imposées par la réglementation française.

Il est évident que ces possibilités techniques ouvrent la porte à des prises en charge qui suscitent des débats éthiques houleux entre partisans et opposants à la prise en charge de certains patients.

➤ *AMP et homoparentalité*

Le débat sur l'accès des couples homosexuels à l'assistance médicale à la procréation en est la meilleure illustration.

Pour certains, l'accès de l'AMP aux couples d'homosexuelles doit être accepté, de nombreuses études montrent que les enfants élevés par des couples homosexuels se portent bien. Un autre argument fait valoir que notre structure familiale a évolué ; dans les couples hétérosexuels, il n'y aurait plus un partage sexué homme/femme aussi délimité dans l'éducation des enfants. Aujourd'hui le rôle du chef de famille peut être tenu indifféremment par l'homme ou par la femme. Les parents homosexuels n'auraient pas de problèmes pour donner un père ou une mère de substitution et recréer l'équilibre nécessaire à leurs enfants. Cette structure familiale existe aussi chez des couples recomposés où plusieurs individus peuvent jouer le rôle de parents.

Le psychanalyste Jean-Pierre Winter modère son avis et émet quelques restrictions. Il ne se dit pas opposé à l'adoption des enfants par les couples homosexuels, mais s'oppose à leur accès à l'AMP. Il insiste sur le fait que la parentalité n'est pas seulement de l'amour et de l'éducation mais aussi un lien social. L'AMP avec don de gamètes

« élimine » de fait l'un des parents. Pour les couples de femmes ayant recours à des banques de sperme avec des donneurs anonymes, c'est le père biologique qui est invisible. Dans le cas de couples homosexuels masculins, la mère est transparente dans la filiation. Les couples d'hommes ont pourtant besoin à la fois d'ovocytes et d'un utérus. Dans les pays autorisant ces techniques, les couples homosexuels masculins choisissent des combinaisons parfois compliquées : la même femme peut éventuellement donner ses propres ovocytes et porter l'enfant issu des spermatozoïdes de l'un des partenaires. Parfois ces hommes ont recours à deux femmes, l'une donnant les ovocytes et l'autre jouant le rôle de mère porteuse.

Cette « élimination » concerne la fonction symbolique du père ou de la mère, structure fondatrice de la famille depuis la nuit des temps. L'enfant se construit sur la différence des sexes du père et de la mère. Il sera important que cet enfant né d'un couple homosexuel ne soit pas amené à penser qu'il est issu d'un accouplement dont il est impossible qu'il soit né : celui de deux femmes ou de deux hommes. Ce n'est pas la même chose si le couple de femmes fait appel à un homme connu qui donne son sperme. Cette situation est d'ailleurs fréquente chez les homosexuelles qui se débrouillent « seules ». C'est le donneur qui joue souvent plus tard le rôle de « père » dans l'éducation de l'enfant.

Les psychanalystes en faveur de l'homoparentalité, comme Geneviève Delaisi de Parseval, s'appuient sur la possibilité que l'un des rôles structurants de la cellule familiale peut être joué par un tiers biologiquement indépendant de l'enfant. Dans la structure familiale classique, un des rôles du père est de casser le lien fusionnel entre l'enfant et la mère, en étant le « tiers séparateur ». Sans cette rupture salvatrice, l'enfant (ou l'adulte) resterait dans une dépendance affective vis-à-vis de sa mère. Geneviève Delaisi de Parseval pense que ce rôle de « tiers séparateur » peut facilement être tenu par une autre personne que le père biologique.

Les autres critiques concernent l'équilibre éducatif de l'enfant, chaque sexe ayant son rôle dans la cellule familiale. La mère agit le plus souvent dans le registre de l'affectif et de l'éducatif, alors que le père est classiquement plus autoritaire. Il fait vivre à l'enfant des sensations, des actes inhabituels ; il l'amène hors du cocon maternel. Le père va provoquer de la peur, mais cette peur permet à l'enfant de grandir et de construire son identité. Pierre Lévy Soussan, psychiatre et psychanalyste, insiste sur l'importance du père qui « met en danger » l'enfant et exprime cette idée par cette phrase : « On ne voit pas souvent une mère faire sauter un enfant en l'air. »

Dans le cas des couples homosexuels, se pose aussi le problème classique de l'accès à l'origine de l'enfant. Il me semble très important que l'enfant ne soit pas élevé dans la confusion et que la question du père ou de la mère ne soit pas écartée. Je suis enclin à partager le point de vue de Jean-Pierre Winter : je serais plutôt favorable à l'accession à la parentalité des couples homosexuels féminins (cependant bien plus hésitant pour les hommes) mais réticent à l'accès à l'AMP. Je suis aussi très réservé sur la prise en charge des femmes seules en AMP pour les mêmes raisons. Des données relatives au suivi psychologique de ces femmes seules, collectées par les centres proposant cette prise en charge, ont montré des difficultés relationnelles « mère-enfant » fréquentes et importantes.

Les techniques d'AMP peuvent aussi donner lieu à des dérives contestables. Elles peuvent être mises au service de projets de reproduction, dans lesquels l'intérêt de l'enfant passe parfois au second plan. Aujourd'hui, l'antichambre de la reproduction de demain se trouve au pays de toutes les libertés et de tous les excès : les États-Unis.

Le *fertility business*

Aux États-Unis, le *fertility business* est un secteur évalué à plus de 3 milliards de dollars par an (2,3 milliards d'euros) de chiffre d'affaires. C'est un ensemble de prestations au service de la médecine de la reproduction. Les actes sont codifiés et chiffrés : c'est une médecine dans laquelle le patient est un client, et comme le client est roi le patient est roi !

L'établissement des centres de prise en charge de la stérilité n'est pas contrôlé. Il existe plus de 400 centres de FIV affiliés aux institutions américaines (Center for Disease Control). Il en existe probablement plusieurs dizaines, non affiliés donc encore moins contrôlés.

➤ *Les Américains, très grands consommateurs d'AMP*

L'engouement pour ces techniques s'explique entre autres par la souplesse de la réglementation américaine. Les États-Unis sont la patrie des *carriers women*, et les femmes américaines font des enfants de plus en plus tard. La moyenne d'âge des femmes en FIV aux États-Unis est de 38,5 ans (35,5 ans en France). S'y ajoute le culte du *perfect body* qui donne aux femmes en superforme l'envie de faire des enfants à 40, 45, 50, 55 ans et même plus. Il existe pléthore de centres d'AMP et la concurrence est sauvage. Contrairement à la France, aux États-Unis la plupart des patients paient l'intégralité de leurs soins d'infertilité et les tarifs sont trois à quatre fois plus élevés qu'en France. Cela représente une véritable manne financière pour les hommes d'affaires.

➤ *De la « marchandise » de premier choix*

Au pays de l'oncle Sam, beaucoup de choses sont possibles, presque tout s'achète, c'est juste une question de dollars ! Il est possible de trouver ovules, spermatozoïdes et utérus en location. Des sociétés spécialisées poussent comme des champignons et monnayent à prix d'or ces précieuses cellules. Des paillettes de sperme sont, moyennant 275 dollars (environ 200 euros), accessibles à toute personne, marié(e) ou non, seule ou non, homosexuel(le) ou hétérosexuel(le).

Dans certaines de ces officines, il est possible de trouver des catalogues de donneuses, jeunes femmes de bonne famille aux mensurations parfaites prêtes à donner, ou plutôt à vendre, leurs précieux ovules. Elles fourniront, moyennant 5 000 à 10 000 dollars (environ 3 700 à 7 400 euros), des ovocytes définis comme de première qualité. Vous pourrez aussi connaître les aptitudes intellectuelles de la donneuse : ses études, ses hobbies, ceux de sa famille et même, dans certains centres, la choisir sur photo. La même chose existe avec le sperme. Moyennant un surcoût, certaines banques de sperme proposent des services d'exception étonnants, jouant dans les registres du fantasme et de l'eugénisme. Sur demande des (riches) couples il est possible d'obtenir un enregistrement de la voix du donneur et son pedigree sur trois générations. Cette proposition étrange rappelle celles de la « Repository for germinal choice » ou la banque de sperme réservée aux prix Nobel qui vit le jour dans les années 1980.

Les banques de sperme des prix Nobel et autres

Lorsqu'un milliardaire américain, Robert Graham, créa une banque de sperme réservée aux prix Nobel, seuls trois « nobélisés » répondirent favorablement à ce don (gratuit). Trop vieux, aucune femme ne tomba enceinte de leurs œuvres. Robert Graham élargit alors son recrutement d'étalons et les hommes pouvant se targuer de présenter des qualités intellectuelles ou physiques exceptionnelles déposèrent leur précieuse semence : deux cent quinze enfants naquirent de cette entreprise. Le journaliste David Plotz mena une enquête et retrouva quinze de ces enfants (*The Genius Factory*, 2005). Il semble qu'aucun n'hérita de leurs remarquables pères.

Plus récemment, des *beauty eggs* furent proposés par un photographe de mode américain, Ron Harris, sur le site ronsangels.com (aujourd'hui ce site est un site érotiquc). Ces ovules étaient issus de donneuses de « première classe », plusieurs d'entre elles auraient été mannequins ou reines de beauté.

Il existerait un site Internet créé par un homme de « niveau intellectuel supérieur » proposant gratuitement son sperme pour « faire profiter les autres de ses qualités ». Les femmes intéressées doivent juste signer un contrat libérant le père de toute implication morale et financière vis-à-vis de sa géniale descendance… Fantasme, fantasme !

➤ *Un service à la demande*

Après le côté « produits en tout genre et en stock », côté « services » la FIV est facturée de 6 000 à 20 000 dollars (environ 4 400 à 14 700 euros) et pour une ICSI, il y aura un petit supplément de 2 000 dollars (environ 1 500 euros). Si le client craint certaines maladies (ou préfère un petit garçon plutôt qu'une petite fille), il suffit de le formuler, la qualité du service imposant de garantir un maximum de satisfaction.

De fait, il est aujourd'hui plus sûr de faire un enfant par don d'ovocytes qu'un bébé « maison » : les donneuses subissent toutes sortes de tests de dépistage des principales maladies génétiques. On évite ainsi une transmission à l'enfant d'une éventuelle pathologie, sans parler du fait que le recours à une donneuse de 25 ans évite à une femme de 40 ans le risque de fausse couche (40 % avec ses propres ovocytes). De plus, grâce à la jeunesse de l'ovocyte, l'amniocentèse peut être évitée. L'augmentation du risque d'anomalies chromosomiques liées à l'âge, au premier rang desquelles se trouve la trisomie 21, n'est plus à l'ordre du jour.

Si la grossesse ennuie ou contrarie les plans de carrière de riches Américaines (ou si elles ont peur des vergetures !), elles peuvent avoir recours à une mère porteuse. Une location d'utérus pour neuf mois – pas de réduction prévue en cas d'accouchement avant terme – c'est 25 000 à 45 000 dollars (18 300 à 33 000 euros). Si en plus leurs ovocytes sont défectueux, il est possible de combiner le don d'ovocytes et la mère porteuse ; la facture peut alors atteindre 75 000 dollars (55 000 euros) au total. Et pourquoi ne pas y ajouter un donneur de sperme blond si le conjoint est brun alors qu'un enfant blond garanti serait tellement plus mignon !

➤ « Business is business »

Rappelons qu'il s'agit d'un *business* : la mère porteuse reçoit environ 10 000 dollars (7 300 euros) auxquels s'ajoutent ses frais et l'intermédiaire prend 15 000 dollars (11 000 euros). Financièrement, il vaut mieux être intermédiaire que mère porteuse !

Si le budget est plus limité, il est plus intéressant d'adopter un enfant, c'est moitié moins coûteux. Les frais d'adoption vont de 15 000 (11 000 euros) à 45 000 dollars (33 000 euros). Un bébé noir est moins cher qu'un blanc, et le plus économique est le Guatemala où les bébés s'achèteraient pour très peu. Un professeur de Harvard désirant adopter s'est penché sur cette économie. Dans son livre, *The Baby Business*[1] (pas encore édité en France à ce jour), elle mène une enquête et relate prix et histoires invraisemblables.

➤ *Des dérives (in)attendues*

Certains parents ayant fait appel à une mère porteuse se sont trouvés face à une grossesse de triplés non prévue. À la naissance, ils n'ont choisi qu'un seul bébé et laissé le reste de la « portée » à la mère « porteuse ». Un autre couple a choisi des jumeaux issus de deux donneurs de spermes différents : un Blanc et un Asiatique, c'est plus origi-

1. Debora L. Spar, *The Baby Business : How Money, Science and Politics Drive the Commerce of Conception*, Harvard Business School Press, 2006.

nal et tellement mignon ! C'est le bébé à options. Ces techniques sont à disposition des couples hétérosexuels infertiles, mais elles sont aussi utilisées *largua manu* par les couples d'homosexuelles avec don de sperme éventuellement simultané chez les deux femmes (du même donneur ou de deux donneurs différents) pour éviter les jalousies ! Les couples homosexuels masculins utilisent une donneuse d'ovocytes et une mère porteuse.

Les *single* (homme ou femme sans conjoint) sont aussi une clientèle ciblée par la politique commerciale de ces établissements : insémination artificielle avec donneur pour la femme et don d'ovocytes avec mère porteuse pour les hommes.

Certains couples français, des hommes ou des femmes, seul(e)s et fortuné(e)s, vont déjà aux États-Unis pour bénéficier de traitements interdits en France. Je reçois régulièrement les prospectus de ces centres américains, ils repèrent nos noms et nos adresses dans les congrès scientifiques et nous adressent la liste de leurs services ainsi que les tarifs.

Il y a quelques années une affaire avait défrayé la chronique aux États-Unis. Un couple avait eu recours à un double don de sperme et d'ovocytes, pratique interdite en France. Au moment de leur divorce, aucun des deux ne voulait récupérer l'enfant, prétextant chacun qu'il n'était pas d'eux !

Dernièrement, un couple de Français a participé au tiercé gagnant des dérives de l'AMP : un médecin américain les a traités sans aucun scrupule : c'était un frère et une sœur de 64 ans. Le médecin a utilisé une donneuse d'ovocytes dont les ovules ont été inséminés avec le sperme du frère. Les embryons obtenus ont été transférés pour moitié dans l'utérus de la sœur et pour moitié dans l'utérus d'une mère porteuse. Les deux femmes ont été enceintes simultanément. L'enfant de la mère porteuse était destiné au frère. La sœur a porté pour elle-même un enfant issu des spermatozoïdes de son frère ! Les cousins seront demi-frères ! *What a wonderful world !* Il semble, qui plus est, que cette folle aventure incestueuse n'ait été motivée que par la peur de perdre une propriété faute de descendant… On rêve !

Le nombre important de femmes de plus de 40 ans désirant des enfants a entraîné aux États-Unis un développement sans précédent des méthodes de procréation alternatives et de l'adoption. Le don d'ovocytes est très largement réalisé (près de 15 000 en 2005 contre environ 400 en France) afin de répondre à toutes les femmes de plus de 40 ans qui veulent des enfants. Une véritable mode conduit de jeunes étudiantes anglaises à se rendre aux États-Unis pour donner leurs ovules contre des espèces sonnantes et trébuchantes.

N'oublions pas non plus le *big business* de l'adoption dirigée. Si Madonna et Angelina Jolie sont allées « acheter » un enfant en Afrique, beaucoup d'Américaines ont recours aux adoptions dirigées aux États-Unis et n'ont pas besoin de prendre de traitement antipaludisme ! Rien n'est plus facile. En général, il s'agit d'officines d'avocats qui se sont engouffrées dans la nouvelle devise américaine. Sous l'effigie du billet vert américain est inscrit : « *In God we trust* » (nous croyons en Dieu), en matière de reproduction la devise serait plutôt « *In God we trust, and the rest in cash* ». On peut adopter des enfants nés et il existe de véritables « supermarchés » accessibles sur Internet. Mais on peut aussi adopter des enfants à l'avance grâce au concours de structures spécialisées. Ces avocats servent d'intermédiaires entre des femmes qui souhaitent abandonner leurs enfants et des femmes qui cherchent à en adopter. Coût de l'opération, entre 30 000 et 50 000 dollars (22 000 à 36 700 euros), le prix d'une belle voiture… De plus, une sélection est proposée, l'avocat envoie un descriptif de la femme enceinte et des tests sont réalisés ; il est possible de refuser la proposition ! On peut aussi demander plus de tests, il suffit de régler les frais supplémentaires. Une fois l'enfant choisi, on a même, dans certains États, neuf semaines pour le rendre. N'oubliez pas de garder le ticket de caisse ! Bien sûr, la commercialisation d'enfants et le cortège des protections et options diverses proposées moyennant finance est choquant. Rappelons qu'à l'origine les agences de placement d'enfants étaient composées de personnes qui désiraient sincèrement et gratuitement aider des enfants en difficultés. La Children's Aid Society of New York, fondée en 1853 par un pasteur protestant (Charles Loring Brace), avait pour but de lutter contre la pauvreté qui laissait dans la rue des centaines d'enfants. Il pensait sincèrement que ces enfants seraient beaucoup plus heureux chez des familles d'accueil protestantes du Midwest. Brace et ses assistants placèrent près de 100 000 enfants en cinquante ans. Il fallut attendre les années 1930 pour constater simultanément l'apparition d'agences d'adoption facturant leur rôle d'intermédiaire et l'établissement de règles d'adoption par les États. En somme, mettre en relation des femmes déterminées à abandonner un enfant qu'elles ne veulent pas garder et des couples désireux d'adopter des enfants est tout à fait acceptable. Ce qui est choquant, c'est la transformation de ce service en un *business* lucratif où l'argent sert surtout à enrichir les intermédiaires.

➤ *De plus en plus fort, de plus en plus cher*

Les femmes de plus de 43 ans constituent un groupe de consommatrices privilégiées. On peut leur proposer des dons d'ovocytes ou des FIV avec diagnostic génétique préimplantatoire pour éviter les trisomies, etc. Il faut préciser que toutes les études scientifiques sérieuses faites sur le sujet n'ont jamais montré que le tri génétique des embryons améliorait les taux de succès en FIV des femmes dites « âgées ». Une étude récente a même montré que la technique diminuait ces taux, probablement du fait de la biopsie. Ceci n'empêche pas des dizaines d'équipes dans le monde de proposer à prix d'or ces techniques à des patientes prêtes à tout pour obtenir l'enfant qu'elles désirent. On propose aussi dans une clinique de l'est des États-Unis à des jeunes femmes qui ont peur de ne pas trouver l'homme de leur vie avant 40 ans de congeler leurs ovaires. Pour certaines candidates, ceci permet de repousser ostensiblement aux calendes grecques leur projet d'enfant, voire de couple ! Des expériences animales ont permis d'obtenir des grossesses après congélation, décongélation et greffe de ce tissu ovarien prélevé. Dans l'espèce humaine, seules trois grossesses ont été obtenues. Elles sont contestées car les trois patientes avaient gardé du tissu ovarien et certains pensent qu'il n'est pas exclu, en dépit des traitements reçus, que le tissu ovarien résiduel soit à l'origine de la grossesse et non le tissu congelé et greffé. Les promesses d'une telle méthode ne sont pas crédibles à ce jour. Il paraît acceptable de congeler des fragments ovariens de patientes devant subir un traitement stérilisant, comme une chimiothérapie, mais le proposer à des femmes qui attendent le prince charmant est tout à fait inacceptable et malhonnête. La congélation de tissus ovariens, encore très peu fiable, n'est pas sans conséquence : elle ampute le capital ovarien de la femme opérée chez qui tout ou partie d'un ovaire est enlevé.

Malgré les prouesses vantées par les vendeurs de la méthode de conservation par cryogénisation, le stock d'ovules mis « au frigo » risque donc de voir dépasser sa date DLUO (date limite d'utilisation optimale). *And the rest in cash* est encore ici la motivation première de ces « spécialistes » du froid. Précisons au passage que toutes les études faites sur la capacité de survie des follicules présents dans ces morceaux d'ovaires congelés montrent que l'âge est ici aussi un facteur limitant. La technique de congélation-décongélation détruit de nombreux follicules et il semble qu'il n'y ait pas d'intérêt à congeler le tissu ovarien d'une femme au-delà de 35-36 ans car le stock de follicules restant est déjà trop amputé. Il n'y a rien à faire pour s'affranchir de cette inéluctable dégradation ovocytaire liée à l'âge.

Ce délire procréatif pourrait se propager en France si aucune mesure n'était prise. En premier lieu, il faut informer clairement les femmes sur le déclin inéluctable de la fertilité et les résultats décevants des techniques d'AMP face à cette situation. Si l'information ne passe pas, les quadragénaires en mal d'enfants vont augmenter. Confrontées aux échecs à répétition, les patientes à l'âge limite n'auront plus alors comme seule solution que l'adoption ou le don d'ovocytes. Et ces deux options restent très difficiles à obtenir en France. Le don d'ovocytes est compliqué (page 221) et l'adoption n'est pas plus simple.

Si rien n'est entrepris, nos gouvernants auront le choix entre deux possibilités : voir s'intensifier un tourisme médical déjà préoccupant ou faciliter l'accès à ces techniques.

Le tourisme procréatif

Il existe déjà des *tours operators* proposant des voyages vers des cliniques des pays de l'Est comprenant le billet d'avion, l'hébergement et le séjour en clinique de reproduction. Le tourisme en chirurgie esthétique vers les pays du Maghreb existe, il devient aussi possible d'organiser un séjour pour un don d'ovocytes ou un contrat avec une mère porteuse. Il existe quarante et une cliniques de ce type en Pologne, une vingtaine en Ukraine. Les centres russes, grecs ou tchèques mandatent des médecins dans les congrès français pour faire la promotion de leurs centres aux tarifs sans concurrence. C'est bien connu, la main-d'œuvre des pays de l'Est est à faible coût et les ovocytes aussi ! Le directeur de l'un de ces centres vante d'ailleurs la beauté des donneuses slaves, ainsi que le prix attractif des prestations aux normes internationales. Aujourd'hui, ces pays investissent dans des cliniques du dernier cri, ils s'équipent en prévision de l'arrivée prochaine d'un afflux de clientèle d'Europe de l'Ouest.

Le scandale absolu est que les autorités françaises veulent ignorer les faits et que l'on assiste à une sélection par l'argent. Les couples pauvres n'auront pas accès à ces traitements et resteront sans enfant.

➤ *Procréafiction*

En mémoire de George Orwell

Projetons-nous un peu plus loin en 2050 ou 2084 : la démographie aura chuté, les anciens seront plus nombreux que les jeunes. Les hommes politiques pleureront les choix de nos concitoyens qui n'auront pas été incités à faire des enfants à temps. Les couples auront continué à décaler l'âge du premier enfant et ces infertilités physiologiques, en privant des femmes de maternité, en diminuant le nombre total d'enfants de celles qui réussiront à procréer, contribueront à aggraver la crise démographique. On pourrait imaginer que les théories d'Henri Atlan[1] se révèlent plausibles, que l'utérus artificiel finisse par exister. Le monde sera de plus en plus attaché au corps parfait. Seins déformés, vergetures, incontinence urinaire et épisiotomie ne seront plus que des souvenirs anciens, la grossesse comme nous la connaissons n'existera plus. Les craintes de Michel Schneider[2] se vérifieront, la société et les politiques auront réussi à « délivrer » les êtres humains de la sexualité et l'AMP permettra de procréer facilement sans l'ombre d'un contact sexuel. Bien plus simple et plus sûr, on peut imaginer que la société d'utérus artificiels Artifigest proposera des grossesses sur mesure. Les ovocytes et les spermatozoïdes seront inséminés *in vitro* et l'embryon sera réimplanté dans un utérus artificiel. Les recherches sur les facteurs environnementaux auront mis en évidence tout un ensemble d'éléments pouvant influencer négativement l'expression des gènes (pesticides, métaux lourds, antibiotiques, engrais, etc.). Le placenta artificiel sera fabriqué pour filtrer tous ces facteurs toxiques. Une paroi vitrée permettra au couple de voir sur rendez-vous l'évolution de leur bébé, baignant dans un gel aussi translucide que bénéfique pour sa croissance. Ces grossesses seront plus sûres, car les fœtus seront protégés des produits chimiques qui auront envahi l'alimentation et les produits de consommation courante.

Il sera aussi possible d'influencer les goûts des enfants conçus, cela fera le bonheur et augmentera encore la fortune des industriels de l'agroalimentaire qui prévoiront la quantité et la qualité des produits demandés pour un nombre connu d'individus dont les goûts auront été manipulés *in utero*.

1. Henri Atlan, *L'Utérus artificiel,* Paris, Le Seuil, 2007.
2. Michel Schneider, *La Confusion des sexes,* Paris, Flammarion, 2007.

Il sera possible de corriger tout un ensemble de problèmes génétiques grâce à la thérapie génique, certaines maladies disparaîtront. Bien entendu, des détails physiques héréditaires, comme les oreilles décollées, le menton fuyant ou les dents de lapin, seront éradiqués.

Les banques d'ovocytes et de sperme seront des lieux de services ; on pourra y choisir les caractéristiques génétiques des gamètes (œuf et sperme). En fonction du budget de l'intéressé, elles pourront proposer différentes options comme la couleur des yeux ou des cheveux, la taille, le quotient intellectuel. La beauté du donneur de sperme ou de la donneuse d'ovocyte sera prise en compte afin d'améliorer les traits des embryons à implanter. Toujours moyennant finances, il sera possible de demander le dépistage de tout un ensemble de maladies génétiques : trisomie, mucoviscidose, myopathie.

Les maladies ou les facteurs de prédisposition de certaines affections comme par exemple le cancer, le diabète ou l'hypertension, pourront être diagnostiqués par milliers, ce ne sera qu'une affaire de prix. La grossesse sera alors facilement programmée puisqu'elle se déroulera en dehors du corps et Artifigest devra simplement gérer la liste d'attente en intégrant les desiderata des couples, comme le signe zodiacal souhaité du futur enfant. Il sera possible à l'État d'influencer ces choix, en incitant financièrement les couples à fabriquer des enfants de petite taille pour travailler dans des lieux adaptés comme les sous-marins, des enfants à la structure vertébrale raide, plus solide, moins fragile pour de futurs travailleurs de force, tout comme on sait aujourd'hui fabriquer des vaches plus orientées vers la production de lait ou vers la qualité de leur viande. On évitera bien sûr les trop gros, les trop grands, les trop fragiles qui deviendraient trop onéreux à long terme pour la société.

Un code-barres contenant la description du patrimoine génétique de l'enfant sera tatoué dès la naissance. Il permettra non seulement un suivi du dossier de l'individu mais aussi d'associer les patrimoines génétiques les plus intéressants. On pourra créer des

cellules clonées qui seront cultivées *in vitro* pour fabriquer des cellules de remplacement compatibles et destinées à réparer le pancréas, le foie, le cerveau, la moelle épinière...
Deux hommes pourront procréer un enfant avec leurs propres patrimoines génétiques. Le titre du film *L'Homme est une femme comme les autres* deviendra une évidence. Peut-être même que le rêve fou d'une grossesse masculine, qu'avait énoncé Elisabeth Badinter dans *XY. De l'identité masculine*[1], sera possible, une grossesse dans les bourses de l'homme. Il ne faudra pas s'inquiéter pour l'allaitement si bénéfique au bébé, car l'homme pourra allaiter grâce à un soutien-gorge garni de deux biberons (cela a vraiment été proposé aux États-Unis !). L'homme et la femme seront égaux en droit et en procréation.

Hypothèse ou science-fiction ?

Cette vision surréaliste de la procréation de demain, aussi farfelue qu'elle puisse paraître, n'est-elle pas envisageable dans l'imaginaire de certains couples ? Le désir d'enfant est une pulsion si féroce, que les couples s'engagent dans des démarches sans limites. Il n'est pas rare que des couples souhaitent un enfant alors qu'une grossesse est peu compatible avec de graves problèmes médicaux. Le raisonnable ne fait pas partie du vocabulaire de ces hommes et de ces femmes. C'est cet irrésistible désir de procréation qui nous amène à rencontrer des couples aux parcours incroyables.

1. Elisabeth Badinter, *XY. De l'identité masculine*, Paris, Odile Jacob, 1992.

L'irrésistible désir de procréation

Par mon métier de spécialiste de la procréation, je suis confronté tous les jours à ce désir d'enfant. Le professeur René Frydman, dans son livre *L'Irrésistible désir de naissance*[1], y décrivait déjà ces couples prêts à l'impossible pour assouvir leur désir d'enfant. Dans ces services d'AMP, nous recevons les demandes les plus simples comme les plus étonnantes, voire parfois scabreuses. Pour certains couples ou certaines femmes, avoir un enfant est un projet qui ne souffre aucune limite : éthique, financière, médicale. Cette volonté dont fait preuve une femme voulant un enfant alors que son corps s'y refuse peut la pousser à souhaiter une grossesse compromettant jusqu'à sa propre survie. Lorsque j'étais jeune interne, nous avions reçu une femme qui avait une grave malformation cardiaque. Son cardiologue lui avait contre-indiqué toute grossesse et elle avait dissimulé une partie de son histoire médicale pour obtenir une prise en charge. Elle est morte au cours de la grossesse, l'équipe médicale ignorait sa malformation.

Notre premier rôle en tant que médecin est de savoir protéger la santé de nos patientes, mais il est parfois compliqué de les raisonner.

Il nous est aussi donné de devoir juger de l'accueil de cet enfant à venir, ce rôle est particulièrement difficile et peut poser des cas de conscience. Pourquoi refuser à un couple un traitement que nous acceptons pour un autre ? Comment juger du bien-être d'un enfant en ne rencontrant

1. René Frydman, *L'Irrésistible Désir de naissance*, Paris, PUF, 1985.

que quelques heures ses futurs parents ? Notre tâche est facilitée par la loi de bioéthique, elle a été votée en 1994, puis revue sans grande modification en 2004.

➤ *Les règles de la loi de bioéthique de 2004*

Elle impose aux médecins certaines règles de prise en charge des couples. Le texte de loi précise que le couple doit être marié ou apporter la preuve d'une vie commune de deux ans. Sont exclus les homosexuels et les femmes seules.

Dès le début de la légalisation du PACS (pacte civil de solidarité), dispositif du droit français voté en 1999 sous le gouvernement Jospin, il a été précisé spécifiquement qu'il n'est pas un moyen pour avoir recours à la procréation médicalement assistée. Le but était d'éviter, dès l'application de cette loi, que les couples homosexuels fassent valoir leur PACS comme critère d'accès à l'AMP. Aujourd'hui il y a peu de demandes des couples d'hommes ou de femmes, ils savent que les médecins ne peuvent pas les aider et ils se dirigent directement vers les pays européens acceptant de les traiter.

Ces pays traitent les couples qui veulent contourner les limites du système français, mais aussi ceux qui pâtissent du manque de moyens de la prise en charge de la stérilité. Les banques de sperme françaises sont submergées de demandes, mais les donneurs sont rares. Un couple doit attendre un an à un an et demi avant d'avoir accès à un don. L'Eurostar pour Londres et le Thalys pour Bruxelles transportent chaque semaine des dizaines de Français qui se dirigent vers les centres d'AMP belges ou anglais. En Belgique, ils peuvent disposer en trois mois de paillettes de sperme congelé de donneur.

Cette situation procède en grande partie de la rigueur de la procédure française, considérée comme un « garde-fou » contre certaines dérives. Elle est aussi le résultat du peu d'intérêt que portent nos hommes et femmes politiques à la souffrance des couples en mal d'enfant. Ces limites incitent les couples les plus riches à contourner la loi, tandis que les plus pauvres attendent en France, en espérant qu'il ne sera pas trop tard.

➤ *L'AMP en cas de maladies graves*

Mis à part les demandes que l'on pourrait qualifier de « hors normes » comme les femmes seules ou les couples d'homosexuelles, nous sommes aussi de plus en plus confrontés aux demandes de couples malades ou guéris de maladies graves et qui se tournent vers la procréation.

La plus caractéristique est peut-être le sida. Les traitements du sida ont fait de tels progrès qu'aujourd'hui l'espérance de vie d'un individu contaminé par le virus HIV peut être comparable à celle d'un individu non atteint. Parallèlement la meilleure connaissance des modes de transmission *in utero* du virus a réduit pratiquement à zéro le risque d'une femme HIV^+ de transmettre le virus à son enfant. Une législation très restrictive a été instaurée en 1996 ou 1998 pour nous permettre enfin de prendre en charge ces couples qui attendaient depuis des années. Cette réglementation régit également les conditions de prise en charge des couples atteints d'hépatite B ou C. Le centre doit, soit s'équiper pour assurer un circuit parallèle indépendant qui recevra uniquement les patientes à risque viral, soit réserver des périodes de l'année pour ces patients. À l'hôpital Béclère de Clamart, nous ne prenions pas en charge ces patientes, et lorsque je suis arrivé à Cochin, un fer de lance de cette prise en charge, j'étais *a priori* contre l'idée de traiter des femmes HIV^+. J'ai bien vite compris à quel point l'ignorance amène à prendre des positions erronées. En fait je ne connaissais pas bien l'évolution de la prise en charge de cette maladie, les nouveaux traitements du sida avaient transformé l'espérance de vie des malades. Les risques de contamination de l'enfant étaient passés de 10 à 15 % au début de mes études à 2 %. J'avais connu l'époque où une interruption médicale de grossesse était proposée systématiquement lorsqu'une femme HIV^+ était enceinte ! Il ne m'a pas fallu longtemps pour comprendre qu'il n'y avait aucune raison de refuser un enfant à ces couples. Je crois que le désir d'enfant est encore plus important chez des femmes et des hommes qui ont connu l'expérience de la survie à une maladie réputée mortelle. Faire et vouloir un enfant c'est prouver que l'on est encore dans la normalité de la vie, « le dur désir de durer » comme le nommait Paul Éluard. Mais d'autres maladies graves font l'objet de demandes. J'ai été sollicité par des femmes qui avaient des scléroses en plaques, des leucémies, des cancers ; je me souviens du cas d'une femme, à l'hôpital Béclère, victime d'une embolie pulmonaire gravissime. Elle avait été sauvée *in extremis* par une opération de la dernière chance. Consciente qu'elle risquait une nouvelle embolie (la grossesse modifie la coagulation du sang et augmente ce risque), elle souhaitait pourtant avoir un enfant. On entend souvent parler d'égoïsme. Je ne crois pas que ce soit de l'égoïsme, il s'agit plutôt d'un acte de survie. La conception d'un enfant après la maladie est une forme de résilience, un processus dynamique pour arrêter les trajectoires négatives de la vie. Quel acte plus positif, plus fort peut-on trouver que cet engagement défi ? Faire un enfant en étant handicapé, malade, ou après une épreuve traumatisante, c'est prouver à soi-même et aux autres que l'on est plus que vivant, combatif. Au contraire, pour ces femmes, renoncer à ce projet d'enfant c'est admettre qu'elles ne sont pas complètement guéries, mais en sursis.

➤ *Quand il est question de survie*

Pour limiter au maximum les risques, lorsqu'il existe une pathologie médicale grave, j'applique un principe simple : je m'adresse aux spécialistes de la maladie en question. La grossesse ou les traitements de l'AMP représentent-ils un risque pour la patiente ? La prise en charge est acceptable si ces risques sont écartés. Il ne faut pas oublier la troisième personne concernée par l'assistance médicale à la procréation, le futur enfant, et s'assurer que la pathologie sera compatible avec des conditions d'accueil de l'enfant satisfaisantes.

Un des exemples de la volonté d'enfanter qui me reste en mémoire est l'histoire poignante de cette femme venue consulter en fauteuil roulant. Elle avait été victime d'un accident de la route et était tétraplégique, ses bras et ses jambes étaient paralysés. Elle ne pouvait plus se servir de ses quatre membres mais à force d'efforts et de rééducation elle avait retrouvé l'usage partiel de ses bras. Elle était venue avec son mari, rencontré après l'accident. Ils vivaient ensemble depuis cinq ans et voulaient un enfant. Plusieurs centres d'AMP parisiens avaient considéré que ce handicap était incompatible avec l'éducation d'un enfant et avaient refusé le traitement. Elle venait me consulter en dernier recours. Elle me demanda de l'écouter et m'expliqua longuement pourquoi cet enfant était essentiel à sa vie et à celle de son couple. Elle m'expliqua combien elle avait mal vécu ces refus successifs au motif d'un handicap qu'elle avait si vivement combattu. Je fus très ému par son plaidoyer. Pour finir, elle se pencha et sortit d'un gros sac de sport, un ballot. Elle m'expliqua qu'elle avait rempli ce sac de 3,5 kilos de riz, soit le poids moyen d'un enfant à la naissance. Elle me montra qu'elle pouvait soulever ce sac par terre et le mettre sur ses genoux et qu'elle pourrait donc prendre son enfant si nécessaire. Elle m'informa qu'elle pouvait soulever 6 à 7 kilos et qu'ensuite elle avait calculé que l'enfant serait assez grand pour monter seul sur ses genoux. J'ai présenté ce dossier à notre réunion et malgré l'opposition de quelques membres du personnel nous avons accepté à une large majorité cette prise en charge. Elle fut enceinte dès le premier essai, la grossesse fut compliquée, mais je me souviens de la joie de ce couple. J'ai bien sûr été témoin de plusieurs histoires de ce type illustrant ce besoin vital d'avoir un enfant. Un autre couple m'avait ému. Ils avaient la trentaine tous les deux, ils se sont présentés à la consultation pour un désir de grossesse. La femme avait des antécédents médicaux peu courants. Elle avait subi trois greffes de foie (rejet des deux premiers greffons) à la suite d'une maladie chronique. Son mari avait connu aussi de gros soucis de santé et avait été traité pour une maladie de Hodgkin (cancer des ganglions). Les traitements anticancéreux avaient considérablement altéré son spermogramme. Je précise qu'ils ne s'étaient pas rencontrés à l'hôpital !

Cette patiente avait pris la précaution de m'apporter un courrier de son équipe chirurgicale qui ne contre-indiquait pas la grossesse, tout en insistant sur les rares complications hépatiques qui pourraient mettre en jeu son foie et potentiellement sa vie. Il était pourtant hors de question pour elle de ne pas avoir d'enfant. La première FIV fut un succès et le couple eut l'enfant qu'il désirait tant. Je fus un peu surpris de les revoir deux ans plus tard accompagnés du charmant bout de chou et désireux, malgré les risques, de renouveler l'aventure. Deux essais furent nécessaires et une nouvelle grossesse fut obtenue pendant la rédaction de cet ouvrage.

Il est souvent illusoire de vouloir convaincre du danger d'une telle décision. Est-ce une pulsion ou bien l'instinct maternel qui domine cette volonté de tout risquer pour un enfant ? Dans ces deux exemples, ces femmes ont eu raison car elles ont aujourd'hui l'enfant qu'elles désiraient. Parfois les pathologies sont réellement incompatibles avec la grossesse et cet extrémisme est tellement fort, qu'il n'est plus la peine de vouloir, une fois de plus, motiver le refus d'une prise en charge trop dangereuse. Je finis par dire simplement « non ». Il est arrivé que la patiente me traite de tous les noms d'oiseaux.

En France, 50 000 à 60 000 couples sont touchés par l'infertilité. Chaque année, 10 000 enfants naissent grâce aux techniques de l'assistance médicale à la procréation. Nous ne pouvons que nous réjouir du bonheur que ces naissances tant désirées apportent aux parents, mais ces traitements ne sont pas miraculeux. Après traitement en AMP, le taux d'accouchement est seulement de 6,6 % chez les femmes de plus de 42 ans et de moins de 2 % chez celles de 44 ans.

Il faut rester vigilant, ne pas détourner le traitement de l'infertilité de sa vocation première, ne pas jouer aux apprentis sorciers et se souvenir qu'il est un palliatif à la reproduction et non un substitut au temps qui passe.

Conclusion

Lorsqu'ils poussent la porte d'un centre d'AMP, il est déjà dans leurs têtes. Il a des yeux noisette, des cheveux bouclés. Ils ont imaginé ses sourires, son odeur. Ils l'ont tellement rêvé qu'il vit quelque part dans les limbes de leur imagination. Pourtant ce bébé n'existe pas et ils ne sont que ses parents virtuels.

Ils sont là pour que ce rêve prenne corps et, heureusement, cela arrive souvent. Le chemin est difficile, parfois la vie a un goût d'amertume, le doute s'installe, leurs angoisses décuplent : « Et si on n'y arrivait pas », « Et si le médecin refusait de nous prendre en charge », « Si… c'était trop tard ». Alors, pour tromper l'attente, ils attrapent un de ces magazines *people* qui traditionnellement fournissent toutes les salles d'attentes des coiffeurs, dentistes, ou médecins de France et de Navarre, ils s'y perdent, y découvrent parfois le motif d'un espoir ou un faux espoir. Et lorsque le couple précédent sort de son rendez-vous, ils scrutent du regard le visage de ces hommes et femmes dont ils partagent une chose, leur désir d'enfant. Ils se comparent : « Elle semble plus vieille que moi… », « Ils avaient l'air heureux, peut-être que ça a marché pour eux », « Elle avait l'air d'avoir pleuré… ». Il existe une communion, une vraie compassion entre ces couples en quête d'enfants qui se croisent dans les centres d'AMP, de vraies amitiés se lient dans les salles d'attente.

En France, 15 % des couples qui désirent un enfant connaissent ces angoisses. Mes propos sont souvent ceux d'un scientifique, s'appuyant sur des pourcentages d'échecs, et aussi de réussites. Ces chiffres sont mes armes, au même titre que les dosages hormonaux, les échographies. Ils sont les mots que je sais manier, mon « champ lexical ». Je suis gynécologue obstétricien spécialisé en médecine de la reproduction, et je ne suis pas un poète. Le lyrique n'est pas mon domaine, mais ce n'est pas pour autant que je suis blasé. Après vingt ans d'exercice, je trouve de plus en plus révoltant ce désespoir, ces chances de maternité bêtement gâchées. Gâchées parce que bien souvent les femmes ne savent pas que le temps passe encore plus vite qu'elles ne le pensent. L'AMP constitue pour elles le dernier espoir de concrétiser leur désir de maternité, pourtant certains se donnent le droit de juger de leurs motivations. Ils jugent discutables des techniques qui seraient « contre nature ».

Est-ce aller contre nature que d'espérer pour ces femmes cet enfant dont elles rêvent ? Les progrès fulgurants de la médecine prolongent l'espérance de vie en combattant des centaines d'affections que la nature a créées. La stérilité est une pathologie comme une autre avec son cortège de souffrances physiques et psychiques, ses causes héréditaires ou acquises. Que ceux qui n'ont jamais eu en face d'eux une femme effondrée parce qu'elle vient de comprendre qu'elle doit enterrer ce rêve d'enfant, viennent leur parler. Qu'ils viennent leur expliquer que nous sommes déjà plus de 6 milliards et qu'un enfant de plus ou de moins ne fera pas cesser la terre de tourner. Qu'ils viennent leur dire qu'il y a déjà tellement d'enfants malheureux et qu'il est préférable d'adopter un de ces petits déshérités. Ceux-là, ceux qui détiennent la vérité, je les ai souvent croisés, ce sont souvent les mêmes qui critiquent l'IVG que demandent des jeunes filles désemparées par une grossesse impossible. Je ne supporte pas ces ennemis de l'AMP qui se sentent le droit de juger du désir des autres ou de minimiser les souffrances auxquelles ils n'ont jamais été confrontés. Ils sont souvent parents eux-mêmes, ils n'ont pas eu à se battre. De quel droit jugent-ils ces hommes et ces femmes qui tentent par tous les moyens possibles d'avoir un enfant ?

Les femmes, dans la plupart des pays riches, reportent l'âge de leur première grossesse, elles ont une telle confiance dans la vie, dans les progrès de la science, qu'elles oublient que le temps qui passe ne se rattrape pas. Ce que je veux, en écrivant ce livre, c'est si possible éviter tous ces pleurs en informant les femmes et leurs compagnons.

Nous sommes à l'heure de l'émancipation féminine, un moment historique de notre évolution. Il est formidable que les femmes puissent accéder à la même autonomie que les hommes, qu'elles aient enfin accès à un épanouissement et à une liberté physique, intellectuelle, et financière. Mais comme toute grande aventure, il y a des risques entraînant des dégâts collatéraux.

Il faut arrêter de vouloir gommer la différence entre hommes et femmes sous prétexte d'égalité. Nous ne sommes pas égaux, notre différence est notre survie, notre équilibre, mais cela ne signifie pas que l'un des sexes doit être asservi à l'autre.

Les gouvernements doivent réfléchir aux enjeux sociaux, démographiques, économiques et s'y adapter. Si un chef d'entreprise désavantage la carrière des femmes qu'il emploie parce qu'elles enfantent, si les modes de garde d'enfants ne sont pas améliorés, les femmes tendront à limiter leurs maternités et notre société en pâtira rapidement.

Les hommes doivent aussi prendre leurs responsabilités, ils repoussent souvent à plus tard leur désir d'enfant et influencent ainsi la décision des femmes. Il leur faudra réfléchir et savoir encourager leurs compagnes à avoir des enfants le moment voulu. Les femmes de 35-36 ans ne doivent pas remettre à demain un bébé qu'elles peuvent et ont envie de faire aujourd'hui.

Ma spécialité, l'AMP, ne tient pas du miracle, nous n'avons toujours pas découvert et résolu le problème du vieillissement ovarien. Ceux qui promettent des miracles sont malhonnêtes ou incompétents et parfois les deux. Pire encore, il y a ceux qui vendent leur âme au diable et fabriquent des bébés dont l'avenir risque d'être très problématique. Ils ne disent pas tout et ne sont pas choqués par les manipulations contestables, les incestes *in vitro*, et surtout ils omettent de parler de l'argent qu'ils ont demandé. Dans les meilleurs des cas, où seront ces femmes qui ont l'âge d'être grands-mères, pour les quinze ans de leurs enfants ? Seront-ils heureux, ces enfants, de présenter leur mère « gagatisante » ? L'exploit sera-t-il de leur goût ?

De tout temps et au nom de la science, des médecins ont réalisé des atrocités ou répondu à des demandes aberrantes, voire monstrueuses. L'honneur des médecins est de pouvoir dire non ! Les dérives éthiques sont inacceptables et très préjudiciables à la poursuite de recherches profitables à notre société. Aujourd'hui, lorsqu'il est question de don d'ovocytes ou de sperme, de mères porteuses, le grand public a tout de suite à l'esprit des articles choquants sur des jeunes filles vendant leurs ovocytes à de vieilles dames fortunées. Le trafic d'enfants est tout de suite envisagé. En Italie, une loi récente a interdit la plupart des techniques d'AMP (don de sperme, don d'ovocytes, diagnostic préimplantatoire) et rendu la fécondation *in vitro* pratiquement inapplicable. Les couples italiens courent l'Europe pour se faire traiter. Merci au docteur Antinori, ce médecin qui a défrayé la chronique à de multiples reprises avec des dons réalisés chez des femmes de plus de 60 ans et s'est vanté d'avoir cloné un être humain. Ces dérives ont favorisé la position incompréhensible des députés italiens.

Selon moi, l'utilisation de ces techniques dans un contexte non éthique diabolise des procédures qui sont salutaires si elles sont utilisées à bon escient. Je pense à toutes ces femmes qui ne peuvent pas porter leur enfant car leur utérus est mal formé, aux sœurs qui sont prêtes à se dévouer pour porter leur neveu ou nièce par amour fraternel. Je pense à ces jeunes femmes qui n'ont plus d'ovaires et qui vont, grâce au don, porter celui qui sera leur enfant pour la vie. Elles n'ont rien des vedettes de magazines, elles n'ont pas une fortune en banque, elles veulent juste avoir le même droit que toutes les femmes.

Malgré les difficultés, administratives, financières, législatives, je reste passionné par ma vocation. J'accomplis chaque jour le métier que j'aime, je soigne et j'aide des couples. Je continue à me battre afin qu'une qualité de soins soit préservée, et améliorée.

Je reste persuadé qu'il faut former de nouveaux médecins, lancer des campagnes à l'image de celles diffusées dans les médias américains rappelant que les femmes doivent penser à faire des enfants avant 40 ans. Combien de femmes de 40 ans la fée clochette réveille-t-elle et sort-elle des bureaux pour leur rappeler qu'il est temps de faire un bébé ? Les quadragénaires arrivent pour moitié dans les consultations des gynécologues, car la grossesse désirée ne vient pas. Elles doivent s'engager dans la galère des traitements, subir de multiples examens gynécologiques, des piqûres, des ponctions. Elles vont devoir attendre, espérer et pour certaines, il sera quand même trop tard. Il faut largement informer le public, l'homme peut procréer en théorie jusqu'à sa mort, les femmes, elles, ne disposent que d'un temps limité. C'est injuste mais c'est ainsi que les choses sont, et contrairement aux idées reçues, le glas tombe plusieurs années avant la ménopause. Il faut insister sur le fait que les résultats des techniques d'AMP sont décevants après 40 ans et qu'il existe une grande disparité entre les femmes quant aux chances de grossesse en fonction de l'âge.

Ce livre n'est pas d'un plaidoyer militant pronataliste tendance Vatican II. En 1978, les plannings familiaux de France placardaient une affiche dont le slogan était : « Un enfant si je veux, quand je veux. » C'est ce que je souhaite à toutes les femmes : faites les enfants que vous voulez, quand vous le voulez, mais n'oubliez pas que pour avoir cette liberté, il faudra pouvoir, avant de vouloir.

Glossaire

Agonistes de la GnRH
Ce sont des molécules qui bloquent l'hypophyse et empêchent l'action de la GnRH, et de ce fait l'ovulation. Les agonistes de la GnRH sont principalement utilisés dans les protocoles de stimulation avant fécondation *in vitro*.

Aménorrhée
Terme médical qui désigne l'absence de règles.

AMP
Assistance médicale à la procréation, selon la définition de la loi de bioéthique qui a introduit ce terme à la place de procréation médicalement assistée (PMA), l'AMP regroupe l'insémination artificielle, la fécondation *in vitro* et les techniques apparentées (ICSI, don d'ovocytes, etc.). En pratique, ce terme inclut la stimulation ovarienne et s'étend à tous les traitements de la stérilité.

Anovulation
Terme qui désigne l'absence d'ovulation.

Cécos
Centre d'étude et de conservation des œufs et du sperme. Ces centres sont les banques de sperme où sont stockées les paillettes de sperme de donneurs.

Cycle menstruel
Ce terme désigne les phénomènes qui se déroulent pendant le cycle de la femme : la croissance folliculaire et la préparation de l'endomètre pour la nidation.

Dysovulation
Pathologie de l'ovulation qui ne se déroule pas normalement et peut induire une infertilité.

Embryon
Après la fécondation de l'ovocyte par les spermatozoïdes, se crée le zygote qui est la première cellule composée des matériels génétiques du père et de la mère. Lorsque ce zygote se divise en deux cellules, on parle d'embryon.

Endomètre
C'est le tissu qui tapisse la cavité utérine, sur lequel s'implante l'embryon.

Endométriose
Pathologie de la femme responsable de stérilité. Lors des règles, il existe un reflux du sang menstruel qui passe à travers les trompes vers l'intérieur du ventre. Ce sang transporte des cellules de l'endomètre qui peuvent se fixer sur les tissus pelviens : ovaires, péritoine, tube digestif. Ces fragments endométriaux peuvent entraîner des adhérences, cause d'infertilité.

Diagnostic préconceptionnel
Lorsque l'ovocyte devient mature et est prêt à être fécondé par les spermatozoïdes, il perd une petite partie de lui-même que l'on appelle le globule polaire, qui contient une réplique du matériel génétique de l'ovocyte. On peut prélever et analyser ce globule polaire pour en déduire la normalité de l'ovocyte. C'est le principe du diagnostic préconceptionnel.

Diagnostic préimplantatoire
On peut prélever et analyser une ou plusieurs cellules de l'embryon pour déterminer la présence ou non de certains gènes et donc de certaines affections. Seuls les embryons sains sont alors transférés dans l'utérus. C'est le principe du diagnostic préimplantatoire.

Échographie
Cet examen médical utilise les ultrasons pour analyser des organes internes de manière totalement non invasive. Cette techni-

que d'imagerie permet en particulier de voir les ovaires, les follicules et l'utérus.

FIV (fécondation *in vitro*)
Technique qui consiste à prélever les ovocytes d'une part et à recueillir les spermatozoïdes d'autre part. On les met en contact au laboratoire et l'on obtient un embryon qui sera transféré dans l'utérus.

Fenêtre d'implantation
Ce terme désigne la période pendant laquelle l'endomètre est réceptif et l'implantation de l'embryon possible. La fenêtre d'implantation se situe juste après l'ovulation et dure 4 à 5 jours.

Fertilité
Capacité d'une femme ou d'un couple à faire des enfants.

Follicule
Les follicules sont les structures de l'ovaire contenant l'ovocyte. Ils existent dès la vie fœtale en très grand nombre (500 000 à 1 million par ovaire) et vont décroître de la puberté jusqu'à la ménopause. Chaque mois une vingtaine de follicules (la cohorte) entre en croissance pour sélectionner le follicule destiné à ovuler chaque mois.

FSH
La Follicule Stimulating Hormone est une hormone sécrétée par l'hypophyse qui s'élève en début de cycle et entraîne la croissance de la cohorte folliculaire.

Gamète
Les gamètes, ovocyte et spermatozoïdes, sont les cellules à l'origine de l'embryon.

Hypophyse
Glande cérébrale qui sécrète la FSH (voir *supra*) et la LH (voir *infra*). La FSH est à l'origine de la croissance folliculaire et la LH entraîne l'ovulation.

Hypothalamus
Glande cérébrale qui sécrète la GnRH, une hormone qui agit sur l'hypophyse et entraîne la sécrétion de FSH et de LH.

IAD
Insémination avec donneur. On utilise des paillettes de sperme de donneur dont la fertilité est connue. En général, les IAD sont pratiquées dans les stérilités masculines sévères, lorsque l'homme n'a aucun spermatozoïde.

IIC
Insémination intracervicale. Il s'agit de déposer du sperme frais ou une préparation de spermatozoïdes au niveau du col de l'utérus.

IIU
Insémination intra-utérine. Il s'agit de déposer une préparation de spermatozoïdes au niveau de la cavité utérine.

ICSI
Cette technique consiste à injecter chaque ovocyte prélevé avec un spermatozoïde recueilli, au contraire de la FIV où ils sont simplement mis en contact au laboratoire. L'ICSI s'adresse aux stérilités masculines et permet d'obtenir des embryons dans les cas où la faiblesse des spermatozoïdes ne permet pas d'obtenir une fécondation.

Infertilité
Baisse de la fertilité qui diminue ou annule les chances de grossesse.

LH
Hormone responsable de l'ovulation.

Monitorage
Examens médicaux qui permettent de suivre et de contrôler les effets des traitements de stimulation. On réalise en général des dosages hormonaux qui mesurent les hormones sécrétées par les follicules (œstradiol, progestérone) et l'hypophyse (LH) et des échographies qui mesurent les follicules et l'endomètre.

Ménopause
C'est la période de l'arrêt des cycles menstruels, elle correspond à un épuisement du stock folliculaire. La ménopause se manifeste

par l'arrêt des règles et l'apparition chez certaines femmes de troubles entraînés par la carence en œstrogènes (voir Œstrogènes).

Mère porteuse

Dans le cas où l'utérus d'une femme est inapte à porter une grossesse ou absent (de naissance ou après intervention chirurgicale), on peut réaliser une fécondation *in vitro* et transférer l'embryon dans l'utérus d'une autre femme : la mère porteuse. Actuellement, on parle plutôt de gestation pour autrui (GPA).

Mucus cervical

Les glandes du col de l'utérus sécrètent une substance visqueuse appelée mucus, qui subit une transformation au cours du cycle menstruel. Le mucus est imperméable aux spermatozoïdes pendant toute la durée du cycle sauf autour de la période de l'ovulation. Il devient alors plus fluide et perméable. Cette transformation aboutit aux pertes translucides physiologiques du milieu du cycle. Les spermatozoïdes traversent alors le col pour atteindre l'utérus et gagner les trompes.

Œstrogènes

Sécrétés par les follicules, ils sont à l'origine de la préparation de l'endomètre à la nidation, de la transformation du mucus cervical et d'un ensemble d'actions sur les organes (élasticité de la peau, trophicité du muscle, trophicité du vagin, solidité des os, etc.). À la ménopause, l'absence de cycle et de croissance folliculaire stoppe la sécrétion des œstrogènes. L'absence d'œstrogènes est responsable chez certaines femmes des troubles de la ménopause.

Ovaire

Les ovaires sont les organes de la femme contenant le stock de follicules.

Ovocyte

C'est le gamète féminin à l'origine de l'embryon lorsqu'il est fécondé par un spermatozoïde. Contrairement aux spermatozoïdes fabriqués tout au long de la vie de l'homme, le stock ovocytaire est constitué pendant la vie fœtale de la femme et se dégrade jusqu'à la ménopause qui correspond à son quasi-épuisement.

Ovulation
Il s'agit de la rupture du follicule et de l'expulsion de l'ovocyte qui, normalement, le conduit dans les trompes où il peut être fécondé par les spermatozoïdes. L'ovulation aboutit à la maturité de l'ovocyte qui devient apte à être fécondé par un spermatozoïde.

Ponction folliculaire
Elle consiste, dans le cadre de la fécondation *in vitro*, en fin de stimulation ovarienne, à réaliser une aspiration du contenu du follicule. Le liquide du follicule est transmis au laboratoire où sont recherchés sous une loupe les ovocytes contenus dans les liquides folliculaires.

Progestérone
Après l'ovulation, le follicule se transforme en une structure que l'on appelle corps jaune qui est à l'origine de la sécrétion de progestérone. La progestérone est responsable de la transformation finale de l'endomètre qui le rend apte à la nidation. Elle est indispensable au maintien de la grossesse pendant plusieurs semaines.

Salpingite
Infection des trompes qui peut entraîner des lésions responsables d'infertilité.

Spermogramme
Examen qui analyse les paramètres du sperme. On mesure le nombre et la mobilité des spermatozoïdes ainsi que le pourcentage de spermatozoïde de forme normale.

Stérilité
La stérilité est l'état de ne pas avoir d'enfant. Une femme stérile est une femme qui n'a pas d'enfant. Le jour où elle a un enfant, avec ou sans aide de la médecine, elle n'est plus stérile. De fait, on parle souvent de stérilité chez des patientes qui ne parviennent pas à avoir un enfant alors que l'on devrait parler d'infertilité.

Stimulation ovarienne
Cette méthode consiste à administrer des médicaments pour stimuler la croissance folliculaire. On propose une stimulation ovarienne soit aux patientes qui n'ovulent pas spontanément afin de provoquer l'ovulation, soit aux patientes qui ovulent et chez qui le médecin veut obtenir plusieurs follicules afin d'augmenter les chances de grossesse.

Synéchies
Ce sont des adhérences qui se développent à l'intérieur de la cavité utérine. Elles peuvent entraîner une infertilité en empêchant l'implantation embryonnaire.

Test de Hühner
Ce test consiste à prélever un peu de mucus cervical quelques heures après un rapport sexuel. Il permet de voir si le nombre de spermatozoïdes et leur mobilité sont normaux. Certaines anomalies des relations entre les spermatozoïdes et le mucus cervical sont responsables d'infertilité.

Zone pellucide
Coque protectrice qui entoure l'embryon et le protège pendant son transport dans la trompe. Juste avant l'implantation, lorsque l'embryon rejoint la cavité utérine, il sort de la zone pellucide. C'est l'éclosion.

Bibliographie

BERGERET-AMSELEK C., *Devenir parent en l'an 2000*, Paris, Desclée de Brouwer, 1999.

BYDLOWSKI M., *Je rêve un enfant*, Paris, Odile Jacob, 2000.

BYDLOWSKI M., *La Dette de vie. Itinéraire psychanalytique de la maternité*, Paris, PUF, 2005.

FALUDI S., *Backlash. The Undeclared War Against American Women,* Crown Pub, 1991.

FALUDI S., *Backlash, la guerre froide contre les femmes,* Paris, Éditions des femmes, 1993.

HÉRITIER F., *Hommes Femmes. La construction de la différence*, Paris, Le Pommier, « Le collège de la Cité », n° 18, 2005.

RÉGNIER-LOILIER A., *Avoir des enfants en France. Désirs et réalités*, Paris, Ined, « Les cahiers de l'Ined », 2007.

SCHNEIDER M., *La Confusion des sexes*, Paris, Flammarion, 2007.

SPAR DEBORAH. L., *The Baby Business. How Money, Science, and Politics Drive the Commerce of Conception,* Harvard Business School Press, 2006.

VIDAL C., BENOIT-BROWAEYES D., *Cerveau, sexe et pouvoir*, Paris, Belin, 2005.

VIDAL C., *Féminin Masculin. Mythes scientifiques et idéologies*, Paris, Belin, 2006.

VILAIN É., *L'Inutile Adam*, Paris, Médialogue, 1996.

Remerciements

Je remercie le Dr Martine Valière pour m'avoir donné l'idée d'écrire ce livre.

Table

Chapitre 2
FAIRE UN ENFANT : UNE HISTOIRE DE PROBABILITÉ

Chapitre 3
DOCTEUR, FAITES-MOI UN ENFANT !

Chapitre 4

N'ATTENDEZ PAS, NE PERDEZ PAS DE TEMPS !

Chapitre 5
L'ENFANT DE LA QUARANTAINE !

Chapitre 6
L'AIDE MÉDICALE À LA PROCRÉATION : 2008-2084

CET OUVRAGE A ÉTÉ COMPOSÉ
ET MIS EN PAGES CHEZ NORD COMPO (VILLENEUVE-D'ASCQ)
ET ACHEVÉ D'IMPRIMER SUR ROTO-PAGE
PAR L'IMPRIMERIE FLOCH À MAYENNE
EN AVRIL 2008

N° d'impression : 70883
N° d'édition : 7381-2078-1
Dépôt légal : mars 2008
Imprimé en France